# 郑振铎画传

◎郑源　编

海峡出版发行集团
THE STRAITS PUBLISHING & DISTRIBUTING GROUP
福建人民出版社
FUJIAN PEOPLE'S PUBLISHING HOUSE

图书在版编目（CIP）数据

郑振铎画传 / 郑源编. -- 福州：福建人民出版社，2018.12
ISBN 978-7-211-08071-7

Ⅰ. ①郑… Ⅱ. ①郑… Ⅲ. ①郑振铎（1898-1958）—传记—画册 Ⅳ. ①K825.6-64

中国版本图书馆CIP数据核字（2018）第260629号

**郑振铎画传**

ZHENGZHENDUO HUAZHUAN

---

主　　编：郑　源
责任编辑：林俊杰
出版发行：福建人民出版社　　电　　话：0591-87604366(发行部)
地　　址：福州市东水路76号　　邮　　编：350001
网　　址：http://www.fjpph.com　　电子邮箱：fjpph7211@126.com
经　　销：福建新华发行（集团）有限责任公司
印　　刷：福建省金盾彩色印刷有限公司
地　　址：福州市仓山区建新镇红江路8号浦上工业园D区24#楼
开　　本：787毫米×1092毫米　1/16
印　　张：26.75
字　　数：236千字
版　　次：2018年12月第1版　　2018年12月第1次印刷
书　　号：ISBN 978-7-211-08071-7
定　　价：68.00元

---

# 目　录

# 一、引言

惊闻星殒值高秋，冻雨飘风未解愁。
为有直肠爱臧否，岂无白眼看沉浮。
买书贪得常倾箧，下笔浑如不系舟。
天吝留年与补过，九原料应恨悠悠。

《挽郑振铎兄》——茅盾

1958年10月18日凌晨，一架从北京飞往苏联首都莫斯科的图-104客机，在楚瓦什苏维埃社会主义自治共和国卡纳什地区的高空云层中穿行着。这里距莫斯科已只有五百公里的路程了，还有大约四十分钟就可到达莫斯科机场。这时机长突然听到耳机里传来莫斯科机场调度员的声音："莫斯科有大雾，不能降落，请备降斯维尔德洛夫斯克机场。"无奈，机长只能按调度员的指令操纵图-104缓缓转向。突然，飞机开始剧烈颠簸，像是被一只无形的巨手抓住，使劲向上抛，力量是如此之大，数十吨重的飞机，瞬间向上抛了两千米，然后又垂直向下抛。机长拼命握住操纵杆，试图稳住飞机，可是无济于事。只听“轰”的一声巨响，飞机在空中爆炸解体。一团强烈的火光中，机身宛如一颗闪亮的殒星，在漆黑的万里夜空中，划过一条耀眼的弧线，坠落而下……事后的事故调查报告分析飞机是陷入了巨大的上升气旋，而且落到了气旋的中心，超过了飞机的突风载荷而失控解体……

人民日报

RENMIN RIBAO

十三万英雄一举完成全区今年二十万吨生铁任务

鹿寨炼铁一日　广西飞过一年

“小土群”发展为“大土群”　瓦窑炮楼碉堡变成了大熔炉

抓紧两个关键：深入共产主义教育，办好集体福利事业

使人民公社坚强健壮

力争明年粮食再翻一番，百分之十播种面积成为高产“卫星田”

华北东北九个省市召开农业协作会议

反动派到底是反动派

蒋介石集团在美国鼓励下叫嚷要把内战打下去

杜勒斯将到台湾策划进一步实施美蒋“条约”

美舰两艘又侵入我国领海

我第35次提出严重警告

社论　群众运动威力无穷

——再祝广西大捷

我国文化代表团人员遇难

由北京去莫斯科途中飞机失事

有关部门慰问遇难同志和遇难国际友人的家属

苏联组成政府委员会飞往出事地点进行调查

1958年10月20日，《人民日报》头版关于飞机失事的报道

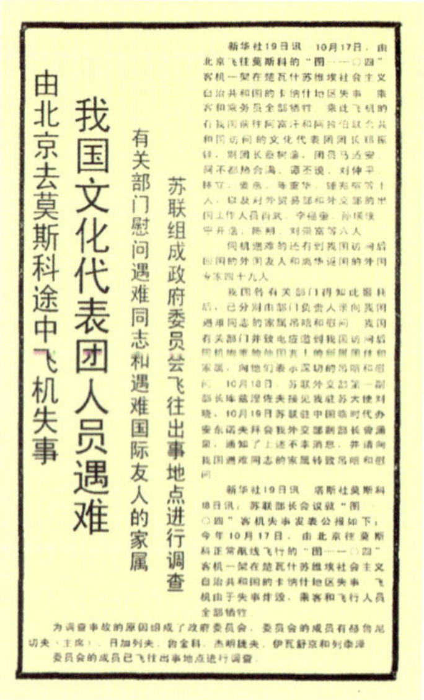
我国文化代表团人员遇难

由北京去莫斯科途中飞机失事

有关部门慰问遇难同志和遇难国际友人的家属

苏联组成政府委员会飞往出事地点进行调查

新华社19日讯　10月17日，由北京飞往莫斯科的“图——〇四”客机一架在楚瓦什苏维埃社会主义自治共和国的卡纳什地区失事。乘客和乘务员全部牺牲。乘此飞机的有我国前往阿富汗和阿拉伯联合共和国访问的文化代表团团长郑振铎，副团长蔡树藩，团员马适安、阿不都热合曼、谭丕谟、刘仲平、林立、[illegible]等十人，以及对外贸易部和外交部的出国工作人员[illegible]等六人。

同机遇难的还有到我国访问后回国的外国友人和离华返国的外国专家四十九人。

我国各有关部门得知此噩耗后，已分别由部门负责人亲向我国遇难同志的家属吊唁和慰问。我国有关部门并致电应邀到我国访问后同机遇难的外国友人的所属团体和家属，向他们表示深切的吊唁和慰问。10月18日，苏联外交部第一副部长库兹涅佐夫接见我驻苏大使刘晓。10月19日苏联驻中国临时代办安东诺夫拜会我外交部副部长曾涌泉，通知了上述不幸消息，并请向我国遇难同志的家属转致吊唁和慰问。

新华社19日讯　塔斯社莫斯科18日讯：苏联部长会议就“图——〇四”客机失事发表公报如下：今年10月17日，由北京往莫斯科正常航线飞行的“图——〇四”客机一架在楚瓦什苏维埃社会主义自治共和国的卡纳什地区失事。飞机由于失事炸毁，乘客和飞行人员全部牺牲。

为调查事故的原因组成了政府委员会。委员会的成员有[illegible]、伊瓦舒京和[illegible]。委员会的成员已飞往出事地点进行调查。

10月20日，中国各大报刊头版，镶着黑色边框的消息报道：“新华社19日讯，10月17日由北京飞往莫斯科的‘图一一〇四’客机一架在楚瓦什苏维埃社会主义自治共和国的卡纳什地区失事。乘客和乘务员全部牺牲。乘此飞机的有我国前往阿富汗和阿拉伯联合共

和国访问的文化代表团团长郑振铎、副团长蔡树藩、团员……"

"郑振铎"这个名字，在中外学术界，特别是在文学界，是大家所熟知的。突如其来的噩耗，如同晴空中的惊雷，震动着郑振铎的亲人和每一个熟悉他的人的心弦。朋友们涕泪纵横，同志们垂首默哀，亲人们悲痛欲绝。古老的庭院，秋风萧萧，群花凋谢。黄叶沙沙，也在为主人唱着哀歌。人们呼唤着："振铎""铎兄""西谛"……呼唤声直上万里苍穹，但是没有任何回音，正像他一样，一去不复返了……老友郭沫若、茅盾、叶圣陶、赵朴初……流着热泪写下了悼念的诗句。

万里乘风八月槎，惊传瞬息坠天涯。
同行英杰成雄鬼，一代才华化电花。
人百其身如可赎，天原无眼漫无嗟。
好将群力追前驷，读破遗书富五车。

——郭沫若

一张张唁电，一封封唁函雪片似地纷纷扬扬，落满了治丧委员会的办公桌。一篇篇悼念文章、诗词，发表在各地报刊上……谁能相信，他——郑振铎，这样一个生龙活虎、精力充沛、热爱生活的人，竟会像流星似的，在高空中突然消逝了呢！他的好友巴金，在《悼振铎》一文中写道："像他这样充满生命力的人，这样始终乐观的人是不可能死亡的。甚至在他的骨灰送回来以后，我和一个朋友站在他的故居那两扇小门前按电铃，我还期待着他走出书房来迎接我们，我还期待着他一声爽朗的笑和一次紧紧的握手……”

## 二、出生在温州的福建人

郑振铎出生在浙江永嘉（今温州），祖籍福建省长乐县（现福州市长乐区）首占村。追本溯源，据《岱阳郑氏族谱》记载，首占郑氏原本姬姓，周宣王封其弟友为郑伯于郑（今陕西华县），“即本族太祖郑桓公”。周平王时，郑武公跟随平王东迁，建都荥阳（今河南新郑）。周灭后，自汉至宋，郑氏乃“将相世家之望族”，世居河南郑州。唐代曾有“天下半

福建长乐郑振铎祖居

朝郑，郑府半床笏”之说。唐末时宰相郑肃之孙，琼、摄、琏三兄弟因黄巢起义攻陷郑州，举家避乱于光州固始县弋阳山下。后随王审知（五代闽国建立者）入闽，卜居长乐福湖。至南宋时，首占郑氏始祖了公又率领他的家族自福湖跋山涉水来到了岱山之阳的首占，开始了披荆斩棘、辛勤耕耘的艰苦创业。首占临东海，襟闽江，山川秀丽，人杰地灵。郑振铎的这一支属“义福房”，历史上出了五位进士。郑振铎出生的前三年，郑振铎祖父便把家眷由长乐接到温州。因此，郑振铎祖籍是福建长乐，出生在温州。据目前已有的文字记载考证，郑振铎曾在1921年为迁葬祖坟而回过一次长乐。郑振铎常以福建长乐人自居，经常在许多场合介绍自己时说：“我是出生在温州的福建人。”在他所写的文章落款时常以“长

岱阳郑氏宗祠

矗立在福州长乐区主干道的入口处的宣传牌

乐郑振铎”署名，而他的两枚珍贵的藏书章也都是刻的“长乐郑振铎西谛藏书”和“长乐郑氏藏书之印”。从这些点滴的事例可以看到郑振铎对家乡的热爱和对故土的情怀。

## 三、瓯江之子

瓯江——浙江的第二大江。两岸峰峦叠翠，景色绮丽。在它流入东海处的南岸，镶嵌着一颗明珠——温州。温州历史悠久，由于气候温暖，所以从唐朝起，就一直叫温州。它东临东海，北濒瓯江，江海相连，是我国东部沿海的一个重要贸易港口。浙东南的木材、茶叶、麻、柑橘、生猪等都在这里集散。农业、纺织、造纸、造船及漆器、刺绣等手工业都曾居全国前列。

钟灵毓秀、丰腴富饶的温州大地，抚育了代代风流人物。汉代东瓯王驺摇以东瓯（今温州）为都后，这里的经济和文化都渐趋繁荣起来。"百代书圣"王羲之在这里临池作书；山水诗宗谢灵运，著名文学家孙绰、丘迟，史学家裴松之等先后出任永嘉郡守，他们对温州文化教育的发展，都作出了很大贡献。到了南宋时，"永嘉四灵"开创了江湖派的诗风；而同时，东瓯书院之多，科名之盛也是惊人的。仅两宋时，文科进士便达一千二百多名。

在晋宋文化渊源和经济发展的基础上，这里文

浙江温州

风鼎盛，被誉为“东南邹鲁”。历经元、明、清，人才辈出。到了现代，一代文坛大师郑振铎、著名考古学家夏鼐、“一代词宗”夏承焘……这些“风流人物”、文化英豪为雁山瓯水增添了无限姿色。

1898年，就是历史上著名的戊戌变法那一年的12月19日（阴历戊戌年十一月初七），郑振铎就诞生在这里乘凉桥下的一座叫做“盐公堂”（一说“炮丁”）的古老宅院里。

当郑振铎出生的时候，他的祖父郑允屏正在担任当地的盐官。这“盐公堂”就是主管盐务的衙署。院子相当大，前面是审案子的公堂，后面是住宅。据说

温州瓯江之帆影

郑振铎的祖父常在公堂审案子，命衙役用“水火棍”打犯人的屁股，郑振铎的祖母、母亲等女眷便躲在屏风后面看热闹。

祖母生有二男三女（第三个女儿很小便送给人家当了养女，因为当时认为女儿多了是赔钱的），郑振铎父亲是长子，郑振铎是长孙。当郑振铎呱呱落地时，盐公堂上下如逢大典，祖父整天捻着胡须高兴得合不拢嘴。“三朝”那天，请了算命先生来，说是公子将来大富大贵，只是命相上“五行缺木”。祖父略一思索，便给他起了个“木官”的小名，大名为“振铎”，有摇铃发出号召，一呼百应的意思，总之是企望着他将来能干一番大事业。

周岁那天，盐公堂里摆满酒席，宾客如云。小木官身穿“百家衣”，由奶妈抱着出来见客。只见他天庭饱满，地阁方圆，亲友们都“啧啧”赞叹：“好福相！”祖父更是陶陶然，有些飘飘欲仙。

光阴荏苒，小木官已能自己走路了，祖父更是爱个不够，一有闲暇，便把他抱在怀里，不住地亲着，那短短的髭须常使小木官感到微微的刺痛。祖父爱好饮酒，在吃饭时，他总是一个人执了一把酒壶，把黄色的酒倒在白瓷小盅里，倒出的酒像一道金线似的，煞是好看，常使年幼的小木官看得发呆。祖父慢慢独酌着，颜面渐渐由白变得微酡。这时他就会叫道：“孩子，来。”于是，孩子们便都到了他的跟前。他夹着一块块只有他独享的菜肴放入孩子们口中，问道："好吃吗？"孩子们点点头，祖父惬意地微笑了。在孙儿孙女中，祖父自然是最喜欢郑振铎，因为郑振铎是长房长孙嘛！因此，郑振铎吃得总比别的孩子都要多。祖父特别喜欢吃蟹，每当农历七月起，河蟹上市了，他的下酒菜就以蟹为主了，每只四两左右的肥蟹，每次至少要食一只，于是木官便也可以分享到一只蟹的大腿或是一小块蟹黄什么的，而别的孩子是得不到这种"特权"的。每当这时，祖父总喜欢用满是青筋的手慈爱地抚摸着木官的头。

和别家的孩子一样，郑振铎幼时也很淘气，上树掏鸟蛋，到野外土坡上去挖蛇洞，什么都干。他也没少给家里惹麻烦：盐公堂黑漆大门下方有一个小圆孔，一次邻家的孩子扒着那圆孔向里窥视，被郑振铎发现了，他便悄悄地拿了一根长长的木棍突地向外捅去，顿时把那孩子的一只眼捅得鲜血淋漓。那孩子的家长找上门来，是母亲一再赔礼并赔了很多医药费，才算了结。母亲气得要责打他，祖母却护着说："他还小，大了慢慢就会懂事的。"母亲当然也舍不得真的打他，叹了口气，便了结了这桩公案。

# 四、坎坷的少年时期

郑振铎的幼年，是在祖父母和母亲的钟爱中度过的。一晃便是六七年了。但是，命运无情。在他约七岁那年，在扬州知府衙门任职的父亲突发急症，被接回温州治疗，自此一病不起，不久便撒手人寰。这时郑振铎的大妹不过三岁，小妹尚在襁褓中……而祖父因痛失长子，悲伤过度，从此一蹶不振，常常郁郁不乐，借酒浇愁，不久也去世了。

祖父去世，家中如同倒了顶梁柱。祖父的薪俸本就微薄，平时家中开销又很大，收入多少便支出多少，因此他一去世，家中便失去了经济来源。幸好郑振铎的三叔当时已从西班牙学成归来，在北京外交部当个主事官，每月便由他寄些钱来接济家用。同时，母亲给亲友们做些针线活，如纳鞋底之类，过端午节时，包些粽子，做些小布老虎，交给附近小杂货店去寄售，这样也能贴补些家用。

郑振铎八九岁时，母亲便把他送到县里城隍潭的一家私塾里去读四书五经。这时候，家中已日趋贫困，郑振铎到了冬天也是一身单薄的衣衫。日久天长，便患了慢性鼻炎，两行鼻涕常常不由自主地从鼻孔中挂下来。同学们嘲笑他，看不起他，给他起了个“鼻涕佛”的绰号。多数同学都不和他玩，只有夏承焘成了他的知己。郑振铎渐渐变得沉默寡言，大家在玩时，他总是独自默默地坐在一个角落里读着书；只有夏承焘有时硬拉着他一起去池塘边捞蝌蚪或是去古坟堆里逮蟋蟀，这时，郑振铎才又像是个孩子，脸上暂时有了一丝微笑。

夜间的生活是很寂寞的。那时还没有电灯，母亲坐在油灯下做着针线，郑振铎便偎在她怀里，听她讲“蛇龙哥”等许多美丽动听的民间故事。母亲还用福州话给郑振铎唱很多流传在福州民间的歌谣，其中一首是这样的：

月光光，
照河塘。
骑竹马，
过横塘。
横塘水深不得过，
娘子牵船来接郎。
问郎长，问郎短，
问郎此去何时返。

这些优美的民谣，只能用福州话来唱才合辙押韵，要是译成普通话就不好听了。郑振铎还小，虽然还不能理解什么意思，但母亲甜润的歌喉像是催眠曲。听着听着，他便在母亲怀里进入梦乡，脸上含着幸福的微笑……母爱，多么温柔，那么浓郁甜美，那么令人心醉！

郑振铎母亲郭宝娟

郑振铎十二三岁时，母亲又把他送进了三官殿巷的永嘉第一高等小学。这时，同一私塾的许多同学也都转到了这里。大家依然看不起他，“鼻涕佛”的绰号又带了过来。但是，使他欣慰的是，他遇到了一位好老师——黄小泉。这是一位和蔼、忠厚、热心而又十分开明的老师，从未见他责罚过学生。对犯错误的学生，他总是循循善诱，耐心加以开导。他把学生当成自己的朋友，从不以衣衫取人。对破衣烂衫的郑振铎，他

“一代词宗”夏承焘

从不轻视，相反，他独具慧眼，有时对这个被众人瞧不起的学生还格外爱护一些。每逢假日，他常常带着郑振铎和夏承焘等人去春草池、飞霞洞等处游玩。

郑振铎最爱听黄小泉先生的国文课，枯燥乏味的《古文观止》等，到了他的嘴里就成了十分有趣的故事。他讲起来生动活泼，有声有色。后来，郑振铎在《记黄小泉先生》一文中写道："假如我对于文章有什么一得之见的话，小泉先生便是我的真正的'启蒙先生'，真正的指导者。"

年终考试的时候，"鼻涕佛"名列前茅，那些平时看不起他的同学，虽是忌妒，却也不得不从此对他刮目相看。

桂花不知开了几遍，转眼郑振铎已是十三周岁。他高小毕业后，考入了浙江省立第十中学。此时，他的鼻炎已经痊愈，不再是"鼻涕佛"了，长成了一表人才的堂堂少年。他在学校里成绩很不错，特别是作文，常常被老师作为范文在课堂上朗读。但是，昂贵的学费却使母亲难以承担，有几次因缴不起学费，郑振铎竟被校方勒令停止参加考试。后经母亲东挪西借，才勉强补足了学费。这样，一年挨过一年，最终以优异的成绩读完了中学。

这时，郑振铎已是陈独秀主编的《青年杂志》（1916年9月出版第二卷第一号改名为《新青年》）的忠实读者。自己订不起，便等订有这本杂志的同学看完后，再借来看。家里三叔过去收藏的《中国魂》和《新民丛报》之类，他都读过不止一遍。这时，他对有关文艺的书产生了极大兴趣，每每见到同学买到好书，自己买不起，便也要借了来，整部整部地抄下来。一次，他向一位同学借来了《文心雕龙》，利用整整一个暑假，把它抄了下来。又有一次他在一个姓陈的同学那里，看到一部《古今文综》，是当时上海中华书局出版的，定价要银洋十元。他简直羡慕极了，于是便厚着脸皮向那位同学借。那同学说："可以借给你，不过，只能一套一套地借，还一套，再借一套。"于是，郑振铎便兴奋地向他一套套地借来读，并把其中有关讨论文艺的文章，都抄了下来。又是整整一个暑假，他不仅读完了这六大部十二类的书，抄录下来的文章也集成了厚厚两大册，题名为《论文集要》。这时，他虽然感到辛苦，却更觉得十

浙江省立第十中学

浙江省立第十中学教员

分充实。他捧着手抄的两厚本《论文集要》给母亲看，母亲也会心地笑了。四十年后（1957年），他在北京偶然经过中国书店，在书架上看到了此书，便买了下来。想起当年为抄此书，汗流浃背，抄肿了手的情景，感慨不已。

儿子上进，母亲总是高兴的。对木官的勤奋好学，母亲十分欣慰，决定即使倾家荡产也要供他继续深造。为此，母亲写信给在北京外交部工作的郑振铎的三叔和他商量关于郑振铎进京求学之事。不久三叔来信表示同意。于是，郑振铎便于1917年夏天，辞别了祖母、母亲，第一次独自远离抚育了他近二十年的瓯江，乘船北上，先到上海，再转乘火车到北京。临行前，慈母在灯下，边抹着眼泪，边为他连夜赶制了一件崭新的月白布长衫，好让他在外人面前体面些。真是："慈母手中线，游子身上衣。临行密密缝，意恐迟迟归。"

## 五、求学京师的学生领袖

1917年夏天，郑振铎来到了北洋政府的统治中心——北京，投靠在外交部任签证官的三叔。不久，他便考进了交通部所属的北京铁路管理学校（北京交通大学的前身）。因为这一类学校学费低，将来谋求职位有保证。郑振铎的成绩几乎年年都名列第一，并以优异的成绩获得了免费学习的资格。

郑振铎与北京铁路管理学校同学们合影（右一为郑振铎）

北京铁路管理学校大门

北京铁路管理学校与邮电学校举行篮球比赛合影（左边坐地者为郑振铎）

坐落在米市大街的基督教青年会

三叔家住东城。课余时间，郑振铎常到附近位于米市大街的基督教青年会办的一个小图书馆去看书。在那里，他结识了和他同样热爱文学的瞿秋白、耿济之和许地山等人。瞿秋白和耿济之都是俄文专修馆的学生。

郑振铎好友许地山

郑振铎好友瞿秋白

郑振铎好友耿济之

他们常常借阅这个图书馆里的托尔斯泰、普希金等人的俄文原著。郑振铎在他们的影响下，也常常借些英文版的高尔基、契科夫等人的作品，贪恋地阅读起来。他们还组织了一个读书会，经常放学后相约爬到高大的明城墙上，拿出携带的瓜子、花生等，席地而坐，热烈地交谈起各自的读书心得以及对社会、对时局的看法，直到日薄西山，城下炊烟四起，都不愿散去。

这时，他们开始试着翻

郑振铎与耿济之、瞿秋白等合影（左起第一人为瞿秋白，第二人为郑振铎，第五人为耿济之）

译一些作品。郑振铎译的大多数是契科夫等人的剧本，并且编了一本《俄国戏曲集》，此书中除了他自己译的剧本，还收入了瞿秋白、耿济之等人的译作。他将这本集子交给商务印书馆出版，得到了平生第一笔稿费。拿到稿费的当天中午，他走进了一家小饭铺，要了两个炒菜和两大碗米饭，从未如此“奢侈”地饱餐了一顿。随后，他又兴冲冲地跑到常去的一家书店，把余下的钱全部都买了书，感到充实极了！从此，他开始了一生的文学活动。

时间转眼到了1919年5月4日。这天郑振铎午饭后感到有些倦意，躺在床上翻了几页新出刊的《新青年》便昏昏睡去。不知睡了多久，忽然院外嘈杂的人声把他惊醒，只听有人喊：“着火了！着火了！”他一骨碌从床上爬起来，跑到附近的一个空场去看个究竟。只见不远处的一栋大宅院黑烟夹着火焰正在燃烧着。“这是哪一家在着火呢？”他正想着，只见一个巡警头上裹着纱布，由两个同伴扶着，从面前走过。一会儿，又有几个穿着蓝布大褂的学生模样的人，飞也似的跑过来，几个巡警在后面紧追不舍。

第二天，他看到报纸才知道，原来是北大等一些高校的学生因得悉“巴黎和会”上中国外交失败的消息，群情激奋，三千多学生聚集在天安门广场集会，高呼“取消二十一条”“拒绝在合约上签字”“外争国权，内惩国贼”等口号。会后，学生们又到东交民巷的

游行集会的学生

外国使馆区去示威，被军警拦住了。后来学生们便转到赵家楼北洋政府交通总长曹汝霖的家。曹家大门紧闭，拒绝接见学生们，于是愤怒的学生冲进曹家，一把火烧了曹家大宅，曹汝霖仓皇从后门溜掉，这便是历史上著名的“火烧赵家楼”。而北洋政府驻日公使章宗祥则被学生们找了出来，痛打了一顿。后来大批军警前来镇压，抓走了二三十名学生。

当天郑振铎匆匆赶到学校，此时的校园已经沸腾起来，同学们都在议论昨天发生的事。下午在操场上全校学生自发的集会上，郑振铎和另外几个同学发起成立了学生会，郑振铎还被大家推举为本校的学生代表，参加各校的联合行动，声援和救助被关押的学生。而此时他的好友瞿秋白、耿济之、许地山也都分别在自己的学校参加了联合行动。他们并肩战斗，投身到这场轰轰烈烈的爱国运动。因为郑振铎是福建人，他同时又被推举为福建省抗日学生联合会的领导之一。

这年夏天，北洋政府当局为了分散学生的力量，责令各校提前放假，凡在京的外地学生，暑假期间一律返回原籍，不得在京停留。殊不知却事与愿违，学生们利用假期回到了原籍，也把反帝反封建的火种扩散到了全国各地。

北京高等师范学校
被捕学生获释后返校

6月初，郑振铎满怀着五四的激情，一回到温州，便踊跃投入了当地的爱国学生运动。在两个多月的时间里，他每天奔波在温州各校，参加温州学界的各种会议，发表演说，介绍北京学生运动的情况。他出色的演说才能和富有煽动性的言辞，常使在场的人喝彩，讲话不时被热烈的掌声所打断。

在温州两个多月的时间里，他还和陈仲陶等人以及各校爱国师生先后组织了“爱国演讲周刊社”和“新学会”，创办了《救国讲演周刊》和《新学报》，宣传反帝救国的意义，推动新文化运动。他除了积极参加编辑工作，还亲自为《周刊》撰写了数篇战斗性强、旗帜鲜明的新闻报道，在《新学报》第二、三、四期上发表了《新文化运动者的精神

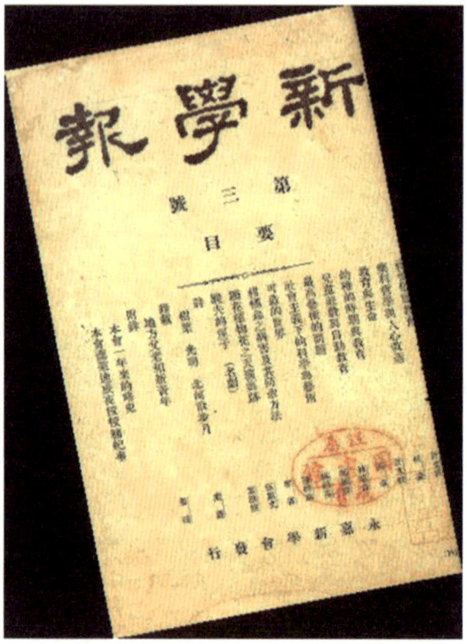


《新学报》

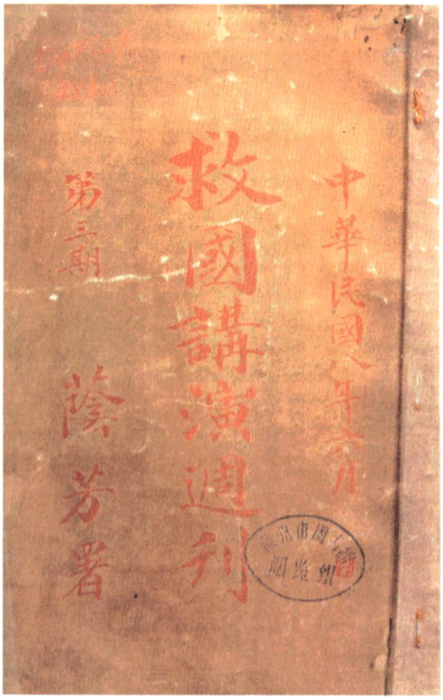


《救国演讲周刊》

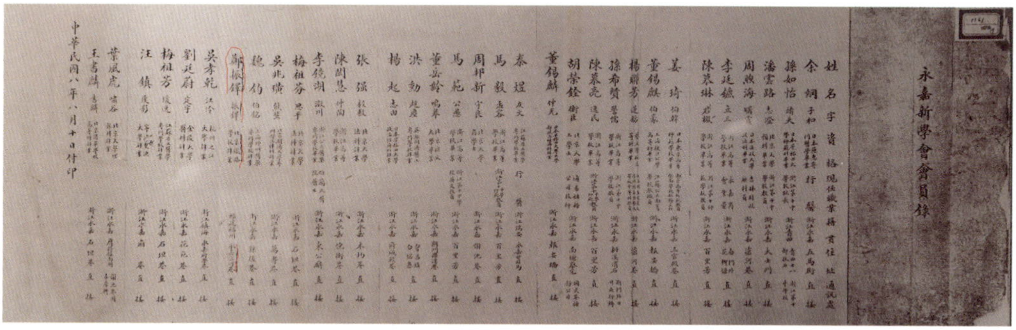
永嘉新學會會員錄

中華民國八年八月十日付印

“永嘉新学会”会员名单

与态度》《中国妇女解放问题》《俄国文学底特质与其略史》等文章。在这些文章里，他在五四时期的那种反帝反封建的坚定立场和对于新文化运动的满腔热情都跃然纸上，今天读起来，仍感到有一颗火热的心在跳动着。

新社會

中華民國八年十一月一號出版

北京社會實進會刊行

The New Society

1.

郑振铎等人创办的《新社会》旬刊

暑期结束后，郑振铎离开温州回到北京。他应基督教青年会之邀，在这年的11月1日，又和瞿秋白、耿济之、许地山等人一道，创办了《新社会》旬刊。在郑振铎执笔的《发刊词》中道出了他们创办此刊的宗旨，就是要“尽力于社会改造事业……我们改造的目的就是创造德谟克拉西（民主）的新社会”。

在创刊号上，郑振铎发表了他的处女诗《我是少年》和《灯光》。这两首诗刚问世，便引起了社会上强烈反响。其中，《我是少年》是他一生中最成功的一首诗：

我是少年！我是少年！
我有如炬的眼，
我有思想如泉。
我有牺牲的精神，
我有自由不可捐。
我看不惯偶像似的流年，
我看不惯奴隶的苟安。
我起！我起！
我欲打破一切的威权。

我是少年！我是少年！
我有沸腾的热血和活泼进取的气象。
我欲进前！进前！进前！
我有同胞的情感，

我有博爱的心田。

我看见前面的光明，

我欲驶破浪的大船。

满载可怜的同胞，

进前！进前！进前！

不管它浊浪排空，狂飙肆虐，

我只向光明的所在，

进前！进前！进前！

这首充满着勃勃朝气、奋发向上的精神的诗，发表后，顿时受到社会上广大读者，尤其是青少年的欢迎，被誉为“当时年轻一代人的呼声”（叶圣

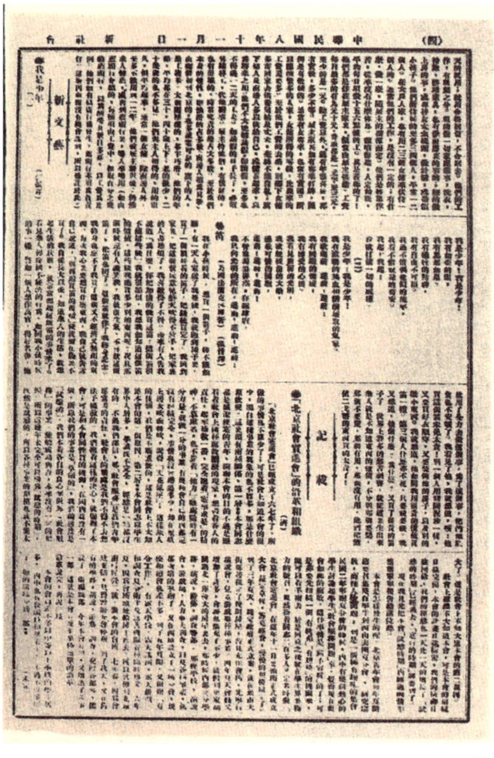
（四） 中華民國八年十一月一日 新社會

新文藝

記載

《新社会》创刊号的郑振铎处女诗作《我是少年》

陶语）。人们从诗中，似乎看到了年轻的诗人，正迎着狂风，迎着巨浪，昂首挺胸，高唱着“我是少年！……”在前进着，前进着，号召着人们起来“打破一切的威权”。它发表不久，就被我国新文学史上第一本新诗选集《新诗集》收入；后来，又被远在美国哈佛大学任汉语教授的著名学者赵元任选作教材，并且他亲自朗诵，灌制成了唱片，一时间，唱遍大江南北，乃至大洋彼岸。

散文诗《灯光》写了一个在“深秋中夜，黑云四罩，风吹叶落，萧萧作响。一个人提着灯，在荒野中寻路迈往”的孤零零的夜行人，期盼着其他的夜行人和他“共享”那“照着前途明白”的“灯光”。此诗反映了年轻诗人希望更多的人觉悟起来，在代表着先进思想的“灯光”指引下，共同为他们——他和瞿秋白、耿济之等人——理想的“新社会”，“共向前迈往”。它虽是首散文诗，却也有着较鲜明的节奏感，读来朗朗上口，寓意隽永，也颇受读者喜爱。接着，郑振铎又写了《追寄秋白、颂华、仲武》《微光》《生命之火燃了！》等诗。

郑振铎最初的两篇小说，《惊悸》和《平凡地毁了一生》发表在1920年9月和10月的《晨报》上。《惊悸》描述了“我”在路上看见囚犯时心悸不安的心态和“我”在当晚梦见自己被绑赴刑场而出一身冷汗的情景。《平凡地毁了一生》描述了一个青年空有

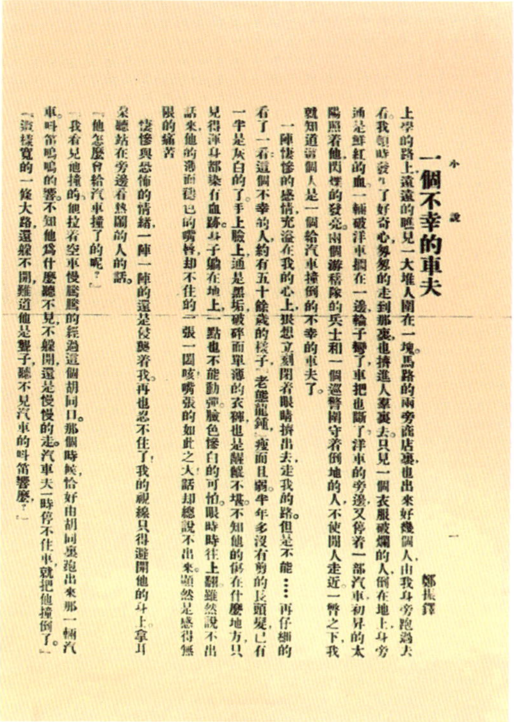

小說

一個不幸的車夫

鄭振鐸

上學的路上，遠遠的瞧見一大堆人圍在一塊。馬路的兩旁商店裏，也出來好幾個人，由我身旁跑過去看。我頓時發生了好奇心，努努的走到那裏，也擠進人羣裏去。只見一個衣服破爛的人，倒在地上，身旁涌是鮮紅的血。一輛破洋車擱在一邊，輪子彎了，車把也斷了。洋車的旁邊，又停着一部汽車，初昇的太陽照着他，閃爍的發亮。兩個游緝隊的兵士和一個巡警圍守着倒地的人，不使閒人走近。一瞥之下，我就知道這個人是一個給汽車撞倒的不幸的車夫了。

一陣悽慘的感情，充溢在我的心上，狠想立刻閉着眼睛擠出去，走我的路。但是不能……再仔細的看了一看，這個不幸的人，約有五十餘歲的樣子，老態龍鍾，瘦而且弱。半年多沒有剪的長頭髮，已有一半是灰白的了。手上臉上，通是黑垢。破碎而單薄的衣褲，也是齷齪不堪。不知他的傷在什麼地方，只見得渾身都染有血跡。身子躺在地上，一點也不能動彈。臉色慘白的可怕。眼時時往上翻。雖然說不出話來，他的滿面鬍巴的嘴脣，却不住的一張一闔，咳！嘴張的如此之大！話却總說不出來。顯然是感得無限的痛苦。

悽慘與恐怖的情緒，一陣一陣的還是侵襲着我。我再也忍不住了！我的視線只得避開他的身上，拿耳朵聽站在旁邊看熱鬧的人的話。

「他怎麼會給汽車撞了的呢？」

「我看見他撞的。他拉着空車慢騰騰的經過這個胡同口。那個時候，恰好由胡同裏跑出來那一輛汽車。叫笛嗚嗚的響。不知他爲什麼聽不見，不躲開，還是慢慢的走。汽車夫一時停不住車，就把他撞倒了。」

「這樣寬的一條大路，還躲不開，難道他是聾子，聽不見汽車的叫笛響麼？」

郑振铎发表在铁路管理学校毕业纪念册上的小说《一个不幸的车夫》

大志，却无真才，见异思迁，一心只想“做一个人上人的人”，结果一事无成。

1921年1 月，郑振铎在参加编辑的《北京铁路管理学校高等科乙班毕业纪念册》上，发表了《一个不幸的车夫》，描写了一个人力车夫被有钱有势者的汽车撞倒后，痛苦而无告的悲惨命运。

这三篇小说，可视为郑振铎最初的试笔之作，艺术水准都不高，甚至还很幼稚。但却可以看出，每一篇都是饱蘸了“血和泪”来写的，从中反映出了他早期的人道主义思想和“血和泪”的文学主张。后来，可能是他自己也觉得这儿篇东西写得不高明，便暂停了小说的写作。

在《新社会》上，郑振铎还先后发表了《现代的社会改造运动》《什么是劳动问题》等若干篇社会论文，反映了他当时“朦胧的社会主义思想”。由于这个刊物发表了郑振铎、瞿秋白等人的许多宣传革命思想、揭露与批判旧制度和反动统治的文章，触犯了北洋军阀当局，因此只出了十九期，就被京师警察厅查禁了。

1920年8月，郑振铎他们又出版了《人道》月刊。这个刊物和《新社会》的不同之处就在于更大力提倡人道主义，主张建立一个超国家、超阶级的博爱的社会。《人道》仅出版了一期，便因为给该刊出资的基督教青年会怕这些年轻人再出什么乱子就停止资助而被迫停刊了。

这一时期，郑振铎参加了李大钊的社会主义青年团，与李大钊等三人一起被推选为出版委员，同时他还是李大钊主办的“社会主义研究会”的成员。这是一个包括了马克思主义者、空想社会主义者和无政府主义者的成分复杂的秘密组织。虽然它存在的时间不长便解散了，但这对郑振铎早期“朦胧的社会主义思想”的形成却产生了一定的影响。

在文学活动方面，郑振铎这期间主要从事了俄罗斯文学的研究及介绍，撰写了《俄罗斯文学的特质与其略史》《写实主义时代之俄罗斯文学》《俄国文学发达的原因与影响》和《俄罗斯名家短篇小说第一集·序》等论文。其中《俄罗斯名家短篇小说第一集·序》是他第一篇重要的文学论文。这是他为耿济之、沈颖译的俄国短篇小说集而撰写的序言。他在文章中不仅高度评价和介绍了流传到我国不久的俄国文学，而且初步提出了自己的文学观点，阐述了“文学的真价”，文学的“真”的精神、“人的文学”、“平民的文学”和“悲剧的文学”等一系列重大的文学理论问题。其实，所谓“真价”、“真”的精神、“人的文学”等就是郑振铎和沈雁冰后来所积极提倡的“为人生”的现实主义文学，也就是他后来提出的“血和泪”的文学。这篇序言是探索郑振铎早期文学思想和发展脉络的重要的资料。

五四运动前后是郑振铎一生中的一个重要阶段。这时期的种种活动，对他以后一生所走的政治道路起着决定性的作用。

# 六、《国际歌》最早的中文译者

“起来，饥寒交迫的奴隶……”《国际歌》这首庄严而神圣的革命颂歌，自从有了第一个中文译本以后，已在神州大地传唱了将近一个世纪。她召唤着千百万中华民族的优秀儿女，团结到革命旗帜下，去“为真理而斗争”；她激励着一代代革命者，为了实现“英特纳雄耐尔”而赴汤蹈火勇往直前；有多少革命先烈，高唱着“团结起来到明天”走向敌人的断头台。郑振铎的好友瞿秋白，不就是这样高唱着“这是最后的斗争”而含笑面对刽子手屠刀的吗？

那么，是谁最早把她介绍到中国来的呢？正是瞿秋白年轻时代的挚友——郑振铎和耿济之。

那是1920年七八月间，当时，郑振铎还是北京铁路管理学校的学生。一天，他和他的好友——北京俄文专修馆的学生耿济之，偶然从一位朋友那里得到了一本俄文版的题名《赤色的诗歌》的诗集。书上还注明了，这是海参崴“全俄劳工党”的第十四种出版物。郑振铎和耿济之把这诗集的二十五首诗都读了一遍，一首首充满革命激情的诗，深深打动了他俩的心弦。于是，他俩商量着，要把这些诗都翻译出来，并且准备发表在他们编辑的《人道》月刊上。“说干就干！”郑振铎生性如此，大约在8月初，他俩就开始译了起来。郑振铎的俄文程度远不如耿济之，因此他俩便采取了分工合作的办法；由耿济之先把诗歌的大意口译出来，再由郑振铎用中文来“笔述”。第一天，他俩在万宝盖耿宅，一直译到深夜，译出了第一首《第三国际党的颂歌》。全诗共分九段，前两段的译文是这样的：

起来罢，被咒骂跟着的，
全世界的恶人与奴隶；
我们被扰乱的理性将要沸腾了！
预备着去打死战吧！

我们破坏了全世界的强权，
连根的把他破坏了。
我们将看见新的世界了！
只要他是什么都没有的人，
他就是完全的人。

读了这两段诗就不难发现，它和今天流行的《国际歌》中文歌词何其相似。其实，这个《第三国际党的颂歌》就是《国际歌》最早的中文译文。

第二天，他俩还要继续往下译，不凑巧俩人学校里都有事，便只得中止。好事多磨，他们编辑的《人道》月刊只出了一期，便因种种原因而停了刊。他俩的心凉了半截，因为译出来也无处发表，所以就再也没有译下去。而已经译好的《第三国际党的颂歌》则直到将近十个月以后，才发表在1921年5月27日的《民国日报·觉悟》上，署名“C.Z.、C.T.同译”（C.Z.和C.T.分别是耿济之和郑振铎的英文缩写）。

无独有偶。在此期间，1920年10月10日至12月5日，在广东早期共产党组织主办的《劳动者》周刊第二、四、五、六期上，分四次连载了署名“列悲”译的《劳动歌》，这也是《国际歌》的另一中文译文，而且比《第三国际党的颂歌》要早发表了半年左右。因此，以发表先后讲，“列悲”的《劳动歌》当是我国最早发表的《国际歌》中译词；而如果说是谁最早翻译《国际歌》的，那么当数郑振铎和耿济之了。

但是，上述两首《国际歌》都是诗的形式，不适合唱；1923年6月，《新青年》第一期上发表了瞿秋白照着乐谱重译的《国际歌》，这是我国最早的能唱的《国际歌》。

# 七、成立文学研究会——走上文坛

1921年1月4日，由郑振铎牵头，与沈雁冰（茅盾）、叶圣陶、周作人、蒋百里、朱希祖、耿济之、瞿菊农、郭绍虞、孙伏园、许地山、王统照等十二人一道发起的文学研究会在北京中央公园来今雨轩正式成立。这是五四运动后我国成立的在中国现代文学史上占有重要地位的一个文学社团。它在成立过程中的重要组织者就是郑振铎。当时它的主要发起人沈雁冰（茅盾）、叶圣陶等都在南方，是郑振铎负责联络，南北串联，邀请他们参加发起该会的。叶圣陶先生曾说："郑振铎是最初的发起人，各方面联络接洽，他费心最多。"另一位发起人郭绍虞先生也曾说："文学研究会的发起与筹备都是郑振铎一人之力。"这些话不是毫无根据的。

1920年12月从北京铁路管理学校毕业时的郑振铎

1921年1月4日文学研究会在北京中央公园（今北京中山公园）来今雨轩成立时的合影（前排右起为易家钺、瞿世英、王统照、黄英、杨伟业、郭梦良。中排右起为蒋百里、朱希祖、范用余、许光迪、白镛、江小鹣。后排右起为孙伏园、耿济之、苏宗武、李亚晋、许地山、宋介、郑振铎、王星汉）

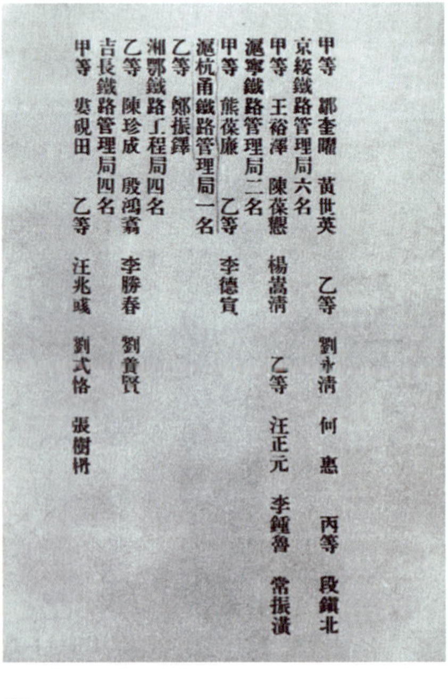

甲等　鄒奎曜　黃世英　乙等　劉永清　何　惠　丙等　段鎮北
京綏鐵路管理局六名
甲等　王裕澤　陳葆懇　楊嵩清　乙等　汪正元　李鍾魯　常振瀆
滬寧鐵路管理局二名
甲等　熊葆廉　乙等　李德寬
滬杭甬鐵路管理局一名
乙等　鄭振鐸
湘鄂鐵路工程局四名
乙等　陳珍成　殷鴻翥　李勝春　劉貢賢
吉長鐵路管理局四名
甲等　婁硯田　乙等　汪兆彧　劉式恪　張樹枏

1920年12月，郑振铎毕业于北京铁路管理学校。1921年春被分配到上海火车站当见习站长。这是毕业名册

1921年3月郑振铎（坐地者左）到上海与沈雁冰（坐地者右）、沈泽民（站者左）、叶圣陶（站者右）初次见面后一起畅游半淞园时的留影

提倡“为人生”的现实主义文学，是文学研究会大多数成员所赞成的文学主张。他们反对封建复古文学，反对“将文艺当作高兴时的游戏或失意时的消遣”的趣味文学。他们通过《小说月报》和文学研究会的会刊《文学旬刊》，与文坛上的学衡派及蝴蝶鸳鸯派等展开论战，为新文学的发展起到了积极促进作用。

1921年3月，郑振铎由北京铁路管理学校毕业后被分配到上海火车站当见习生。由于他已选定了走文学道路，因此仅干了一个多月的挂钩员便永远脱离了铁路，担任了《时事新报》副刊《学灯》的编辑，同时负责创办文学研究会的会刊《文学旬刊》（后来改为《文学周报》）。不久，他由沈雁冰（茅盾）介绍到商务印书馆当了编辑，开始了他为期十年的编辑生涯。

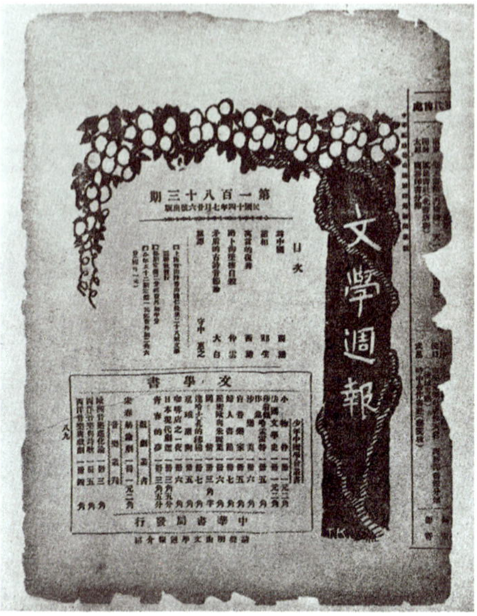
文學週報

第一百八十三期

1921年5月，文学研究会会刊《文学旬刊》（1925年5月第172期改《文学周报》）在沪创刊。由郑振铎主编

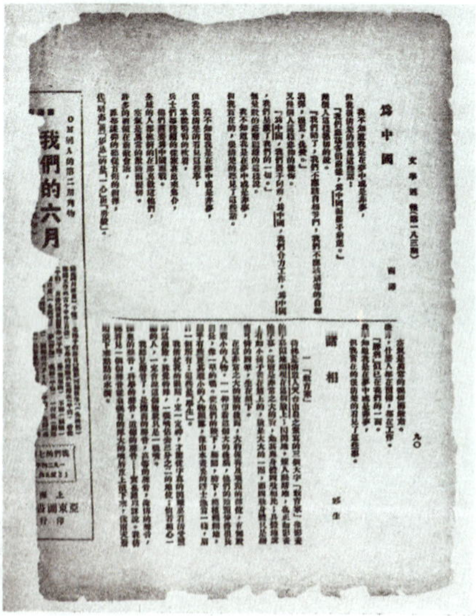
我們的六月

為中國

郑振铎发表在《文学周报》（即《文学旬刊》）第183号上的小诗《为中国》

# 八、十年编辑生涯

## 1.主编轶事

1921年，郑振铎除了积极组织新文学社团和编辑新文学刊物，还着力于新文学理论的研究和著述，撰写了数十篇有关文学理论、文学批评的论文及杂论，对新文学理论的建设作出了不可磨灭的贡献。特别值得一提的是，他鲜明地喊出了“血和泪的文学”的口号。他号召作家要蘸着“血”和“泪”来描写社会和人生，抨击鸳鸯蝴蝶派的“冷血的产品”。

1922年，郑振铎创办了中国第一个儿童文艺刊物《儿童世界》。一年后，他又接替沈雁冰（茅盾）担任了在中国现代文学史上占有重要地位的《小说月报》的主编。他除了任主编，主要还从事外国

1921年5月，郑振铎由沈雁冰介绍，到商务印书馆当编辑。这是他在该馆藏书楼——涵芬楼前的留影

文学的翻译介绍。他翻译了泰戈尔的《飞鸟集》《新月集》等。在他翻译的《飞鸟集》问世以前，中国只是在《青年杂志》（后改名《新青年》）和《小说月报》等刊物上有过一些陈独秀、刘半农和郑振铎等人译的零零散散的泰戈尔诗作。因此，他翻译的《飞鸟集》就成了泰戈尔被介绍到中国来的第一部诗集。《飞鸟集》的出版在中国诗坛产生了很大的影响，这样一种表现随感式的短诗或小诗很快流行起来。据说，冰心女士就是看了这本诗集后，觉得那些小诗“非常自由”，便学着这种“自由”的写法而写起了随感式的诗，于是便有了《繁星》《春水》。正如郑振铎在《飞鸟集》初版的序言中所说：“近来小诗十分发达。他们的作者大半都是直接或间接受泰戈尔此集的影响。”

郑振铎主编的《小说月报》

郑振铎翻译的泰戈尔的《飞鸟集》，1922年10月由商务印书馆出版

郑振铎继《飞鸟集》后，又翻译了泰戈尔的《新月集》，不久也由商务印书馆出版

1924年4月12日郑振铎与徐志摩、张君劢等在上海码头迎接泰戈尔访华。右三张君劢，右四徐志摩，右六郑振铎

身为作家、编辑的郑振铎，在他长期主编《文学旬刊》《小说月报》等著名文学刊物过程中，曾发现了不少优秀作家，他们当中，后来成了“大师级”“文豪级”的有好几位。这里面，包含了许多生动感人的故事……

## 2.最早研究老舍的文字

1926年6月的《小说月报》最后一页的作品预告栏内，有这样一小段文字：“舒庆春君的《老张的哲学》是一部长篇小说，那样的讽刺的情调，是我们作

青年时期的老舍

家们所尚未弹奏过的。”

“舒庆春”就是老舍。《老张的哲学》是他的处女作。当这篇小说在《小说月报》1926年7月号刊出第一部分时，用的就是“舒庆春”这个名字，而从8月号刊出第二部分时，则改用了“老舍”的笔名。从此，“老舍”和他的《老张的哲学》，渐渐为读者们所熟悉。

写这段“预告”的人，就是《小说月报》的主编郑振铎，虽说文字不过寥寥数语，也算是第一个研究和介绍老舍的文字了。

1927年1月的《小说月报》“最后一页”栏内，又有一段介绍老舍作品的文字：“从第三号起，将登一部长篇小说《赵子曰》，那是一部篇幅很长的作品……《赵子曰》的作者，为写了《老张的哲学》的老舍君，而这部《赵子曰》较之《老张的哲学》更为进步，写的不是那一班教员闲民，写的乃是一班学生，是我们所常遇见，所常交往的学生。老舍君以轻松微妙的文笔，写北京学生生活，写北京公寓生活，是很逼真很动人的。把赵子曰几个人的个性尤能浮现于我们读者的面前。后半部的《赵子曰》却过于严肃的叙述，不复有前半部的幽默，然文笔是同样的活跃。且其以一个伟大的牺牲者的故事作结，是很可以使我们有无穷的感喟的。这部书使我们始而发笑，继而感动，终而悲愤了。”这一段精彩文字的作者，也是郑振铎。

因此可以说，最初把老舍的作品介绍给读者的是《小说月报》主编郑振铎，而最早研究老舍的文字的人也是郑振铎。

老舍1924年去英国，在伦敦的东方学院教中国语文。在这期间，他结识了在牛津大学研究宗教史的许地山，两人成了好友。在许地山的鼓励下他开始写小说，并由许地山推荐给郑振铎。《老张的哲学》和《赵子曰》在《小说月报》上的相继发表，大大鼓舞了老舍，他接着又写出了《二马》，从此走上了文学创作的道路。但那时，郑振铎和老舍只是开始有了文字的联系，并未见过面。直到1927年郑振铎去欧洲，才在伦敦见到了老舍。1930年初，老舍先生由伦敦转道新加坡回国，途经上海就是下榻在郑振铎家。他的那篇童话小说《小坡的生日》的最后两万字，就是在郑振铎家里完成的（总共约六万字）。福州人的生活习惯是早晚两餐粥，只有中午才吃干饭。郑振铎怕老舍先生不习惯，总是让母亲下些面条或蒸些包子、馒头给老舍先生吃。郑振铎每天忙完了自己的工作，晚餐后便和老舍先生在书斋中，泡一壶上好的花茶，两人品茗夜谈，十分融洽。他们有时也喝些黄酒或白酒，酒菜无非是花生米、豆腐干之类。

老舍先生在郑振铎家小住了约半个月便整装北上了。这是郑振铎和他相处最长的一段时间，从此他俩成了莫逆之交。

### 3.巴金的出现

1929年初，在中国文坛升起了一颗灿烂的新星。随着长篇小说《灭亡》在《小说月报》1月号至4月号的连载，人们开始注意到了作者“巴金”这一陌生的名字。《灭亡》在《小说月报》载完了，该刊主编郑振铎在刊物的“最后一页”栏中写道：“曾有好些人来信问巴金是谁，这连我们也不知道。他是一位完全不为人认识的作家，从前似也不曾写过小说。然这篇《灭亡》却是很可使我们注意的。其后半部写得尤为紧张。”在当年第12月号的该刊“最后一页”栏中，郑振铎又特别地提到了《灭亡》，认为它“将来当更有受到热烈的评赞的机会的”。从此，巴金的名字，和他的第一部长篇小说《灭亡》打响了第一炮，在我国现代文学史上，写下了辉煌的一页。而郑振铎的两个“最后一页”则可认为是最早研究巴金的文字。而当时的巴金，由此所受到的鼓舞有多大是可想而知的。巴金在多年以后，就曾多次说过：“在发表《灭亡》之前，我做梦也想不到我会成为‘作家’。”

其实，早在1922年，郑振铎主编《文学旬刊》时，就曾收到过一篇作者署名“佩竿”的诗《被虐者底哭声》，当时，作品虽还很稚嫩，但郑振铎觉得在内容上，是响应了文学研究会“血和泪的文学”的号召精神的作品，于是，便发表在了当年7月21日的该刊上。以后“佩竿”在郑振铎的帮助下，又陆续发表了一些诗文，并给郑振铎写来了一封热情洋溢的信，信中表示热烈拥护郑振铎的关于文学“应该与这腐败的社会争斗”的思想，并对郑振铎的诗《悲鸣之鸟》表示极为佩服，说：“我读这篇时已陪了不少的眼泪了。”最后，“佩竿”还请求郑振铎“常通信教导我”。这封信当即被郑振铎发表在当年9月11日的《文学旬刊》上，而1923年5月“佩竿”在成都《弧吟》杂志上发表的《报复》就是在郑振铎的《死者》一诗的影响和启示下写成的。这个“佩竿”就是巴金。这说明，早在他以“巴金”的笔名，发表了小说《灭亡》而一举成名之前，他就与郑振铎开始了联系，并且是在郑振铎的帮助和支持下，逐渐成熟的。而在郑振铎收到和发表《灭亡》之时，却不知

青年时期的巴金（原名李尧棠，又名佩竿）

道这个巴金就是七年前，他主编《文学旬刊》时认识的那个年轻人佩竿。

随后不久，当郑振铎又读到巴金寄来的第二部小说《死去的太阳》初稿时，却将稿件退还了作者。这说明作为刊物主编的郑振铎为了保证刊物的质量，绝不无原则地去迁就作者，即使对已初露锋芒的巴金也不例外。而这样做，恰恰也是对巴金这一文学青年的另一种帮助。巴金在后来回忆此事时说道："编者的处理是很公平的。……为了退稿，我至今还感激《小说月报》的编者。一个人不论通过什么样的道路走进'文坛'，他需要的总是辛勤的劳动、刻苦的锻炼和认真的督促。任何的'捧场'都只能助长一个人的骄傲而促成他不断地后退。"

后来，巴金和郑振铎成为文坛挚友。郑振铎去世后，巴金在《悼振铎》一文中写道："他关心朋友，也能毫无顾忌地批评朋友，而且更喜欢毫无保留地帮助朋友。……三十几年来有不少的人得过他的帮助，受过他的鼓舞，我也是其中之一。……"

巴金成名后，也曾对郑振铎有过误解，尤其是对郑振铎在抗日战争时期不遗余力，甚至甘冒生命危险抢救古书而写文章批评过他，这也使巴金内疚不已。到了晚年，巴金在病榻上，用尽最后的余力，写下了一生的最后一篇文章，就是《怀念振铎》（未完稿）。

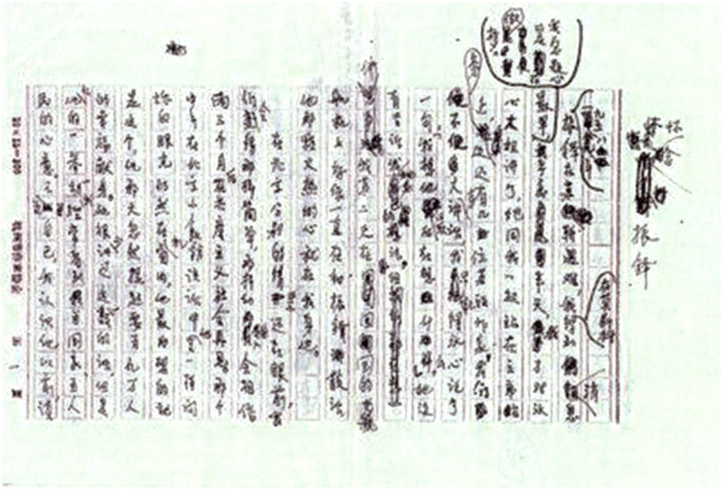

巴金《怀念振铎》手稿

在此文中，他用歉疚的语言写道：“我批评他‘抢救’古书，批评他保存国宝，我当时并不理解他，直到后来我看见他保存下来的一本本珍贵图书……我才了解他那番苦心。我承认我不会做他那种事情，但是我把他花费苦心收集起来、翻印出来的一套一套的线装书送给欧洲国家文化机构时，我又带着自豪的感情想起了振铎。”在文章最后对自己之所以要再写《怀念振铎》这篇文章，巴金说：“我对自己说‘这该是我的最后机会了’。”全篇言辞中满含着他对郑振铎的深切情感，读来为之动容。

## 4.巴人的成长

1922年5月2日，上海《文学旬刊》主编郑振铎收到了一篇寄自浙东某农村的稿件，作者署名“任叔”（即王任叔），文章题为《对于一个散文诗作者表一些敬意！》，文中评论了诗人徐玉诺的作品，引起了郑振铎的注意。读过全文后，郑振铎立即决定将文章刊登在当月11日的《文学旬刊》上，并在文章后面加了一段很有分量的按语："我对介绍玉诺兄的任叔先生也表示十分的敬意。玉诺的诗已出现了半年多，却不曾有谁批评他，一直到了现在，才有一个任叔先生留意到。"这篇文章和编者按语的发表，对当时还是一名乡村小学教师的王任叔，无疑是巨大的鼓舞，因为这是这位年轻人的文章首次被发表，而且又是在当时国内最大的文学社团——文学研究会的机关刊物上发表的。这是多少当时像他一样的文学青年，在梦中都不敢想到的"殊荣"啊！于是不久，王任叔又一鼓作气地把他的第一部诗集《恶魔》写完了，寄给了郑振铎。他在写给主编的信中鼓足勇气地说："希望能帮助出版或择优发表。"很快地，郑振铎便在6月1日的《文学旬刊》上刊出了这封信。由于作者没有留下自己的地址，所以郑振铎就在同一期的刊物上发表了答复"任叔先生"的信，信中说："我们虽不曾见面，但我却在《恶魔》中看见一个较见过面的更袒露更真切的一个你了。"他还认为《恶魔》至少在"个性的真实表现"上是很成功的，因此表示："此集我必尽力为谋出版。现在且先在《旬刊》上陆续选登出来。"见到郑振铎的答复以及选登的诗后，王任叔立刻回信说："承你的厚爱，奖励到我要哭了。"

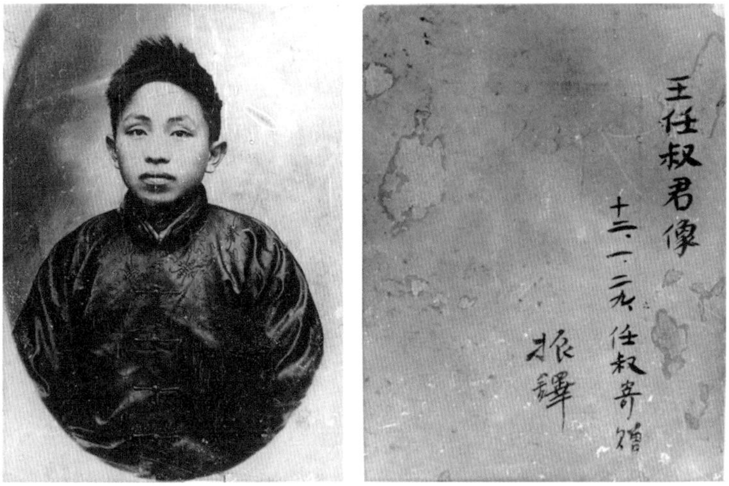


1923年，王任叔（即巴人）寄赠郑振铎的照片（正反面）

事情也真凑巧，说来也算是两人有缘，没过多久，郑振铎就在7月30日和沈雁冰先生一起，应宁波教育、学术团体的邀请，去宁波讲学。王任叔一得知此消息，就匆匆从乡下赶到宁波，和郑振铎见了面。郑振铎自然是又给了王任叔很多的勉励。

这以后，郑振铎又继续不断地在事业上给王任叔以支持。当年的8月21日《文学旬刊》发表了王任叔最初写的小说《母亲》，同年10月10日，又发表了他的《吃惊的心》和《大树》。郑振铎在同期的主编写的《杂谈》上写道："中国的小说，向来少有真实的生活描写。所以'农民小说'，中国是没有的。"而对王任叔的这两篇小说，郑振铎却认为"在中国可以说是创始之作"。这篇短文虽只寥寥数语，但是对初试小说创作的王任叔，无疑又是一个极大的激励。1922年，郑振铎接替沈雁冰主编《小说月报》后，在当年该刊的第一期，就一次发表了王任叔的四个短篇小说和六首诗。这期间，他还介绍王任叔加入了文学研究会。此后几十年间，他俩在一起的时间并不多，但他们是事业上的志同道合的挚友。王任叔对郑振铎始终怀着一种非同一般的感情，正如后来，他在《自传》里总结一生所走的文学道路时写道："一生中，文学事业上给我以最大帮助和影响的是郑振铎。"

1959年10月18日，在郑振铎逝世一周年那天，王任叔又在《光明日报》上，发表了《悼念振铎》一文。在这篇文章中，他是这样说的："我和振铎结交，算来已有三十多年了。虽然，我们从来没有在一处共同工作过，但我从事于文学事业，他无疑是我的导师和益友。"

### 5.一位老人的情思

1982年春节，一场瑞雪静悄悄地，在此起彼伏的鞭炮声中，降临到了齐鲁大地，山东济南的一幢住宅里，一位身患重病的高龄老人，正躺在病榻上，向家人讲述着什么。窗外已是一片银装素裹。老人在断断续续讲着，神情显得很激动，他的一位亲人在认真地记着，生怕漏掉一句。

这位老人叫燕遇明，是一位离休干部。他为党的文化宣传事业奋斗了终生，曾担任过山东省文联副主席，现在他已自知不久于人世，趁着头脑还清醒，他有不少话要赶紧讲出来。但他要讲的，却并不是什么遗嘱，而是一篇名为《忆振铎老师》的文章。文章的第一句话就是："振铎老师虽没有给我上过课，甚至没会过面，互不认识，但我仍要称他为老师，而且是影响到我一生的道路的许多老师之一。"

燕遇明，原名燕志俊，出生在山东泰山脚下的一个贫穷山村。他自幼便迷恋上了文学，是《小说月报》的忠实读者，自己也时常学着写些小诗什么的。十六七岁时，因病休学在家的他，偶然读到了《小说月报》上发表的、郑振铎译的印度大诗人泰戈尔的几首小诗，顿时爱不释手，并随即模仿着在当地产的粗糙土纸上写了两首小诗，然后便寄给了上海的《小说月报》主编郑振铎。郑振铎读了这两首诗，觉得虽然还很稚嫩，但却很有些泰戈尔诗的清新味（当然，他并不知道，这位年轻人的这两首诗，正是在读了他所译的泰戈尔诗后的模仿之作）。如果鼓励他一下，说不定将来会有所成就的。于是，就决定将其在《小说月报》1924年的2月号发表了。这件事，对这位病中的少年是极大的鼓励。他兴奋得一连几夜未能合眼，而整个闭塞的小山村，也顿时沸腾了起来，不啻这穷乡僻壤里出了一位状元。从此，他一发不可收。志俊的诗、志俊的散文、志俊的小说……不断地投往《小说月报》和郑振铎主编的另一文学刊物《文学周报》，并不断地在这两个刊物上发表，有时一期发表两三篇。这以后，《语丝》《莽原》《北新》《一般》《开明》等新文学刊物上，也都经常有了志俊的作品。志俊，这个穷乡僻壤里的小丑鸭，终于变成了美丽的白天鹅，要展翅高飞了！志俊成了20世纪20年代的一位丰产青年作家。郑振铎给他写了热情洋溢的信，并对他的不足之处给了指点，勉励他继续努力。郑振铎在这封信里，还邀请他加入文学研究会。但遗憾的是，不知什么原因，也许是当时还十分幼稚的他，搞不清这究竟是什么组织，竟未敢回信。后来，当他衰卧病榻之际，向家人口述着《忆振铎老师》这篇可能是他一生的最后一篇文章时，对当时没有回信，十分内疚地说道："我当时没有给他复信，事后想起来，感到自己做得很失礼。但当时我还是一个农村青年，文化水平不高，也缺乏社会知识，总起来说是不懂事，无知。"

这以后，燕遇明除了继续写作，还进一步地成了参加实际斗争的革命者，并加入了中国共产党。在四五十年风风雨雨的革命生涯中，他担任过村、区、县的各级党组织书记，扛枪打过日寇，后来又先后担任了县、地、省的宣传文教部门的领导。

中华人民共和国成立后，燕遇明在他的家乡山东，先后担任了青岛市委宣传部长、山东省委文教部副部长，后来，又担任了山东省文联副主席。按说，当时担任文化部副部长（同时也是全国文联领导成员）的郑振铎，多次去山东视察，而燕遇明作为地方文教部门的领导人，并且和郑振铎的好友王统照一起工作过，他俩总是会有见面机会的。但是，不知何故，他们却始终未能见过一面，这也许是老天故意给这两位老人，特别是给燕遇明留下一些无可弥补的遗憾吧！可能，这就是燕遇明为什么在他将离开这个世界前，要让他的家人帮他写下《忆振铎老师》这篇读来令人动容的文章的原因。因为，只有这样，他才能稍稍安心地永远合上他的双眼。

燕遇明的文章于当年7月21日发表在《柳泉》杂志上，而他本人却已于6月19日安详地睡去了。

### 6.编辑室的不速之客

1923年7月的一天，《小说月报》编辑室里来了一位蓬头垢面、衣衫褴褛的年轻人。当他自报姓名后，主编郑振铎马上想起了，就是这个叫顾仲起的人，约在一个月前，曾给《小说月报》寄来了三首总题为《深夜的烦闷》的小诗。郑振铎看后，觉得诗写得虽然比较幼稚，但却真实地反映了一个贫困青年在重压下的烦闷心理，于是便把它发表在该刊的7月号上了。可没想到，刊物昨天才出版，而今天作者本人就来了，更没想到的是，这位作者竟会是如此的一种狼狈的状况。郑振铎让来访者坐下，听他诉说着自己的不幸身世。原来，来访者叫顾仲起，是江苏如皋白蒲乡人。因家境贫困，从小过继给了无儿无女的伯父，而伯父家生活也并不富裕。开始时，他们对顾仲起倒还不错，可是，当伯父后来有了自己的孩子后，就对顾仲起愈来愈冷淡了，顾仲起是在孤独与贫困中长大成人的。后来，他好不容易考取了南通的一个师范学校，却又因为参加学生运动，而被校方开除了。回到乡里，又遭到了养父的破口大骂，顾仲起忍无可忍，一气之下便离家出走，一路流浪到了上海。为了谋生，他在码头和工厂当过工人，还曾做过出版社的校对，而他自幼爱好文学，曾多次向一些刊物投稿，却都未被发表，出乎他意料的是，这次他本以为没什么指望的稿子，竟被当时最大的文学刊物发表，而且刊物的主编是自己一向最敬重、最崇拜的郑振铎先生，真是使他受宠若惊。说到此，他脸上泛起了一丝欣慰和感激的笑容。但一会儿，他重又悲悲切切地从怀里掏出了一篇新写的小说《最后一封信》交给了郑振铎。这篇小小说，大致描写了在黑暗社会重压下，一个被逼得走投无路的青年在决定结束自己生命前，写了一封充满悲哀绝望的遗书的情节。郑振铎匆匆读着这篇短文，边读边感到震惊，他似乎预感到将要有不幸的事情发生在这个年轻作者的身上。果然，当他很快地把这篇蘸着“血和泪”写出来的短文扫过一遍之后，便听在一旁坐立不安的作者非常伤感地说：“我的希望好像永远陷入黑暗的井中。那么，也只有向自杀之路走去而已！”郑振铎忙不迭地宽慰他说：“不要太悲观了，自杀是不能解决问题的。让我们一起来想想办法，我一定会尽力帮助你的！”他边说边从身上摸出了几元钱，塞到顾仲起的手里，说：“这是你这篇小说的稿费，我先垫上了。”顾仲起眼含着感激的热泪，走出了编辑室。

孰料，郑振铎次日刚一走进办公室，就收到了顾仲起的来信，说他已经乘船离沪，准备在海上结束自己的生命！读完这简短而十分潦草的绝笔书，郑振铎简直惊呆了。当他昨天听这个年轻人哭诉时万万没想到他竟会这样快就走上了绝路！他万分痛心，眼睁睁地看着一个在文学上很可造就的年轻人，向绝路上走去，而他却未能把他紧紧拉住！“该死，真是该死啊！”他在内心不断地责怪着自己。这时，他忽地又想起了顾仲起昨天才送来的那篇小说稿，于是，又细细地把《最后一封信》读了一遍，便决定在下期的刊物上发表，他还立即为这篇小说写了一个“附记”，说明了作者的不幸遭遇，最后他写道：“我只希望他能收回这个可怕的决定，平安地再回来！”他的本意是希望通过这个年轻人的悲惨遭遇，来作为一个社会问题，引起社会的广泛关注。而始料不及的是刊物在8月份刚一出版，立即在社会上激起强烈反响，读者来信雪片般地飞到了郑振铎的编辑室，大家都希望知道这个青年作者的下落。幸好顾仲起并没有真的去自杀，他在生与死的十字路口徘徊良久后，想到了他所崇拜的郑先生对他的谆谆开导，终于决定重新振作起来。于是，他回到住处后，根据这次关系到生与死的亲身经历，又写了一篇题为《归来》的小说，寄给了《小说月报》社。郑振铎读过后，长长地吁了一口气。他对顾仲起的终于觉醒万分庆幸，并立即在该刊的9月号上发表了这篇小说。他又为此写下了"附记"，向社会上所有关心顾仲起的人士作了一个交待。从此"仲起"作为一颗文学新星，出现在20年代的上海文坛。

这以后，顾仲起的作品不断地发表在《小说月报》上。不仅如此，为了进一步帮助扶持顾仲起，郑振铎又曾想把他介绍进商务印书馆编译所，可能是学历上的缘故，馆方未能同意。郑振铎又想到了沈雁冰，他早已知晓沈雁冰当时的政治身份。他立刻找沈雁冰，讲明了顾仲起的情况，建议不如把他送到当时正在筹备中的黄埔军校去。沈雁冰先生听了郑振铎的讲述后，也很同情这个青年人，于是马上就写了介绍信，他俩还一起凑了些钱给顾仲起作盘缠。

1925年1月，顾仲起怀着感激和依依惜别的心情，双眼含着滚动的泪珠，离开了关心他、爱护他的郑先生，登上了革命的征程。

顾仲起不久便在黄埔加入了中国共产党，大革命失败后，他又回到了上海，从事革命文艺工作，并且加入了"太阳社"。

### 7.“漫画”一词的由来

20世纪20年代中期，上海出版的《我们的七月》文学刊物上，出现了一个署名“TK”的画。画风独特，笔调简洁，富含哲理，引起读者很大的兴趣。后来，人们又常在当时颇有影响的《文学周报》上，看到这位画家的插画，并冠以“子恺漫画”的题头。这些画，有的寥寥数笔，一首绝妙古诗便展现画面，引人遐思；有的则寓意深远，耐人寻味。后来，这位画家又出版了一个集子，叫作《子恺漫画》。从此“子恺漫画”便一举成名。

但是“漫画”这个词，当时人们是很陌生的。在此以前，这类画有的被称为“讽喻画”或是“滑稽画”“讽世画”等，没有一个概括性的统称，自从出现了“子恺漫画”，我国才有了“漫画”的名称。

1924年，郑振铎在上海主编《文学周报》期间，一天偶然从朱自清和俞平伯合办的不定期刊物《我们的七月》上看到了一幅署名“TK”的画，题为《人散后，一钩新月天如水》，画面上“疏朗的几笔墨痕，画着一道卷上的芦帘，一个放在廊边的小桌，桌上是一把壶，几个杯，天上是一钩新月”。郑振铎后来回忆道：“我的情绪却被他带到一个诗的仙境，我的心上感到一种说不出的美感。”这幅画引起了郑振铎浓厚的兴趣。

画家丰子恺

当时，《文学周报》经常需要一些插图，于是郑振铎便向朱自清打听此画作者“TK”其人。原来“TK”名叫丰子恺，是朱自清的同事，同在浙江白马湖畔的春晖中学教书。

提起丰子恺，大家都知道他是我国现代著名的画家和文学家，但当时他还只是一个默默无闻的音乐和图画教师。他曾经学过西洋画，但后来没有再向这方面发展。他常在课余时，用毛笔把日常生活中所捕捉到的一些有所感触的景象画出来，或是把喜欢吟诵的古诗译成白话，根据诗意，随意画在香烟盒、包装纸或是废讲义的背面，贴在宿舍门背后聊以自娱，并未想到要发表。这些画风独特的画，被他的同事夏丏尊、朱自清发现，他们都鼓励丰子恺发表。是朱自清第一个在《我们的七月》上采用了丰子恺设计的封面，并第一次在这个刊物上发表了丰子恺画的《人散后，一钩新月天如水》。

1925年，丰子恺到上海创办立达学园。郑振铎得知后，便通过好友胡愈之向他约画稿，并将这些画稿作为插图，陆续发表在他的《文学周报》上，并给这些画题了“子恺漫画”的题头，从这以后，我国才有了“漫画”这个词。

一个星期日，郑振铎约了胡愈之、叶圣陶一起到江湾立达学园去看丰子恺的画。那天，丰子恺的房间犹如在举办一个小小的画展，吸引了许多同事和学生来参观。丰子恺把他的漫画一幅幅立在玻璃窗格上，窗格放满了，又放了好些在桌子上。郑振铎后来回忆当时的情景道：“我们看了这一幅又看了那一幅，震骇他的表现的谐美与情调的复杂，正如一个贪婪的孩子，进了一家无所不有的玩具店，只觉得目眩五色，什么都是好的。”最后，所有的画都被郑振铎拿了去。在返回市区的火车上，郑振铎腋下夹着一大包画，“心里感着一种新鲜的如占领了一块新地般

丰子恺画《人散后，一钩新月天如水》

郑振铎选编并题名的《子恺漫画》，1925年由《文学周报》社出版

的愉悦”。回家后，郑振铎又细细地把这些画看了几遍。就在1925年底，在郑振铎主持下，《文学周报》社出版了《子恺漫画》。

在编这部漫画集时，许多朋友都给了热情的支持。沈雁冰、叶圣陶二先生参加了编选，朱自清、夏丏尊、俞平伯、刘薰宇、方光焘、丁衍镛等先生写了序或跋文，这件事成了20世纪20年代的一段文坛佳话。从此，郑振铎与丰子恺先生便成了莫逆之交。

## 九、恋爱与婚姻趣事

1922年的农历年过后，上海神州女子学校新学年开始了。这天，毕业班上国文课时，教务主任谢六逸给同学们引见了一位身材颀长，穿一身灰色西装，面目清秀，鼻梁上架着一副深度近视镜的年轻教师，向大家介绍道："这位是郑振铎先生，本学期由他来担任毕业班的国文课。"当时，商务印书馆编译所所长高梦旦的幼女高君箴是这个班的学生。该校教务主任谢六逸也是郑振铎商务印书馆的同事，由于这层原因，商务印书馆编译所的不少人都在神州女校兼课。由于师生年龄相差无几，其中师生间发生恋爱而终成眷属的不乏其人，如教生物的周建人先生后来就和高君箴的同班同学王蕴如结了婚。年轻的郑振铎学识丰富，讲起课来侃侃而谈如开闸之水，尤其讲到古典小说《水浒》《三国》等时，更是滔滔不绝，分析精辟，紧紧扣住了每个学生的心弦，更使高君箴对他产生了钦慕之情。

说来也巧，这年的暑期，高梦旦先生携幼女高君箴去莫干山避暑，路经杭州时，与郑振铎不期而遇。

郑振铎岳父高梦旦先生

那时，商务印书馆在莫干山长期包有休养所，路上相遇，不足为怪。使高君箴感到奇怪的是，这位先生从杭州艮山门起，就一直紧随在她身后。乘车、坐船，寸步不离。沿路的风光不坏，江南的初夏原是一幅天上乐园的景色。一路上没有一块裸土，都是绿的稻、绿的树、绿的桑林。偶然见些池塘，也都有粗大的荷叶与细小的菱叶浮在水面。在汽船上，沿河都是桑林与芦苇。有几个地方，水中央突出了一块桑田，四周都是碧绿的水，水面上浮着不少绿萍，一二小舟，在徐徐地往来，俨然是一幅田园风光的水墨画，而郑振铎温文尔雅的举止，诗一般楚楚动人的言辞，深深地陶醉了一颗少女的心……

事后，高君箴才明白，原来这是高梦旦先生特意安排的一次“相亲”，媒人就是谢六逸先生。回到上海，这桩亲事就算订下了。但是，此事却遭到了高氏族人们的反对，他们纷纷来指责高梦旦，理由就是

“门第”太悬殊。原来，高、郑两家虽是长乐同乡，但高家世代为官，家财豪富，当地号称“高百万”。而郑家祖上虽然也做过大官，但当时已经破落，主要靠亲戚接济和郑振铎的寡母做些女红维持生计。郑振铎自己也不过是个穷书生而已。然而，高梦旦先生却选定了这个乘龙佳婿，他对族人们的回答是：“穷，不怕，我的女儿要嫁的是年轻有为的人，而不是钱！”

阳春三月，莺飞草长，正是杭州一年中最美的季节。这时的西湖，更像个浓妆的西子，青山环抱，百花争艳，杨柳轻拂，碧波如漪。

1923年4月中旬，郑振铎和他热恋中的爱人高君箴，又一次来到他们当初定情的西子湖畔。一叶轻舟，载着这对情侣，相依相偎，情话绵绵，如一湖充满着柔情的春水。年轻潇洒的郑振铎，诗兴大发，以《湖边》为题吟道：

取了一块石，
抛入碧波似的湖水中。
湖水漾荡了一会，
便又平静了。
映着夕阳的红光，
漾荡着的水也好。
总是说不出的美的。

此时此刻，爱的春风滋润着郑振铎的心灵，他真正感受到了，由于有了爱，生活才变得更加美好！

一回到下榻的西湖饭店，他便激动地给北京的周作人写信，告诉他自己“已经订了婚”的喜讯，周作人则高兴地寄给他一本《比较文学史》，以示祝贺。

爱的激情驱动着郑振铎，在西子湖畔，他又一连写了两首情诗，赠给他热恋的君箴：

《爱》

每朵春花都爱和暖的日光么？
——是的。
每棵绿草都爱蒙蒙的细雨么？
——是的。
每条游鱼都爱粼粼的碧波么？
——是的。
那末，我呢，我的爱——？
你给了我光，给了我水，给了我生命之源，
我怎能不爱你呢？

《云与月》

——寄M

（笔者按，君箴在家中称“妹妹”，“M”即“妹”的缩写）

我若是白云呀，我爱，
我便要每天的早晨，在洒满金光的天空，
从远远的青山，浮游到你的门前。

当你提了书囊出门时，

我便要随了你，投我的阴影在你身，为你遮着日光了。

我若是小鸟呀，我爱，

我早已鼓翼飞到你的窗前，

当黄昏时，停在梨树的枝头，

看着你在微光里一针一针地缝你的丝裳。

只要你停针，抬头外望，

我便要唱歌，一只爱的歌给你听了。

我若是月光呀，我爱，

我便当高高的挂在中天，

用我的千万只眼，照进白纱的帐帘。

窥望着你在甜蜜地眠着。

只要你的身向外转侧，

我便要在你的前额，不使你警觉，轻轻地蜜吻着了。

郑振铎、高君箴，两个年轻人的手紧紧地握在一起，两颗炽热的心紧紧贴在一起，他俩共同浇灌的爱的种子发芽了，爱的树开花了，要结果了。

1923年的秋天，总是淫雨连绵，叫人心烦。然而，10月10日这天，忽然云开日出，阳光灿烂，真是难得的好天气！上海一品香饭店，高朋满座，宴会厅张灯结彩，挂满了万国旗。商务印书馆元老高梦旦之

1923年10月10日
郑振铎与高君箴在上海结婚

女高君箴和郑振铎的婚礼在这里隆重举行。关于这次婚礼，也有着一个有趣的故事。

在举行婚礼的前夕，万事已趋齐备，这时新郎才发现主婚人——母亲郭宝娟没有图章，可是按照当时“文明结婚”的规矩，结婚证书上是必须盖主婚人

郑振铎与高君箴的婚礼在上海一品香酒家举行

婚礼时在一品香酒家楼顶平台的合影（右二为瞿秋白）

印章的。于是他就写信给好友瞿秋白，请他赶紧代刻一个。孰知秋白先生的回书竟是一张“秋白篆刻润格”，也就是通常俗称的价目表。“润格”上标明：刻石章每字二元，七日取件；如属急需，限期取件则加倍收费；边款不计字数，概收二元云云……郑振

婚礼后拍摄的“合家欢”（中间坐者为郑振铎祖母）

婚后第四天在杭州西子湖上度“蜜月”

铎看后，以为秋白事忙，是推脱之意，便转求沈雁冰。为了好友，沈先生一夜未合眼，把图章赶刻了出来，次日上午就亲自送给了郑振铎。也就在此时，秋白却派人送来了一封红纸包，上面大书“贺仪五十元”。郑振铎知道秋白经济并不宽裕，正说着“何必送这么重的礼！”哪知沈先生已打开纸包一看，竟是三枚精致的石刻印章。一枚是主婚人郭宝娟的，另两枚则是新郎和新娘的，边款一刻“长”字，一刻“乐”字，合起来正好是“长乐”，因为新郎、新娘都是福建长乐人。沈雁冰很感

“蜜月”后第一天去上班

书桌前工作

在上海宝兴西里新居书斋中

兴趣地算了一下，刻工加上加倍的“润格”恰好是五十元。原来是秋白跟郑振铎开了一个大玩笑。郑振铎和沈雁冰当时都忍不住捧腹大笑起来。两位新人本打算在婚书上签字的，于是也改用了图章。

下午，举行结婚仪式，一品香饭店楼上楼下全包了下来，宾客云集。瞿秋白也来贺喜了，并在婚礼上作了精彩的演说，题名曰“薛宝钗出闺成大礼”，大谈妇女解放、恋爱自由等，既严肃又幽默，引得满堂宾客有的瞠目结舌，有的鼓掌欢呼。

## 十、第一部传世力作——《文学大纲》

“文学是没有国界的……文学是没有古今界的……所以我们研究文学，我们欣赏文学，不应该有古今中外之观念，我们如有了空间的或时间的隔限，那末我们将自绝于最弘富的文学宝库了。我们应该只问这是不是最好的，这是不是我们所最被感动的，是不是我们所最喜悦的，却不应该去问这是不是古代的，是不是现代的，这是不是本国的，或是不是外国的，而因此生了一种歧视。

“迷恋骸骨与迷恋现代，是要同样的受讥评的，本国主义与外国主义也同样是一种痼癖。

“文学的研究看不得爱国主义的色彩，也看不得‘古是最好的’‘现代是最好的’的偏见。然而有了这种偏见。或染了这个色彩的人却不在少数。

“文学大纲的编辑，便是要辟除以上的偏见，同时告诉他们：文学是属于人类全体的，文学的园囿是一座绝大的园囿，园隅一朵花落了，一朵花开了，都是与全个园囿的风光有关系的……”

郑振铎的第一部传世力作《文学大纲》

以上这段文字，出自1927年4月上海商务印书馆出版的《文学大纲·叙言》。正是出于这种“文学是没有国界的”世界文学一体化的观念，郑振铎从1923年起，到1926年，历时四年，终于完成了这部由中国人撰写的“实际上是世上第一部真正意义上的世界文学史”。（陈福康《文学大纲·重印叙言》）

新婚宴尔的郑振铎并没有一味沉溺在蜜月的卿卿我我，有了一个温暖的家，他开始了一系列的重要写作。《俄国文学史略》和《文学大纲》就是郑振铎在这一时期编著的。

《文学大纲》是一部用综合编年的方法介绍世界文学发展，分别阐述各国文学名著，并带有精美插图（均为各国名画）的四大册、八十余万字的力作。他从1923年底开始撰写，历时四年直到1927年初才完成，并由商务印书馆出版。

20世纪20年代，人们“像在沙漠中求泉水”那样，渴望全面了解欧洲的先进科学和文化。《文学大纲》的出版对系统介绍西欧和世界各国的文学，促进我国新文学的发展，都起了积极的作用。它如同打开了一扇通向世界之窗，使人们看到了丰富多彩的世界文学宝库。在后来很长的时间里，人们要了解世界文学发展的概貌就必须向这部书求教。20世纪30年代，蔡元培先生提及此书时还赞扬为“纲举目张”“开示途径”“材料丰富，编制谨严”的“空前之作”。更令许多人难以置信的是，这“空前之作”在当时，竟是由一个才二十多岁的年轻人以一人之力来完成的。值得一提的是，他在书中关于中国文学部分很重视中国古典文学中反抗封建的民主精华。这种正确的文学观在当时是十分难能可贵的。

这期间，郑振铎写了十多篇研究中国古典文学的论文。另外，他还编选了一部《中国短篇小说集》，选入了从唐至清代的文言与平话小说。全书共三卷五册。这对喜爱中国古典小说的人，无疑提供了极大的方便。他的好友叶圣陶看到他赠送的此书后，高兴地连声说：“这是功德无量的好事呵！”

“人活着就要工作。”这是郑振铎一生为人的准则之一。他赞美“终日辛勤苦作的人”而鄙视好逸恶劳的“那些闲逸而无事可为的人”，他在1926年最后一期的《小说月报》上，发表了下面这段《卷头语》：

谁是人世间的最苦闷者？

是终日辛勤苦作的人？

是终日坐在书桌上不停地写或读的人？

不，那不是他们。

最苦闷的却是那些闲逸而无事可为的人。

……

此时也是郑振铎新诗创作的丰收时期。1922年，他和朱自清、叶圣陶等八人出版了新诗合集《雪朝》，其中收入了他的新诗三十四首。他另外的十几首诗散见于《文学旬刊》《小说月报》《晨报副刊》和《诗》等刊物中。《有卫兵的车》《祈祷》《侮辱》和《忘了》等诗表达了诗人对黑暗社会的控诉，同时倾注了对女工、车夫和乞丐等劳苦大众的深切同情。《侮辱》一诗就是根据郑振铎的一次亲身经历有感而写。1921年初的一天，郑振铎和耿济之、瞿菊农等人坐人力车经过当时的使馆区东交民巷时，他的车夫不小心轻轻地碰了军阀张作霖的一个士兵的身体。这个士兵大怒，他一边破口大骂，一边还赶过来打了车夫两个耳光，又当胸打了一拳后余怒未消地走了。车夫等他走后，才轻轻地骂了几声，又哽哽咽咽地和伙伴说了几句，后来竟呜咽着哭了。这件事给郑振铎留下了很深的印象。几天几夜，只要一合眼，那车夫被辱骂和挨打的景象，以及哭诉时的样子便浮现在他眼前。于是，他便有了这首诗：

……

被侮辱的人，不要哭吧！
现在虽黑暗，
天气终究会晴朗的。

黑雾虽弥漫四塞，

只要太阳一来，它们就会散开的。

……

只要我们把无数线的太阳光集中在一起，

就可以把黑雾散开了。

他憎恶“黑暗”，向往着“晴朗”的天气和象征着光明的“太阳”，而这一切是要通过团结与斗争才能取得的。

不久他便投入了实际的斗争。

胡愈之、王伯祥等人都是郑振铎的挚友和同事。他们时常在假期结伴外出游览。这是他们在无锡梅园的留影。左胡愈之，中郑振铎，右王伯祥

绿杨村的柳岸上，左二郑振铎

在扬州城外绿杨村。风华正茂的好友们在一起有多快活！前排左起胡愈之、王伯祥、周予同，后排中为郑振铎

无锡梅园内，扶栏者为郑振铎，旁边为胡愈之

1925年11月初，郑振铎与高梦旦、胡适同游南京鸡鸣寺。左一高梦旦、左二郑振铎、左三胡适、右一曹诚英

南京莫愁湖畔“粤军殉难烈士墓”，郑振铎站立在孙中山手书“建国成仁”碑旁，背对镜头者为胡适

## 十一、揭露五卅惨案真相的《公理日报》

1925年5月30日这一天，上海学生两千多人在租界内散发传单，发表演说，抗议日本纱厂资本家镇压工人罢工，打死工人顾正红，声援工人，并号召收回租界，被英国巡捕逮捕一百多人。下午万余群众聚集在上海英租界南京路老闸巡捕房门口，要求释放被捕学生，高呼“打倒帝国主义”等口号，英国巡捕竟向群众开枪射击，当场打死十三人，重伤数十人，逮捕一百五十多人，造成震惊中外的五卅惨案。在中国共产党的号召和领导下，上海工、商、学各界掀起了声势浩大的“三罢”（罢工、罢课、罢市）运动，并很快扩展至外省，形成了全国范围的反帝斗争大风暴。可是当时上海的报纸对英、日帝国主义这一惨绝人寰的暴行却一直保持着沉默，有的报纸甚至连罢工罢市的消息都不敢报道。

然而，1925年6月初的上海，天方破晓，大街小巷就响起了报贩的叫卖声：“《公理日报》一只铜板！”“请看南京路惨案真相！……请看日本老板枪杀顾正红的经过！”

这份新创刊的四开小报，对大家来说固然很陌生，然而它鲜明醒目的标题很快就引起人们的注意，市民们踊跃购买，争相传看。这个新出版的《公理日报》以犀利的笔锋，揭露抨击了英日帝国主义的血腥罪行，反映了上海工、商、学各阶层爱国群众的共同心声。

这个《公理日报》就是郑振铎和他的朋友沈雁冰、胡愈之、叶圣陶等人自筹资金联合创办的。

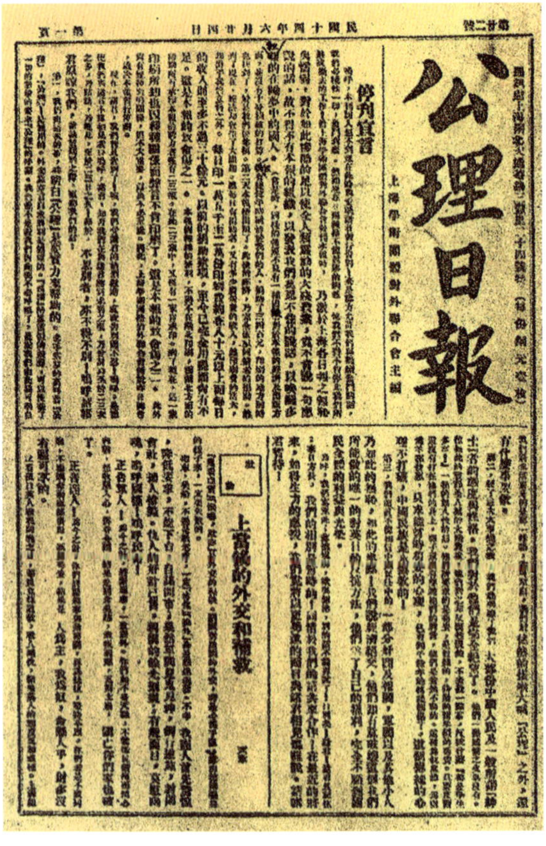
第廿二號　民國十四年六月廿四日　第一頁

公理日報

上海學術團體對外聯合會主編

停刊宣言

上海的外交和暴……

五卅惨案发生后，郑振铎和胡愈之等人创办了《公理日报》。这是郑振铎在该报被迫停刊时发表在停刊号上的《停刊宣言》

此报一经出版，就受到社会上广泛的欢迎，成了畅销一时的报纸。该报的编辑部和发行所就设在郑振铎的家里。郑振铎不仅亲自写稿、编辑、校对和接洽印刷，还动员全家参加了发行工作。但是这个报纸办了不到一个月，便因为经费困难，更主要是在当局压力下，各印刷厂都不敢再承印而被迫于6月24日停刊了。严峻的现实使他们认识到一个真理，即“赤手空拳地高叫‘公理’，‘公理’是无用的”。这年8月，商务印书馆和全国三十多个分馆爆发了总罢工。郑振铎作为编译所的职工代表和罢工中央执行委员会委员，直接参加和领导了火热的工人运动，并在斗争中经受了磨练。

爱国主义的激情使郑振铎的创作活动跨入了新的阶段。五卅惨案期间，他在《小说月报》和《文学周报》上不断地发表反映这一爱国运动的诗篇，同时也开始了他最初的散文创作。

坚持为“为人生而艺术”的文学主张和现实主义的创作方法，在郑振铎的散文创作中是显而易见的。他最初的几篇反映五卅惨案的散文，表现尤为突出。在《街血洗去后》和《迂缓与麻木》两篇中，作者以悲愤的情感和质朴的文笔，追述了南京路惨案发生后的所见所闻，痛感某些人对自己同胞惨遭杀戮竟如此“迂缓与麻木”，强烈抨击了那些“娇贵的绅士们”的冷酷无情。《六月一日》则描述了“大雷雨之后”的又一场“大雷雨”。他以激越的基调，真实记录了五卅惨案发生的两天后，悲愤、郁怒的学生和市民们“以更勇敢的精神”走向街头，奋起抗争的感人场面以及发生在当时的又一场大屠杀的惨景。他最后指出：“无辜者的血，在有‘人’的心者的眼中，脑中，永远是红红的洗涤不去。红色的帘似永远挂着。”这一切呼唤出了作者强烈的爱国心声。他坚信中国人民是不会忘记这笔血债的。

在这些散文中，作者强烈真挚的感情和奋发向上的斗争精神，时时感动和鼓舞着读者。作者的创作倾向是力求“率真”和“质朴”，反对“雕琢与粉饰”（见《雪朝〈短序〉》）。可以说这也是郑振铎散文和其他创作的特点之一。

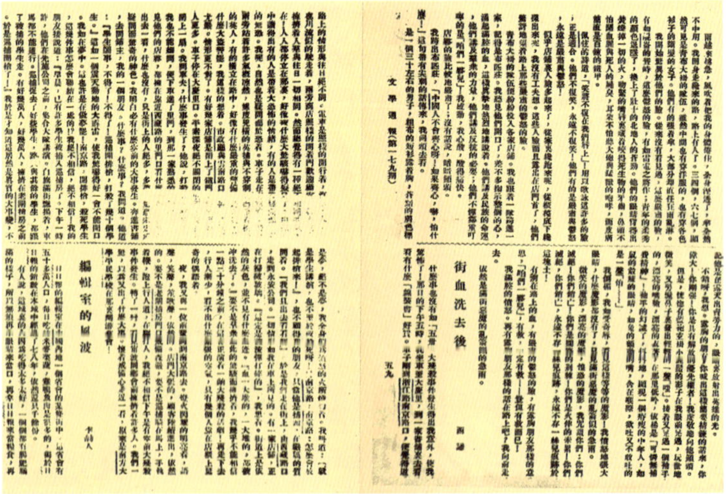


郑振铎根据五卅惨案发生后目睹的情况，写成《街血洗去后》一文，发表在《文学周报》第179号，猛烈抨击政府当局的昏庸和怯懦

## 十二、被迫远走欧洲“游学”

1927年3月，周恩来在上海领导了上海工人第三次武装起义。郑振铎和胡愈之、叶圣陶等人组织的上海著作权人公会也积极参加了这次武装起义的临时革命政权组织——上海市民代表会议的活动。郑振铎被推举为闸北区市民代表会执行委员会成员，担任了秘书工作。不久，1927年4月12日国民党发动了震惊中外的四一二反革命政变，郑振铎目睹了血腥屠杀的全过程，愤怒至极，他联合胡愈之等七人联名写信给国民党中央监察委员蔡孑民（蔡元培）、吴稚晖、李石曾三人，强烈抗议国民党军队的暴行。最后署名为：郑振铎、冯次行、章锡琛、胡愈之、周予同、吴觉农、李石岑。郑振铎排名第一，这是按繁体字笔画顺序排列，由多到少。据叶圣陶回忆，这是郑振铎主动提出来的排列方法。因为他知道，此事会有很大的风险，他甘愿勇敢地站在前头，充当领衔者。此抗议信后来又公开发表在15日的报纸上，造成很大的影响。周恩来后来对此评价说：“中国知识分子是有勇气、有骨气的，四一二事件之后有两件事我一直不会忘

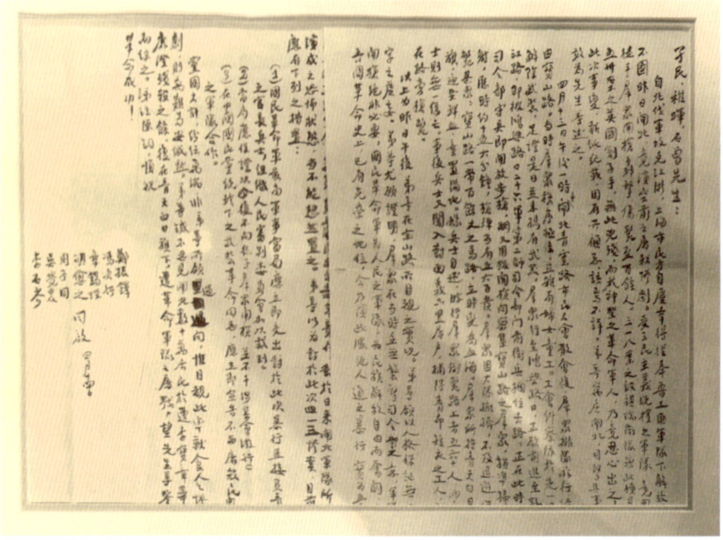
孑民、稚晖、石曾先生：

郑振铎
冯次行
章锡琛
胡愈之
周予同
吴觉农
李石岑
同启

郑振铎、胡愈之等七人联名致国民党中央监察委员蔡子民（蔡元培）、吴稚晖和李石曾的抗议信，抗议国民党“四一二”暴行，原件现保存在上海中共一大纪念馆

记，一是胡愈之、郑振铎他们写的抗议信，二是郭沫若写的《请看今日之蒋介石》，这是中国正直知识分子的大无畏的壮举。”此信公开发表后，国民党当局大为震怒，下令按名单搜捕。

此时的上海，白色恐怖日趋严重，为了躲避国民党当局的残杀和迫害，在亲朋好友的劝说下，郑振铎被迫远走欧洲避难，辗转英、法、意等国，历时一年多。

1927年5月21日，郑振铎告别了妻子、岳父和叶圣陶等朋友们，登上了由上海港驶往法国马赛的法国邮轮“阿托士第二”。当轮船将要驶向大海时，他看到沿江停着的好几艘灰色和白色的军舰，悬挂着的却不是“青天白日满地红”的国旗，而是“红日”，是“蓝白红”，是“红蓝交叉着”的联合旗，是有“星点红条”的旗！他的满腔热血沸腾了！后来，他在船上的第三天（23日）写的《离别》一文中写道：“别了，我爱的中国，我全心爱着的中国！……当我归来时，我希望这些悬着‘红日’的，‘蓝白红’的，有‘星点红条’的，‘红蓝交叉’着的一切旗帜的白色灰色的军舰都已不见了，代替它们的是我们的可喜爱的悬着我们的旗帜的伟大舰队。如果它们那时还没有退去中国海，还没有为我们所消灭，那么来，勇士们，我将加入你们的队伍中，以更勇猛的力量，去压迫它们，去毁灭它们！……”

郑振铎在旅欧避难期间所撰写的《欧行日记》

这次“欧行”本来是一次政治流亡，而对郑振铎却成了一个读书、学习、充实自己的绝好良机。他

郑振铎在旅欧期间写了《离别》等许多散文，回国后，收入了他的散文集《海燕》（1932年新中国书局出版）

早在20世纪20年代，郑振铎就对文物考古发生了浓厚的兴趣。旅欧期间，他参观了英、法、意等国博物馆，并根据有关资料，写了《近百年古城古墓发掘史》一书（1930年商务印书馆出版）

在登上“阿托士第二”邮轮第一天的日记中就为自己拟定了一个在欧洲期间的计划：“（一）希望把自己所要研究的文学，做一种专心正规的研究。（二）希望能在国外清静的环境里做几部久欲动手而迄今因上海环境的纷扰而未写的小说。（三）希望能走遍各大图书馆，阅遍其中之奇书及中国所罕见的书籍，如小说、戏曲之类。（四）希望多游历欧洲的名胜古迹，修养自己的身心。”他的这些“希望”后来基本都实现了。

巴黎——这个塞纳河畔的美丽城市对他的吸引力实在是太大了。因为那里有许多世界著名的博物馆、美术馆、王宫古堡和名胜古迹，足够他参观学习的。国立图书馆里有那么多中国小说与戏曲，竟使他改变了原本只打算在此小住几天的计划而流连了好几个月。

伦敦是郑振铎这次欧洲之行的主要一站。到达的第三天，他就迫不及待地一头扎进了不列颠博物馆的图书馆，连续好几个月待在那里，并在这个当年马克思写《资本论》的地方选择了一个安静的角落勤奋苦读。图书馆方面对于借阅善本图书有着严格的

在旅欧期间，郑振铎结识了朱光潜、老舍、傅雷等人。这是他与朱光潜等在英国同游爱丁堡古天文台时的留影。左四郑振铎，左五朱光潜

规定，其中一条就是只能阅读不能抄录。为此，他很伤了一番脑筋。但是他很快想到了家乡的蜜蜂是如何采蜜的，于是他便先在阅览室里，将借到的“变文”抄本，一段段背得滚瓜烂熟，然后装作吸烟，到吸烟室里默写下来。有时一个人实在费力，便拉着当时还在伦敦的朱光潜和老舍来帮忙。中午，他们就在博物馆的咖啡室内，喝杯咖啡，吃块点心。晚上，则常由他作东，到中国餐馆吃一顿饭，算是他的“犒赏三军”；而老舍和朱光潜也算是为朋友“义”字当头，做到了尽心尽力。

从1925年五卅惨案到1928年旅欧前后的这段时间，也是郑振铎散文创作的旺盛时期。他主要的三个散文集《山中杂记》《海燕》和《欧行日记》都是在这个时期

写的。他在这个时期还出版了他的第一个短篇小说集《家庭的故事》，开始了大量的小说创作。

《山中杂记》是郑振铎1926年夏天在莫干山避暑期间对山中生活的记述，是一篇游记性散文。作者对周围环境细致观察，善于捕捉大自然中富有情趣的细节，文字质朴细腻而清俊秀丽。《蝉与纺织娘》描写了“虫之乐队”在不同季节所唱的不同情致的歌。作品想象丰富，是自然与人生的协奏曲。《苦鸦子》则是通过民间关于乌鸦的传说，以比兴的手法，用“老婆子”们的对话的方式，将乌鸦及其“苦呀！苦呀！”的叫声比作当时处于社会最底层的劳动妇女的种种不幸和痛苦。《月夜之话》通过月下乘凉时的闲谈絮语，由一个福州同乡的女孩子唱的儿歌，非常自然地把话题引向福州民歌的议论，表达出作者对家乡民歌的熟悉和赞赏。在作者的笔下，山中的月夜显得格外“静美”“柔秀”和“融和”。通篇蕴含诗的情韵和画的意境，令人神往。从这些篇章中，人们可以感受到作者散文的艺术技巧比起五卅时期要娴熟多了，但由于是避暑期间“田园生活”闲适淡雅的即兴之作，所以缺乏前期那样强烈的激情。

《海燕》中的一些篇章是郑振铎1927年在前往法国的邮轮“阿托士第二”上写的，其中《海燕》一文，则是这些散文中写得最美的一篇：“乌黑的一身羽毛，光滑漂亮，积伶积俐，加上一双剪刀似的尾

今天矗立在福建闽江入海处的《海燕》纪念碑

巴，一对劲俊轻快的翅膀，凑成了那样可爱的活泼的一只小燕子。当春间二三月，轻飔微微的吹拂着，如毛的细雨无因的由天上洒落着，千条万条的柔柳，齐舒了它们的黄绿的眼，红的白的黄的花，绿的草，绿的树叶，皆如赴赴市集者似的奔聚而来，形成了烂漫无比的春天时，那些小燕子，那么伶俐可爱的小燕子，便也由南方飞来，加入了这个隽妙无比的春景的图画中，为春光平添了许多的生趣。……如今，离家是几千里！离国是几千里！托身于浮宅之上，奔驰于万顷海涛之间，不料却见着我们的小燕子。这小燕子，便是我们故乡的那一对，两对么？便是我们今春在故乡所见的那一对，两对么？见了它们，游子们能不引起了，至少是轻烟似的，一缕两缕的乡愁么？……啊，乡愁呀，如轻烟似的乡愁呀！”文中，作者撷取海上生活的一个小片断，用丰富的联想和比拟的手法，刻画了海燕和家乡小燕子的美丽可爱形象。文字细腻，在读者面前展开了一幅美妙的工笔画。通篇抒发了一个游子的离愁别绪，寄托了作者思乡念国的满腔深情。他写的是燕子的可爱，实际上是为了写家乡的可爱，这种“寓情于物”的表现手法，达到了情景交融的艺术效果，再加上通篇文字清新、隽永、简洁、凝练，像一首极佳的抒情诗，读来回味无穷。

《家庭的故事》大多是在欧洲时写的，其中收入短篇小说十六篇。它以朴实的文字和“几分眷恋”的心情，为读者留下了一组“即将逝去的中国旧家庭的片影”。作者从各种不同的角度为它“留影”，为读者呈现了20世纪20年代中国社会的一些角落。这些故事并不是作者的回忆录，但是这些人物原型应是当时社会“到处可遇到”的。作者熟悉他们，了解他们，因此下笔能够得心应手，多数作品人物形象生动，有血有肉。

《猫》是这个集子中的首篇，作于1925年11月。作者通过几只不是失踪便是死亡的小猫的命运，表现了主人“我”对于弱小者——猫的怜悯和对它们的死亡感到内疚的心情，反映了人道主义的思想，以及当时一些知识分子精神上的苦闷和无以排忧的复杂心情。作者笔下的猫，形象生动，各具个性，相比之下，人物形象大为逊色，不够典型，还带有浓浓的散文色彩。

《五老爹》中的五老爹是一个“孔乙己”式的人物。不过“五老爹”却没有孔乙己那样的偷书恶习。他慈祥、善良、安分守己，只求有个谋生之处，然而社会仍是不容于他。作者通过“我”的回忆，对五老爹倾注了深切的同情，控诉了毁灭五老爹一生并吞噬了他的旧社会。五老爹的外表形象、讲《三国志》故事时的举止神态和常年寄人篱下所养成的“柔和的微笑”都给读者留下了深刻的印象。

《三姑与三姑丈》中的三姑丈，原是个家有“三个当铺，四五个米店，十几顷田地”的不小的财主。他“忠厚无能”坐守产业，不嫖、不赌，最后竟在家产之争中落得一贫如洗，惨死在巡官毒棍之下。作者通过三姑丈的无能，手足间为争遗产的明抢暗夺和县官、师爷、胥吏等恶势力对三姑丈的敲诈勒索，以及三姑丈破产后亲朋们对他的“那些冷板板的如霜的面目”的描写，揭露了当时社会的人情冷暖、世态炎凉和弱肉强食的“吃人”的本质。

《元荫嫂的墓前》描写的是封建包办婚姻给青年带来的不幸。作者告诉人们，婚姻应该是建立在双方相爱的基础上的，没有真正的爱的结合常常是产生家庭悲剧的因素，控诉了封建婚姻残害青年的罪恶。

通过《家庭的故事》，作者描述了形形色色家庭的各种痛苦、不幸与悲剧。但是，他对这些旧家庭并没有明显的谴责，有时“反有些眷恋”。这说明他对旧家庭的本质还缺乏足够的认识。这使他的一些作品基调较软，有些缠绵悱恻，缺乏斗争性。不过，从另一方面看，他在当时就认识到社会是造成家庭种种痛苦与不幸的根源了。人们在读他的这些作品时，都可以或明或暗地得出这一结论来。如《猫》中“我”的百无聊赖，《五老爹》中五老爹的潦倒，《三姑与三姑丈》中三姑丈的破产与惨死，还有《元荫嫂的墓前》中元荫嫂的爱情悲剧……哪一件不是不合理的社会制度直接或间接造成的呢？作者的这种认识，使作品具有了不同程度的社会意义。

1928年6月，郑振铎结束了在欧洲一年的流亡生活，回到了日思夜念的祖国。当他一踏进家门时，一股温暖的气息扑面而来。尤其使他格外惊喜的是，他走时尚未出生的女儿小箴已经牙牙学语。郑振铎回国后仍在商务印书馆主编《小说月报》。可是不久，他就因与当时商务印书馆总经理王云五的矛盾日益尖锐而结束了长达十年的编辑生涯。

王云五从1930年开始在馆内推行了一套从欧、美、日“考察”来的所谓“科学管理法”，实际上加重了对职工的压榨，从而激起了员工的强烈反对。而在当时，素来不满王云五骄横的沈雁冰、叶圣陶等人已先后离开了商务印书馆，郑振铎因在同人中的声望自然被推到了与王云五斗争的前列。斗争胜利了，王云五被迫收回了成命，可是郑振铎与仍是总经理的王云五的关系也日益紧张，郑振铎觉得有一种“人在屋檐下”的压抑。于是，经周作人和郭绍虞的推荐，郑振铎携全家北上，担任了北平燕京大学和清华大学两所大学的合聘教授。其实，他之所以北上执教，除了与王云五的关系，还有一个很重要的原因，那就是为了能有较多的时间来实现他多年的写作计划，而其中最主要的就是他写的《插图本中国文学史》。

# 十三、《插图本中国文学史》的诞生

素有“小西湖”美誉的未名湖的湖光、塔影、石舫，未名湖的春花、秋月、夏荷、冬雪，都颇能使人增添文思。郑振铎在湖的一隅，茂林修竹掩映下的曲径通幽深处，有了一所田园式的别墅——天河厂1号，这真是一个只有王维和陶渊明的诗中才有的佳境

1931年夏，郑振铎应好友郭绍虞之邀，北上北平，担任燕京大学中文系主任，同时担任清华大学教授。这是他在北平与夫人、女儿的合影

1932年秋，郑振铎与夫人、女儿、岳父高梦旦等游北平西山。左一高君珊、左二高梦旦、左三郑振铎、左四高君箴、右一刘淑度

摄于北平西山山麓

作客卓君庸先生宅，摄于北平玉泉山附近卓君庸别墅前。左一卓君庸先生、左二郑振铎、左四高梦旦

1933年秋，郑振铎与夫人、女儿同游北平颐和园

郑振铎的代表作——《插图本中国文学史》（1932年12月由北平朴社出版）。该书第一次将唐、五代的“变文”，金、元的“诸宫调”，宋、明的平话，明、清的弹词、宝卷等这些不为士大夫们所重视，而为人民大众所喜闻乐见的优秀作品辑入书中，填补了中国文学史园地的一大空白，至今仍是研究中国古代文学所不可缺少的重要著作

啊！他终于在完成繁重的教课以外，有了一个他盼望已久的良好环境，来实现他多年的夙愿了。他先是在清华和燕京两校讲授中国小说史、戏曲史和比较文学等，一年后，就专任燕京大学教授及中文系主任。除去备课和讲课，其余时间便都可以用来写作了。这一时期，郑振铎还和傅东华、巴金、靳以等人先后创办

1933年夏，郑振铎与冰心夫妇摄于北平。左三起吴文藻、冰心、郑振铎

了《文学月刊》和《文学季刊》等刊物。

从1931年到1935年，四年的教授生涯使郑振铎有较多的时间坐下来搞些学术研究和写作。他的最具代表性的文学史力作《插图本中国文学史》就是在此期间完成的。

《插图本中国文学史》是被专家认为的“建国前最好的一部文学史专著”（陈福康《郑振铎论》）。该书是在20世纪30年代初郑振铎继他的世界史巨著《文学大纲》后出版的又一鸿篇巨制。在这部近八十万字的书里，他最早把弹词、宝卷、小说、戏曲、变文等被“正统文学”视为不能登入文学殿堂的所谓“俗文学”，用三分之一的篇幅写了进去，以他独到的见解，为“俗文学”正了名。陈福康先生在《郑振铎论》中评价此书道：全书最重要的贡献在于民间戏曲（包括散曲）、变文（包括所衍变的文体）等的评述。也就是说，作者特别强调民俗文学、讲唱文学在文学史上的意义与地位。作者将变文与戏曲、小说并称为中国文学史中“最崇高的三大成就”，这是一大创见（当然中国又称“诗国”，中国古代诗歌的成就也是不可否认的）。从未有人这样说过，从而也就成为本书最显著的特点之一。应该说，陈福康先生的评价是客观公正的。

1933年春，在燕京大学郑振铎宅前合影。左起：俞平伯、郭绍虞、浦江清、顾颉刚、赵万里、朱自清、陈竹隐、郑振铎夫人高君箴、顾颉刚夫人殷履安、郑振铎

1932年8月于上海申江林园，左一郑振铎，左二夫人高君箴，左三篆刻家刘淑度，右一翻译家黄澹哉

带领燕京大学的学生郊游，左一郑振铎

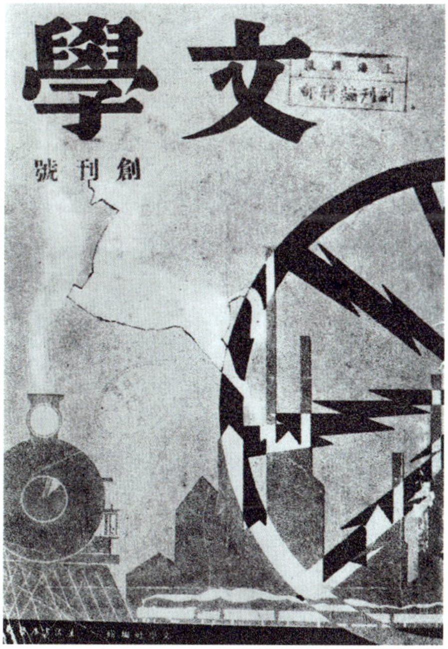


为了继承发扬《小说月报》的文学传统，郑振铎与茅盾共同发起创办了《文学》杂志。杂志创刊于1933年7月，至1937年11月上海沦陷后停刊，前后持续四年多，是当时左翼作家和进步作家的文学阵地

# 十四、一座“俗文学”的丰碑

郑振铎的传世力作《插图本中国文学史》在1932年12月由北平朴社出版后，获得社会上的广泛好评，但是，他总觉得有些言犹未尽。因为在此书中，虽然第一次将唐、五代的变文，金、元的诸宫调，宋明的平话，明清的弹词、宝卷等这些历来不登大雅之堂的所谓“俗文学”写了进去，但也还是只占了约八十余万字的全书总篇幅的三分之一。因此，他又产生了专门来为“俗文学”写一部书的念头。

大约总有一年多的时间，郑振铎除了教课外，大部分时间都埋头在书斋或学校图书馆，仅笔记就写了四大本。图书馆的老校工说：“郑先生是来图书馆次数最多的教授。有时候从一早开馆就来，晚上闭馆才走，中午吃饭都不回家。”而清晨未名湖的薄雾中和傍晚的落照下，学生们又可看到一个高大魁梧的身影，在湖畔鹅卵石小径上踱着步，嘴里总是含着一支香烟……学生们在猜测：“郑先生又该有什么大手笔了？”

从1934年郑振铎开始写，大约到1936年底才把一部继《插图本中国文学史》之后的又一部重要的文学史专着——《中国俗文学史》写完了。如果说前者是为平民的文学在文学殿堂里争得一席之地的话，那么后者就可说是堂而皇之地在为“俗文学”树碑立传了。从此，在中国文学界，讲到“俗文学”，就不能不提到郑振铎，因此，郑振铎也成为中国“俗文学”研究领域的奠基人。

《中国俗文学史》全书十四章，约三十七万字，第一章《何谓“俗文学”》对俗文学的基本概念及有关理论作一概述。由于郑振铎有着民俗学的丰富知识，又有扎实的文学理论根底，因而此书比起之前出版的陈光尧的《中国民众文艺论》和洪亮的《中国民俗文学史略》等书在“民众文艺”和“民俗文学”的

1938年，郑振铎继《插图本中国文学史》之后的又一部传世代表作《中国俗文学史》由商务印书馆出版。这是一部我国现代专门研究所谓“不登大雅之堂”的“俗文学”的书。人们认为，对“俗文学资料的搜集、发现、刊布、研究，郑氏当推首功”。从此在中国文学界，说到俗文学，就不能不提到郑振铎

阐述和观点上，要显得更为精密，更为准确。

该书其余的十三章是按时代分别叙述了古代歌谣，汉代的俗文学，六朝民歌，唐代的民间歌赋、变文，宋金的杂剧、鼓子词与诸宫调，元代的散曲，明代的民歌、宝卷、弹词、鼓子与子弟书，清代的民歌等（除了小说戏曲外），清晰而系统地叙述了这些民间文艺的兴起、流传与演变的情况。就全书所涉及俗文学的内容以及材料的丰富翔实而言，不仅为以前的同类著作，如胡适的《白话文学史》所远远不及，即使作者本人的《插图本中国文学史》也是比不上的。至今，人们仍认为，对“俗文学”的发现、资料的搜寻以及研究与刊布“郑氏当推首功”。

在写此书的过程中，郑振铎的家几度搬迁，先是在燕园的天河厂1号，后来又一度住到了北平城里的小羊宜宾1号，最后又搬到了上海地丰里。而郑振铎也由燕京大学中文系主任转而成为上海国立暨南大学文学院院长。短短两年时间里，他的生活发生了这么多变化，比起他写《插图本中国文学史》时的那种安定舒适的条件要差得多。他也曾几度想搁笔，但他宁折不弯的个性使他坚持写了下去。由于耽误了一些时间，当郑振铎在书稿的最后一页画上最后一个句号的时候，已是到了1936年的年关。

然而时运不济，郑振铎写这部书的时候正值社会动荡，故而从他动手写的那天起，就决定了这部书稿坎坷的命运。在他把书稿送到商务印书馆不久，便发生了震惊中外的卢沟桥事变，紧接着又是上海的“八一三之役”，出书之事便延误了。下面谨摘一段当年的《商务印书馆启事》帮助读者来了解当时的局势：

“……本年八一三之役，敝馆上海各厂，因在战区以内，迄今无法工作，书栈房亦无法提货。直接损失虽未查明，间接损失实甚严重。自沪战发生之日起，所有日出新书及各种定期刊物预约书籍等，遂因事实上之不可能，一律暂停出版。月余以来，就较安全之地点，设置临时工场，并就分厂力量，设法调剂，决自十月一日起，恢复新出版物。惟是能力有限，纸张短缺，运输亦重感困难，只能量力分别行止，其继续进行者，亦只能分别缓急次第出版。邦人君子鉴于敝馆今日处境之困难，始终为文化奋斗之诚意，当能垂谅一切也！”

从《启事》不难想象，当时不仅是郑振铎的《中国俗文学史》，许多书籍的出版都受到了影响。而郑振铎的这部书，直到1938年8月，即商务印书馆在长沙设总管理处（实际上是总馆一度迁往长沙）以后，才草草出版。而限于当时的环境，这部书纸张粗糙，印刷低劣，有不少错字也是极明显的。连郑振铎已经写好了的序和精选的插图，也都没顾上印刷，这种现象在他的著作里是罕见的。由于兵荒马乱，也很少有

1934年的郑振铎

人写文章来评论这部书，故而被后人称之为“一本命运寂寞的书”（陈福康《郑振铎论》），而直到1954年，才由作家出版社根据当年的纸型再版（作者只修改了个别错字）。而又过了四年，1958年“反右”运动中，此书在一场所谓的“拔白旗”运动中，与郑振铎的《插图本中国文学史》等书一起遭到了极不公正的“批判”，从此便被打入了冷宫。

俗语说：真金不怕火炼。改革开放以来，此书终于又被一些出版社重新列入了出书计划。如1982年，人民文学出版社根据原作家出版社版本，再版了此书。而接着，上海书店于1984年，东方出版社于1996年，商务印书馆于1998年，直至今日，国内多家出版社都先后重印了此书。台湾的商务印书馆对此书也是一版再版。直到现在，这部书仍是一部不可取代的专题文学史巨著，其研究成果仍常被其他撰写同类书的学者所引用或借鉴。

这期间，郑振铎的小说创作成就也很显著。他的两篇代表作《取火者的逮捕》《桂公塘》以及《黄公俊之最后》《毁灭》等都是在这一时期写的。在创作实践中，他逐步形成了擅长以神话传说和历史人物为题材的创作特色。

《取火者的逮捕》，实际上是由四个内容连贯的短篇——《取火者的逮捕》《亚凯诺的诱惑》《埃娥》和《神的灭亡》组成，但分开又可独自成篇。小说讲述了天神普罗米修斯为造福人类，将天上火种盗取给人间，而被主神宙斯锁在高加索山崖。他每日遭神鹰啄食肝脏，宁受折磨却坚毅不屈。当时，作者之所以选择了这个题材，是有其时代背景的。其中第一篇小说《取火者的逮捕》，作于1933年8月。当时的中国，是一个极其黑暗的时代。国民党反动派疯狂地对工农革命根据地进行军事“围剿”，而在国统区则对进步文化事业实行了文化专制，大肆查禁进步书刊，捕杀革命作家，白色恐怖的阴云笼罩着大半个中国。面对严酷的现实，作者满腹悲愤，无以发泄，于是便借了这“神”的故事来“借古喻今”以达到他鞭挞蒋家王朝的反动、丑恶和残暴的目的，同时预示人民经过艰难曲折的斗争，终将取得胜利。用他自己在为该书写的《新序》中的话来说，就是“借古人的酒杯，浇自己的块垒”。

小说中的宙斯，是所谓“神与人的主宰”。他既专制又凶暴，既肆虐又荒淫，残酷地压榨、掠夺、蹂躏人类，把人类当作供他役使和恣意享乐的奴仆。他不仅糟蹋了许多天上的女神、仙女，还将河神埃那克士的女儿埃娥奸污后变成了牛。他不能容忍“猥琐平凡”的人类也占有只有神才能享有的灯火，他不能容忍人类也会有满足与欢乐的笑声，他更不能容忍年轻的铁匠脸上“严肃、自尊和自信”的表情，因为这也是“神们所独有的”。因此，当他得知这一切是普罗米修斯所为，便施加了残酷的惩罚。这里，作者为我们勾画出的是一个活生生的人间暴君的狰狞形象，直接影射了当时的最高当局。普罗米修斯则是和宙斯对立的一个神，他为了人类的幸福，把火种盗取给人间，给人类带来了光明、温暖和与神权斗争的力量，而自己被钉在山崖受尽折磨。这分明是当时现实生活中的那些与旧世界决裂，而在人民间点燃起斗争的火种的革命者的崇高形象。

在故事结局，安排了一场人与神的搏斗，最后以人类的胜利和“神的灭亡”告终。这是原故事中所没有的。郑振铎写了当人们有了火——革命的理想——以后，怎样变得更加聪明，更有理性，更会思索，自尊心也更强，他们再也不堪忍受神的恣意榨取、掠夺和残虐的高压了，终于有一天，他们团结起来冲向宙斯的神宫，与神兵展开生死决斗。经历了浴血奋战，神宫终于倒塌，神之族沉落到无底的黑暗深渊。这分明是预示了觉悟了的人民终将有一天会起来推翻反动统治阶级。正如作者在此书《新序》中，谈《神的灭亡》这篇时所说：“那实在是一部‘预言’。那‘预言’是会最后实现的。”

如果说在写《家庭的故事》时，作者还只是看到了黑暗，揭露了黑暗，却未指出光明的话，那么这时的他不仅看到了曙光，而且正在为将要到来的黎明而热烈讴歌了。这正是作者的思想向前跨进了一大步的可喜表现。

《桂公塘》取材于南宋民族英雄文天祥的事迹。作者没有像其他同类题材的作品那样去表现文天祥英勇就义的壮烈场面，而是独辟蹊径撷取了文天祥在南宋小朝廷行将垮台前夕，临危受命到元军兵营谈判议和，身陷囹圄，最后设计逃出敌手，奔赴抗敌前线的片断。作者写此篇时，正值我国东北三省已沦入敌手，日寇又在步步向关内紧迫，而蒋介石的不抵抗政策，使我国北方大片领土正在逐步沦丧。国难

1934年2月，郑振铎以笔名郭源新，在《文学》第2卷第4号发表了他的著名历史小说《桂公塘》，以文天祥为主人公，宣扬了他的爱国主义和民族气节，同时鞭挞了当时国民党当局的对日投降政策。该小说1936年由商务印书馆出版。这是1959年上海文艺出版社的版本

当头，民族危机日益严重。作者正是要通过他的作品来宣扬爱国主义和民族气节，以唤起民众共赴国难，同时鞭笞反动当局的投降政策。作品着重表现了文天祥的凛然正气和百折不挠的抗敌壮志。如他在敌营中对元酋的劝降“跳起来”加以痛斥：“我是大宋的使臣！国存与存，国亡与亡！”“生为大宋人，死为大宋鬼！再休提那混账的话。”那义正词严、铿锵有力的话语，句句掷地有声，连敌酋也不得不表示：“这男子心，我们拜服之至！”读之如闻其声，如见其人，感人肺腑。而当文天祥和他的随从们历尽艰险逃离敌营，好不容易来到真州和扬州，却又被疑为北营差来赚城的奸细，而被拒之城下。在有国难投、有家难奔的困境中，有的随从因为被国人所摈弃而感到绝望时，文天祥却镇定自若地说：“我们准备着要遇到更艰苦的什么呢。这场打击是使我太伤心，但不能使我绝望不前！”“我们走罢！向海走去！我们的兵士正在等候着！”带领他的随从，重又踏上了征途。这时，一个赤胆忠心、誓与民族共存亡的英雄形象宛然屹立在读者眼前，令人敬仰。

作品中的其他正面人物，如杜浒的粗中有细、耿耿忠心；余元庆的沉着冷静、足智多谋；金应的年轻气盛、豪勇无畏……都描绘得有声有色，跃然于纸。而反面人物，如家铉翁的迂腐无能，吴坚的圆滑，贾余庆的奸刁，刘岜的卑鄙……虽都只寥寥几笔，也都丑态毕露，令人憎恶。

《桂公塘》通篇笔调刚劲，结构严谨，故事苍凉悲壮，富有感染力，是郑振铎为数不多的小说中的一篇佳作。

《黄公俊的最后》取材于太平天国的故事。主人公黄公俊，是个“小田主”出身，具有民族气节的知识分子。他参加了太平军，在太平天国危亡之际，前往湘军大营游说曾九与太平军合作，被曾国藩扣留，表现出了宁死不屈的凛然正气。作者把满腔深情倾注笔端，刻画了黄公俊这样一位为了民族的复兴，赴汤蹈火在所不辞的优秀知识分子的光辉形象。他在曾营游说时慷慨陈词的场面，和曾九劝他投降时的表白，使一位铮铮铁骨的热血男儿形象，跃然纸上。情节悲壮，可歌可泣！

曾氏兄弟则是知识分子中的败类，他们认敌为父，不以为耻，反以为荣，为了“显亲扬明”甘愿“为皇家出力”，充当了血腥镇压太平天国革命力量的刽子手。反动的嘴脸和十足的奴相，与黄公俊形成鲜明对照。作品表达了作者强烈的爱与憎，同时指出了在民族存亡的紧要关头，知识分子应持什么样的态度。

《毁灭》与《桂公塘》同为历史题材小说，但它与后者大为不同，它是以一个历史上的反面人物阮大铖为主角来展开情节，以达到鞭笞民族败类的目的。故事中，把持南明小朝廷的阮大铖，在清兵即将南下、国势岌岌可危的情况下，仍继续贪污弄权，提出“先安内患，将来再和强邻算账”的反动政策，对外步步退让，对内迫害爱国将领，排斥异己，最后狼狈逃亡，民众奋起烧毁了他的家宅。

小说写成于1934年9月29日。当时正是日寇加紧侵华，而红军的第五次反“围剿”失利，被迫开始了长征的严酷时刻。而国民党当局却无视大敌当前，扬言要彻底消灭坚持抗日的红军，同时加紧镇压一切与他们持不同政见的爱国者。作者通过阮大铖等反面人物，直接影射了当时的南京政府，抨击了蒋介石“攘外必先安内”的反革命政策。

作品中阮大铖的奸诈贪婪、色厉内荏的丑恶面目被刻画得淋漓尽致，故事情节跌宕起伏，有较强的艺术效果。

以上几篇历史小说，虽然写的是古人，实际上都是作者有感于国内时局所作，故而带有明显的时代色彩，流动着时代的血液，焕发着时代的气息。由于它们为现实斗争服务，所以成为当时进步文学的奇葩，至今仍被收入各类文集、选集，或以单行本出版。

# 十五、西行韵事

1934年的暑假期间，冰心夫妇应当时平绥铁路局长、他们在美国留学时认识的老友沈昌的邀请，到平绥铁路沿线旅行。他俩又转邀了郑振铎和雷洁琼、顾颉刚等几位同事同行。沈昌是美国哈佛大学的毕业生，回国后，很想有一番作为。这次他邀请冰心夫妇，是想借作家与学者之笔，将平绥铁路沿线的经济物产状况、民族与宗教信仰、文化古迹、风土人情、

郑振铎等人在西行途中，在平泉火车站受到绥远省主席傅作义的接待。左起二为雷洁琼，三为郑振铎，五为傅作义，七为吴文藻，九为冰心

云冈石窟。身处云冈大佛的怀中，人显得多么渺小！中间站立执手杖者为郑振铎。云冈是郑振铎向往已久的地方，他后来在《西行书简》一书中赞美道："云冈石窟的庄严伟大是我们所不能想象得出的。必须到那个地方，流连徘徊几天，几月，才能够给你一个大略的美丽轮廓。"

云冈石佛寺留影。左二为郑振铎

西行途中留影

风景名胜等一起写出来，以便让广大国人和外国人士了解平绥铁路沿线情况，以利于开发大西北。他们乘坐的是铁路局长的公务车，车上十分舒适，不仅有卧室，还有书桌，有专用的厨房和厨师。大家都是有生以来第一次享受到这样高的待遇。从北平到绥远（旧省名，今属内蒙古）途经河北、山东、包头，全长830公里。一路上，他们走走停停，考察了沿途的风土民情，游览了当年李克用“英雄立马起沙陀”的宣化，参观了曾做过北魏都城的大同和郑振铎憧憬已久的北魏时代的艺术宝库——云冈石窟，饱览了内蒙古大草原的迷人风光，领略了“天苍苍，野茫茫，风吹草低见牛羊”那苍凉豪放、如诗如画的意境。他们还受到了傅作义将军和德王盛情的款待，在蒙古包内，品尝了内蒙古特有的全羊席和醇香的马奶酒……旅途上，郑振铎的兴致从来没有那样好过，他一路上侃

西行途中，郑振铎在蒙古包前

侃而谈，语言幽默，妙趣横生，常引得大家前仰后合，笑声不断。车行至大同站，当地一位官员来接待他们。此人自报家门道："我叫屈龙伸……"他走后，郑振铎忽然与同行诸君笑道："这个名字很有意思。"又略加思索后，他忽然又大笑道："这个名字可对张凤举（当时北大教授）。"大家听后，都大笑起来，于是你一言，我一语，纷纷拿各自的名字或熟人的名字来与古今名人的名字对对子。郑振铎对了李鸣钟（当时西北军的军官），同行的陈其田对张之洞，雷洁琼对左良玉，傅作义就对了李宗仁……旅行中因为有郑振铎在，大家都感到格外愉快。

这次旅行是分两次进行的。第一次，当年于7月17日开到平地泉时，由于几天前下过大雨，把前方的铁路都冲坏了，正在抢修，故而他们在18日回到北平等待消息。过了二十来天，他们于8月8日，重又在清华园车站上路。9日，他们便到达了绥远，受到省主席傅作义的盛情接待，安排住在省府招待处。当晚，傅作义来畅谈了很久。

第二天，他们参观了城内的四“召”（即喇嘛庙）及慈禧太后出生地怿园等处。晚上傅作义将军设宴招待他们一行。傅氏很健谈，席间，谈了自己在北伐中守卫涿州的战斗，使大家很受感动。尤其是，他谈到了去年长城和绥远的保卫战和三十五军某机枪连战士张恒顺的战斗故事，使在座的“秀才”们无不为之动容。张是山西人，才十九岁，在那次战斗中担任掩护，在全班五人阵亡后，留下他一人孤身扫敌数百，自早晨五时战斗到晚七时，接到命令才撤退。由于他的掩护，全线才得以保全。当时，连日本的报纸上都报道了这位孤胆勇士的事迹。现在张某已晋升为

西行途中，在口泉煤矿井口前。左起三为郑振铎，五为雷洁琼，八为冰心

少尉。傅将军讲得生动，大家也听得聚精会神，都为之十分振奋。尤其是郑振铎，平生最仰慕英雄，从儿时听的《三国演义》刘、关、张到陆游、文天祥……但那毕竟都是很遥远的历史了，如今听到了一个活着的英雄，便迫不及待地向傅将军要求与张某一见，说不定是一个很好的写作素材呢。傅将军不无歉意地说："他现在正驻扎在丰镇平地泉一带，只好等各位回去路经平地泉时候，我可以拍电报命令他上车见大家。"但是，后来他们经过平地泉时，张某的一位长官上车告诉大家，张某病了，不能来见面了。大家都深感遗憾。但是张某的英雄形象深深印在了郑振铎的脑子里，在他后来写的许多抗战诗中，都不时会涌现出张某的身影。如郑振铎在《机关枪手》中，写道：

这里是我们的机关枪的枪座，
我们三个人守在一处。
只要还有一个人在，
只要还有一颗子弹，
我们必守这里，不退一步。
只要敌人敢前进，
这里便是他们的死所。
……
这里是我们机关枪的枪座，
守在这里的只剩下了一个。
卜卜卜，卜卜卜，

我们的机关枪还在镇定的扫射着，
直到敌人的枪声已经消逝无声。
不知在什么时候，老张的左手中了一弹，
但他的右手还紧握着枪机，
双眼锐利的在窥望着前面。
虽然红血流了一地，
但老张还不肯退后一步，
只要还有一个人在，
只要还有一颗子弹在，
我们必守在这里，不退一步。
……

这里，我们从诗中“老张”的身上，不是也能看到傅将军所讲的那个张某的影子吗?

在西行中，郑振铎把平绥沿线所到城镇的社会经济情况、文化古迹等所见所闻都写了下来，并及时地以书简的形式寄给北平的妻子。后来，他又把这十多封书简，删去了一些“私话”，整理成《从清华园到宣化》《张家口》《大同》《云岗》《口泉镇》《大同的再游》《从丰镇到平地泉》《归绥的四“召”》《昭君墓》《包头》《民生渠及其他》，以及《百灵庙》（之一、之二、之三）等十四篇游记式散文，陆续寄给了《文学》及《水星》发表，总题名为《西行书简》（1937年6月由商务印书馆出版了单行本）。在《题记》中，表现出了他对开发西北的关切

郑振铎根据沿途见闻写成的《西行书简》一书（1937年商务印书馆出版）

情怀。他写道："有人天天在嚷着开发西北，西北的现状究竟是怎样的一个情形呢？关于这一类的记载是极少。我这十几封给君箴的信，虽然对于西北社会的情形说的不多，且更偏重于古迹方面，却总有点足资未闻未见者的参考。"而冰心后来总结这次旅行的意义约四点：一是了解西北边况，为开发西北、保卫边疆提供资料；二是宣传第一条由中国自己设计、勘测、建造的铁路；三是加强西部民族团结；四是观瞻祖国辽阔而萧瑟的河山和珍贵而亟待保护的古迹。另外，她觉得也加深了大家对穷苦地区劳动人民生活情况的了解。

这次西行，前后一个多月。8月20日，车到麦达召后，又遇大雨，一切活动都无法进行，只得枯坐在车中。这使郑振铎动了归心，一则，学校即将开学；二则，他还想在开学前去一次上海。当22日，车到旗下营站时，由于前方路轨又被冲毁，须三天才能修复，冰心等人决定折回麦达召继续参观，而郑振铎实在不想再等了，便随了工程车先行返回。一路颠簸了三天，25日下午七点许，车到清华园时，天色已是将黑。从清华园乘洋车到成府路，沿途也是泥泞不堪。

车夫告诉他，“北平也连下了两三天的大雨”。当他走进家门时，妻子已在客厅中笑脸相迎，而六岁的女儿奔跑着扑向他的怀里……终于到家了！他觉得格外亲切而安心。

# 十六、良师与益友——鲁迅先生

人的“第六感官”有时是很灵的。有几天，郑振铎总觉心神不安，夜里常被噩梦惊醒。他预感到似乎要发生什么大的事情！不久前（1936年7月22日），他视同父亲的岳父高梦旦先生去世了，而在此之前的几天，他也有过这样的感觉。1936年10月19日，这天下午，郑振铎没有课，独自坐在书斋里，几次提笔，却一个字也写不下去；于是，他驱车去一家编译所，想找几位老朋友聊聊天，也许这样心里会舒服些。他一贯待人真诚，又很健谈，朋友们见他来了，都很高兴。大家放下手中的稿子和笔，和他畅谈起来。正谈得高兴，一位听差送来了当天的晚报，郑振铎边和朋友谈着，边顺手拿起这报纸，偶然被一

郑振铎的良师益友——鲁迅先生

行黑体字的标题惊呆了："中国的高尔基今晨五时去世。"他连忙读了下去，果然是他所敬爱的师友——鲁迅先生逝世了！这消息像闷棍似的当头打了下来，郑振铎好半天呆坐在那里不言不动。

就在十天前，郑振铎还收到过鲁迅先生的信。信中鲁迅先生谈了关于《海上述林》的出版问题，还关切地询问了《十竹斋笺谱》的刻印情况，希望能早日看到"笺谱"全部刻成。谁料郑振铎还未来得及写回信，鲁迅先生竟……这一年真是个"多愁不祥"之年。先是6月18日苏联的伟大革命作家高尔基逝世，现在想不到鲁迅先生也突然地离开了人间。有人说："这是人文界的日蚀！"远在东瀛的郭沫若，遥望大陆，含泪写道："方悬四月，叠坠双星，东亚西欧共陨泪。……"

晚餐桌上，一家人失去了往日的欢笑，默默地吃着饭，郑振铎只略略扒了两口饭，便搁下了碗。狠命地吸过几支烟后，便早早地躺下了。这一夜，他在床上辗转反侧，只是不停地叹着气，他的妻子也被搅得未能合眼。

鲁迅比郑振铎要年长17岁，因此，他们可说是忘年之交。早在文学研究会成立前，郑振铎作为主要发起人，曾写了一封信给鲁迅先生，请他出任该会发起人。此信是通过周作人转交的，因为当时郑振铎还只是个铁路管理学校的学生，和鲁迅先生并不相识。

但那时鲁迅在教育部任职，当时“文官法”规定政府官员不得和社团发生关系，因此没有参加。但鲁迅先生对这个以青年人为主的文学社团一直是十分关怀和支持的。他后来常为被人们公认为文学研究会会刊的《小说月报》撰稿，因此便有人以为鲁迅先生是文学研究会的主要成员，甚至有的人以为文学研究会的宣言是鲁迅起草的。当时在北京，有关文学研究会的事，都是郑振铎通过周作人与鲁迅联系的。不久，郑振铎由铁路管理学校毕业，被分派到上海南站当练习生，却一直未能见到鲁迅先生，只能说是他们之间有了间接关系。

1922年3月，北京城刚刚脱去冬装，鲁迅先生介绍当时在上海的俄国盲诗人爱罗先珂到北京大学教世界语和俄国文学，由郑振铎陪同到北京来。恰好，当时叶圣陶应蔡元培之聘，到北大任预科讲师，于是他们便做伴同行。在北京女子高等师范举行的爱罗先珂演讲会上，郑振铎才第一次和鲁迅先生见了面。当鲁迅先生同爱罗先珂一起步入礼堂时，郑振铎迎向前作了自我介绍，鲁迅先生亲切地和郑振铎握了手，并匆匆地交谈了几句。这次短暂的会见，说了些什么，后来连郑振铎都忘了，但先生那富有魅力的音容笑貌给郑振铎留下了深刻的印象，特别是先生朴素的衣着更使他难忘。据郑振铎后来回忆，那天鲁迅先生穿的是一件旧的黑色外套，戴一顶黑呢帽，完全像一个极其普通的小老头。而这件黑外套，在以后的十几年间，每当春秋季，先生还是常穿着的，直到生命的最后几年，未见穿过新外套。

一年以后，郑振铎接替沈雁冰主编《小说月报》，因常请鲁迅写稿，谈有关稿子的事，和先生有了较多的书信来往。这期间，他正在研究中国小说。由于独学无友，用他自己的话，就是："完全像盲人骑瞎马，乱摸乱闯，一点凭借都没有，只是节省着日用，以微薄的薪水购书，而即以所得购入之零零落落的破书，作为研究的资源。"那时他偶尔得到一部清初四雪草堂原版的《隋唐演义》，都以为是了不得的奇遇，至于什么"三言""二拍"之类的书，却是做梦都不曾想到的。鲁迅先生的《中国小说史略》的出版，使郑振铎减少了许多暗中摸索之苦。有一次他写信给当时在北京的鲁迅先生，向他请教有关《醒世恒言》《警世通言》及《喻世明言》的问题，鲁迅先生很快就回了信，信里附了一份亲手抄录的《醒世恒言》全目，还说《喻世明言》《警世通言》他也没见到过，《醒世恒言》他只有半部，但一位朋友那里藏有全书，所以借了来，抄下目录寄出。当时正值隆冬，窗外飘着纷纷扬扬的雪花，郑振铎拿着这份似乎还保留着鲁迅先生体温的书目，心里暖洋洋的。他把这份目录作为最珍贵的纪念，一直保存在鲁迅先生寄赠他的《中国小说史略》里。

后来，郑振铎在研究宋元以后的平话小说时，很想看看《西湖二集》，而这类书在当时的上海是根本见不到的，他又写信问鲁迅先生。没料到，随着回信寄来的却是一个厚厚的包裹。他打开来，竟是半部明末原版的《西湖二集》，附有精美插图三十四帧。那时，他几曾见到过明刻插图本的平话集呢！见到这《西湖二集》，他不由得“为之狂喜”。鲁迅先生在信中说，他现在不搞中国小说，这书留在手边无用，于是便赠给了郑振铎。这件事感动得郑振铎只要一提起来就“跃跃在心头”。在悼念鲁迅先生的文章中，他写道：“我生平从没有意外的获得。……但只有这一集宝贵的书！乃是我书库里惟一的友情的赠与。只有这一部书！”（《永在的温情——纪念鲁迅先生》）

这部《西湖二集》始终庋藏在郑振铎所心爱的一些明版书中间，每当看到它，郑振铎就会想起鲁迅先生那崇高真挚的友情。

对年轻的朋友，鲁迅先生是从不摆架子的。令郑振铎最难忘的是1926年夏的一件事：鲁迅先生由北京去厦门，在上海逗留了几天。8月29日上午先生抵达上海，下榻孟渊旅社，郑振铎知道后，便写了帖子请先生次日在消闲别墅吃晚饭，这是一家在当时很有名的福州菜馆。他本以为鲁迅先生旅途劳顿，在上海只有几天时间，又有许多亲友要会，可能会婉言推辞，况且这天天公又不作美，下起了大雨。谁知，先生竟乘着黄包车冒雨前来赴宴。那晚作陪的有刘大白、夏丏尊、陈望道、沈雁冰、胡愈之等十多人。鲁迅先生那天兴致很浓，喝了不少酒。朋友们都劝他在上海多耽几天，他当时未作表示。可是两天后，先生就登上了驶往厦门的“新宁”轮。为了不让朋友们送他，除周建人先生外，谁也没有告知。当郑振铎闻讯赶到码头时，船已离岸多时，只得望着朦胧的船影挥了几下手，怅然而归。

一年后（1927年），鲁迅先生辞去了中山大学的职务，由广州到上海定居。这时郑振铎已远走欧洲“游学”。他在英、法、意等国游历时，常爱寄些印有各地风光及名贵文物的精美明信片回来，由高君箴分赠给朋友们，其中总有一小包是专送给鲁迅先生的。收到后，高君箴就差人送到景云里鲁迅先生家去。

郑振铎与鲁迅先生的友谊，最值得纪念的应首推他俩合作编印的《北平笺谱》和《十竹斋笺谱》了。这个有意义的合作是从1933年初开始的。那时，郑振铎还在北平燕京大学任教，同时和靳以合编《文学季刊》。鲁迅先生有时也为《季刊》写些稿子来。这年的2月3日，鲁迅先生收到了郑振铎托周建人送去的《插图本中国文学史》的前三册，先生对书中那些精美的版画插图很感兴趣，又想起以前曾收到过郑振铎赠送的笺谱，于是便决定向郑振铎提出了一个考虑了很久的打算。在2月5日鲁迅先生写信给郑振铎感谢他赠书的同时还写道：

“去年冬季回北平在琉璃厂得了一点笺纸，觉得画家和刻印之法，已比《文美斋笺谱》时代更佳，譬如陈师曾齐白石所作诸笺，其刻印法已在日本木刻专家之上，但此事恐不久也将消沉了。因思倘有人自备佳纸，向各纸铺对于各派择优各印数十至一百幅，纸为书叶形，彩色亦须更加深厚，上加序目，订成一书，或先约同人，或成后售之好事，实不独为文房清玩，亦中国木刻史上之一大纪念耳。

“不知先生有意于此否？因在地域上，实为最便。……”

真所谓“英雄所见略同”，读完鲁迅先生的信，郑振铎兴奋不已。编印笺谱“这正是他多年来一直想做却又因势单力薄而始终未敢去做的一件大事，现在有了鲁迅先生的鼓励与支持，不愁办不成了！他一连兴奋了好几天……”

好容易熬到旧历年刚一过，郑振铎便乘寒假之便，到了上海。由周建人陪同他到了大陆新村9号，在鲁迅先生那间书房兼卧室内，和先生谈了大半天。那天，鲁迅先生很是兴奋，他拿出许多从北平买来的彩色笺纸给郑振铎看，同时有些痛心地说：“木刻画如今是末路了，但还保存在笺纸上。不过，也难说，保存得不会久。”于是鲁迅先生又谈了编印笺谱之事。他笑着对郑振铎说："我觉得你很适合做这件事！但，这要花费很多时间和精力，不过很值得一做。我们来个南北合作，你看如何？"先生的话，使郑振铎勇气倍增："只要有您的指导，我有信心做好这件事！"他信心百倍地马上答应了鲁迅。以后，便按照两个人商定的办法由郑振铎在北平琉璃厂各卖纸店搜罗笺纸，然后一包包寄往上海北四川路内山书店——那时书信都是由内山先生转给鲁迅的。经鲁迅先生选择后，再一包包寄回北平，由郑振铎交给荣宝斋去刻印。那段时间里，郑振铎时常乘坐马车或人力车奔波在西郊到南城外琉璃厂的土路上，往返百十余里。风尘仆仆之状是可以想象的，数月下来竟瘦了一圈，本来并不胖的他，变得更黑更瘦了。

在《北平笺谱》的整个编印过程中，鲁迅先生倾注了无数心血。从一页页地精心选择笺样，到采用什么纸来印刷，版面用什么底色，用什么样的封套以及笺谱的名称，他无一不是细致入微地写信和郑振铎商量。就说笺谱的名称，鲁迅先生就是考虑到"北平"二字，既限定了时代，也点出了地方，故而就和郑振铎商定了《北平笺谱》的名称。对于鲁迅先生的意见，郑振铎是非常尊重的，总是尽可能按照他的意思来办。这期间，郑振铎曾因故和燕大校方发生纠纷，致使笺谱的工作停顿了一些日子，鲁迅先生即来信说："这件事我们得赶快做，否则，要来不及做

《北平笺谱》

或轮不到我们做了……”先生的信，又使郑振铎振奋起来，加紧了笺谱的工作。不到一年时间，六册一套的精美的《北平笺谱》在北平南城的荣宝斋问世了。1934年1月6日，当郑振铎把笺谱即将问世的消息写信告诉鲁迅先生后，先生非常高兴地在回信中说：“接六日信，甚喜。《北平笺谱》极希望能早日出书，可以不必先寄我一部，只望令荣宝斋从速运来，因为这里也有人等着。……”书出版后，郑振铎把第一部样书寄给鲁迅先生，编号“001”。

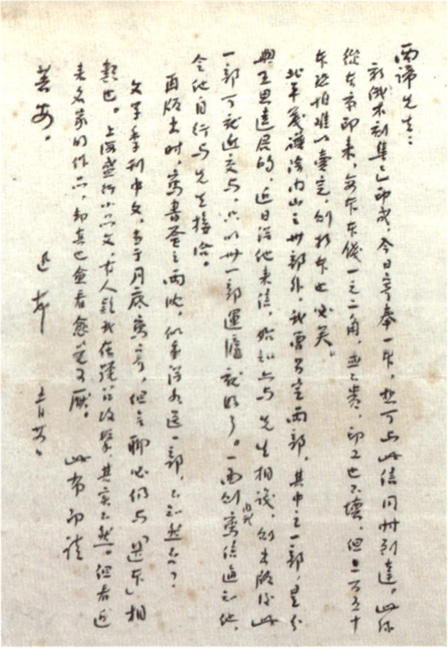
西谛先生：
新俄木刻集已印成，今日寄奉一本，想可与此信同时到达。此系从东京印来，每本成本一元二角，并不贵，印工也不坏，但三百五十本恐怕难以卖完，创作木刻也如此矣。
北平笺谱除内山之卅部外，我需另定两部，其中之一部，是给与王思远君的，近日得他来信，然知与先生相识，则木版作此一部可就近交与，不必以卅一部运沪了。一面则寄信通知他，令他自行与先生接洽。
再版出时，[illegible]
文学季刊中文，当于月底寄上，[illegible]上海盛行小品文，[illegible]
此布，即请
著安。
迅 上 [illegible]

鲁迅致郑振铎函

郑振铎在北平任教期间，与鲁迅合作编印了《北平笺谱》和《十竹斋笺谱》，为我国传统的优秀版刻艺术的继承和发展作出了重大的贡献。鲁迅称此为“中国木刻史上之一大纪念”。

从鲁迅先生对编印《北平笺谱》的严肃认真和一丝不苟的态度，可以见得他对祖国优秀文化遗产有多么重视，这对郑振铎也是极大的教益，并由此更激发了他对中国古代版画的无穷兴趣。在这项工作告成后，紧接着，郑振铎又自告奋勇地和鲁迅先生着手编印《十竹斋笺谱》，可惜先生只见到第一册，竟因病魔过早去世，连第二册都未及见到。这件事郑振铎引为终生莫大遗憾。

鲁迅先生还曾向郑振铎讲过，希望将来能将明版小说《平妖传》《西游记》等影印出来，“使它能够久传”，可惜的是这个良好的愿望在鲁迅先生和郑振铎生前都未能实现。

郑振铎与鲁迅先生有较多的直接交往则是在1935年他到暨南大学任教以后，一直到先生逝世。这期

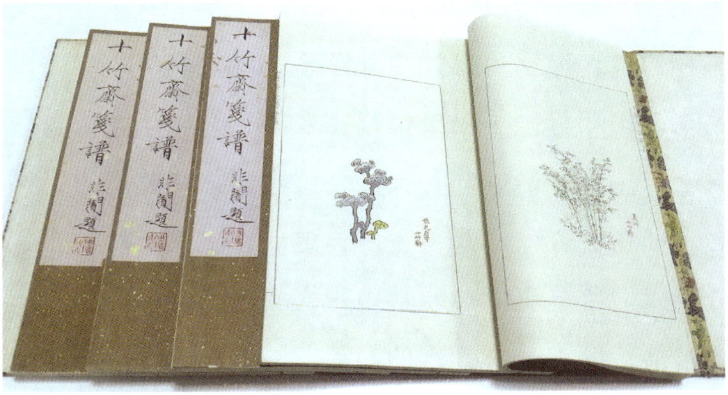


《十竹斋笺谱》

间，郑振铎常有一些学术上的问题和关于《十竹斋笺谱》的刻印方面的事，去大陆新村向鲁迅先生求教。鲁迅先生看起来很严肃，其实对朋友十分真挚热情。郑振铎后来回忆道："初和他见面时，总以为他是严肃的冷酷的。他瘦削的脸上，轻易不见笑容。他的谈吐迟缓而有力，渐渐地谈下去，在那里面你便可以发现其可爱的真挚，热情的鼓励与亲切的友谊。他虽不笑，他的话却能引你笑。他是最可谈，最能谈的朋友，你可以坐在他的客厅里，他那间书室（兼卧室）里，坐上半天，不觉得一点拘束，一点不舒服。什么话都谈。但他的话头却总是那么有力。他的见解往往总是那么正确。你有什么怀疑不安，由于他的几句话也许便可以解决你的问题。鼓起你的勇气。"（《永在的温情——纪念鲁迅先生》）

那期间，鲁迅先生常去郑家作客。他爱喝些酒，尤其是和朋友们在一起，就总要喝两杯。每次他去时，郑振铎就必定要让母亲准备些酒菜。一次，是先生去世前一年的正月间，郑振铎为主编《世界文库》的事，邀请鲁迅先生和茅盾、叶圣陶等先生去他家吃饭。郑母做了一桌福州家乡菜，合席十余人，气氛十分热烈。恰好前几天，一位亲戚从福州老家带来的水仙在古瓷盆内开得正好，更使这次聚会增添了几分雅兴。鲁迅先生边欣赏边跟大家说，他浙江家乡也产水仙，他十分喜爱水仙如荷花一样的出淤泥而不染的性格。他还说，水仙不仅可供人们观赏，它的花和茎都是可以做药材的，茎里的汁液是很好的外敷止痛剂呢。高君箴后来回忆说：鲁迅先生知识真渊博，不单文章写得好，对植物学也很有研究。席间，鲁迅先生边饮着上好的花雕，边品着郑母做的菜肴，连连称赞。他最欣赏那叫“炸瓜枣”的菜，连吃了好几块。他谈兴很浓，谈到福建菜和日本菜的相似处，后来话题又转到了福建话。他说，厦门人把吃饭叫作“jia beng”，北平人听了要吓一跳，以为要把他架出去“崩”了呢，说着，还做了一个开枪的姿势，逗得合席人都前仰后合，大笑不止。鲁迅先生和年轻人在一起总是非常愉快的。那晚大家还谈起了年龄。原来鲁迅先生只比郑母小一岁，是全座的长者。但是鲁迅先生却非常谦逊，他总是很有礼貌地称郑母为“伯母”，难怪郑振铎母亲总是常常念叨先生，说他“是顶好的人哪”。席后，郑振铎将一部《清人杂剧初集》和几株未开花的水仙赠给鲁迅先生，先生非常高兴。但是，自那以后，鲁迅先生身体每况愈下，有事情多数都是郑振铎去看他，他很少再来郑家。

鲁迅先生逝世的第二天，郑振铎赶到万国殡仪馆，站在既是良师又是益友的遗像前，久久走不开。遗像下，鲜花丛中安卧着先生的遗体，“面貌还是那么清癯而带些严肃，但双眼却永远地闭上了！”郑振铎几乎要大声地哭出来，但眼泪竟被悲戚所灼干了。

在参加过鲁迅先生的遗体入殓仪式，并为先生执绋送殡后，他写下了他的悼文——《永在的温情——纪念鲁迅先生》。文中写道：“我竟不相信，他竟是那样突然的便离开我们而远远的向不知的所在而去了。但他的友谊的温情却是永在的，永在我的心上——也永在他的一切友人的心上，我相信。”

## 十七、重返申城

1934年冬，郑振铎作为燕京大学中文系主任，想要邀请几位进步教授（其中有中共党员）到燕大任教，而与校方发生矛盾。这年底，他愤而辞职。

1935年6月，郑振铎携全家由北平迁回上海，经友人聘请，担任了国立暨南大学文学院院长。授课之余，郑振铎积极参加抗日反法西斯斗争。1936年6月，他和周扬、沈雁冰、叶圣陶等人发起成立中国文艺界协会。同年10月，他和鲁迅、郭沫若、沈雁冰、叶圣陶等二十一人联合发表了《文艺界同仁为团结御侮与言论自由宣言》。1938年

1935年在国立暨南大学任职时期的郑振铎

3月，他参加了文艺界的全国性统一战线组织——中华全国文艺界抗敌协会，被选为理事。

这一时期，郑振铎还为生活书店编辑了继《译文》以后又一本介绍世界文学的大型刊物——《世界文库》，并参加了《中国新文学大系》的编辑工作。

暨南大学文学院全体教师合影。前排右四为郑振铎

郑振铎与暨南大学中文系1937年毕业班合影

暨南大学行政会议全体成员合影。中立者为校长何炳松，右二为郑振铎

1935年春，郑振铎着手编辑继《译文》之后的又一介绍世界文学的大型刊物——《世界文库》

郑振铎与茅盾（中）同游某处炮台

1936年3月，与萧乾等在上海，右一为萧乾，右二为郑振铎，右三为靳以，左一为端木蕻良

# 十八、“战号”吹响了！

卢沟桥横卧在永定河上，由于该河在辽金时称作卢沟河，故此桥即以河为名。古时南边来京的商人、旅客，都要在河边的宛平县城投宿一夜，次日雄鸡初鸣便动身进京。此时，一轮明月仍高悬桥上。乾隆皇帝观后，御笔亲书“卢沟晓月”，从此这里成为“燕京八景”之一。1937年7月7日，在这里发生了震惊中外的卢沟桥事变。从此，中国人民全面抗日战争开始了！

消息飞快地传到上海，7月9日，郑振铎与洪深、胡仲持等一百四十余位上海文化界人士，在邓脱摩登饭店聚会，决议成立抗日救亡团体，并电请前线将士力保国土。当场公推了胡愈之等人为救亡团体筹备成员。

这以后，郑振铎先后参加了上海文化界救亡协会以及全国文艺界救亡协会，当选为理事和执行委员，同时还成立了根据周恩来意见创办的《救亡日报》的编委。这个《救亡日报》是上海文化界救亡协会的机关报，名义上是国共合办，实际上由中共领导，由从日本赶回国参加抗日的郭沫若任社长，夏衍任总编辑，而郑振铎则积极参与了该报的编务。当上海的国民党亲日派串通租界当局，蛮横扣留《救亡日报》等宣传抗日的出版物时，郑振铎不顾个人安危，同邹韬奋、茅盾、胡愈之等人联名打电报给国民党中央宣传部长邵力子，提出强烈抗议。同时，他又和一些朋友创办了《战时联合旬刊》，积极宣传抗战的意义，即时报道前方战事。作为一个手无寸铁的书生，此时的郑振铎明白，手中的笔就是他的武器。他将在这场战争中，充分发挥他的笔的战斗作用，同时，也要承担起只有他才能承担，而任何人所难以替代的战斗任务，这正是他后来没有离开上海的原因。于是，他的“战号”吹响了！

卢沟桥的炮声，唤起了郑振铎写诗的激情，因为诗是最能够表达情绪的。因此，他的战斗便是从诗开始的。正如他在此时出版的诗集《战号》（1937年10月上海生活书店出版）的《献词》中所说：“我不是一个诗人。但在十余年里，每于觉得以‘诗’的形式最足以表现我的情绪时，便写着‘诗’……卢沟桥战役的发生，给我的刺激太大——六年来，同样的太大的历次的刺激，并不曾使我麻木，反使我更深切的自信。——我连续写着一些‘诗’，不顾任何的形式，只是觉得这样的写，最能够表现我的悲愤，我的热情，我的希望，乃至我的信仰，我的幻想而已。……”《献词》的最后，他写道：“谨以这本《战号》贡献给一切抗战的战士们！”

在《献词》中，所提到的“六年来”，指的就是1932年1月28日日寇进攻上海闸北以来。在郑振铎的诗集《战号》中，第一辑收了他在五卅时期所写的几首反帝的战斗诗篇，如《为中国》等；第二辑、第三辑所收的是他的抗战诗（共三辑）。其中《我们的伤痕永不在背上》写于1932年3月，未于当时发表，而于1937年7月7日的卢沟桥事变后，才发表在他与张志让、张仲实等人创办的《中华公论》，随后收入他的诗集《战号》。诗的开头这样写道：

我们向前，我们向前，
上了刺刀的枪，紧握在双手。
远空里电鞭般的炮光不断的在抽闪着，狂雷般
的炸雷声音在前，
在后，在左，在右，
野火的紫光，在吞咬，在追逐，在熔毁，
红的，热的，是血，是火，是人，是马，
倒了的在前，在后，在左，在右。
但我们向前，我们向前，
我们的伤痕永不在背上！
……

全诗像是战鼓，像是进军的号角，激励和鼓舞着所有参加抗战的人们。这是卢沟桥事变发生后，在上

海的作家中率先发表的抗战诗篇。

抗日战争全面爆发后，郑振铎写诗的激情从《卢沟桥》和《保卫北平曲》开始，一发不可收。在七、八两个月间，写了不下四五十篇，仅收入《战号》中的就有十一篇，而多数则是自己不满意"随作随佚"，但它们的题材却只有一个——抗敌！这些诗，作为他吹响的战斗号角，更是充满了战士们在战场勇往直前的激情和必胜的信心。正如他在《卢沟桥》中写道：

……

保卫卢沟桥，
保卫卢沟桥！
宁死埋于此，但不退后一步！
民族的命运系在我们的枪杆上，存或亡在此一举！

……

又如《祈战死》写道：

……

战号在吹着，
战鼓在隆隆的击着，
炮车轰轰的驰过，
飞机嗡嗡的在头顶上飞向前去，
"坦克"爬虫似的沉重的驶着。
马喷气若虹，人是整肃的走向战场，
痛快的杀敌之场，
也是我们自己选择的死所。

……

## 十九、匈奴未灭，无以家为

人生莫不有一次的死，
但能够有选择自己的死所的机会，却只有一个：
杀敌而死，
死在战场上！

——郑振铎《祈战死》

1937年11月12日，惨淡的天空凝聚着铅灰色的愁云。“八一三”以后，连续几个月的炮声渐渐远去，人们的心像灌满了铅似的沉重。就在这一天，中国政府军西撤，除租界外，上海的大部地区都沦入了日寇铁蹄之下。然而，就在这黑暗笼罩下的“孤岛”上，无数不愿做“亡国奴”的仁人志士，继续坚持着神圣的事业，他们像全国各个战场上的抗日勇士一样，以各种方式与日寇周旋，进行着严酷的斗争。

这天傍晚，郑振铎从外面回来，面色从来没有这样阴沉过。往日他一进家门，总是要和家人谈笑一番。而这天，他一放下提包，便一面交待他的妻子帮他整理一些简单行装，一面自己翻箱倒柜，紧张地收拾起来。他把全部日记和重要的文稿装在一个手提箱里，托暨南大学的一个工友寄存到一位朋友家去。然后，把一些有关友人的地址簿和书信，统统投进了熊熊燃烧着的壁炉。接着，又用抹布和水擦洗掉了横七竖八写在电话机旁墙上的人名和电话号码。

一切安排妥当，在晚餐桌旁，他才告诉妻子：白天，文化界救亡协会开了紧急会议，决议成为分散的地下工作机关。《救亡日报》停刊了。一部分朋友已经纷纷向内地或香港撤退，为了防范随时可能发生的意外，他打算出去暂避一个时期。他说这些话时，神态是那样严峻，口气是那样坚定，像一位即将出征的勇士，眼中却也不免流露出一丝对妻儿老小的眷恋之情。谁不爱自己的家呢？但是，“匈奴未灭，无以家为！”他突然说了句西汉名将霍去病的名言，拍案而起。当晚，他提着小皮箱毅然离开了这个充满温暖的家。他的妻子目送着他的身影消失在漆黑的夜幕中，心里就像失掉了什么似的，久久不能平静……

从此，郑振铎脱去西服和皮鞋，换上了青布长衫和圆口布鞋（可能这是一种“民族意识”的表现吧），开始了八年漫长的迁徙流离的生涯。他最初寄住在一个他称为“章民表叔”的家，以后又几经搬迁。前四年里，风声平静些了，他间或还能回家住一阵子。可是到太平洋战事爆发以后，他就再也不能回家了……

## 二十、“复社”逸事

中国知识分子是有骨气的，他们历来就有反抗侵略、保卫国家的光荣传统。明末江南知识分子的政治集团复社，就曾积极参加了抗击清兵南下的斗争。无独有偶，在孤岛时期的上海，也出现过一个由中共地下党领导的，叫“复社”的秘密组织。它的主要成员有周建人、许广平等先生，郑振铎也是该组织的主要成员。从日寇占领上海，到珍珠港事件发生，四年左右的时间里，这个以出版进步书籍和革命书籍为主的秘密出版团体，活跃于上海租界内外。在这期间，他们出版了《西行漫记》《鲁迅全集》《列宁选集》《联共党史》等革命和进步书籍，受到广大上海爱国同胞的欢迎，也给死一般沉寂的上海出版界带来了活跃的空气。

《西行漫记》（原名《红星照耀中国》，作者为埃德加·斯诺）是复社出的第一部书。而复社的成立，也正是和此书有着直接的关系。

上海刚刚沦为“孤岛”时，郑振铎在燕京大学的旧同事，美国人埃德加·斯诺由于北平的沦陷而来到了上海，担任英报刊特派记者。当时胡愈之正主持一个“国际宣传委员会”，经常在国际饭店召开茶话会，招待各国记者及上海各中文报的总编，并将他们从八路军驻沪办事处得来的情况，特别是中共领导的抗日武装斗争的消息，编译成英文稿，在会上散发。因为斯诺也经常参加这个招待会，经郑振铎介绍，与胡愈之成了莫逆之交。在一次交谈时，斯诺说，一年前，他访问过陕北，还拿出很多照片给胡愈之看。有一天，他又拿出了一本书，说这是英国出版的他新写的《红星照耀中国》的样书。胡愈之拿回家一看，才知道原来这正是斯诺的陕北苏区访问记，里面有斯诺与中共领导人毛泽东等人的长篇谈话记录等。胡愈之对这本书爱不释手，又去八路军办事处，向负责人刘少文进一步了解了斯诺访问陕北的情况。接着，胡愈之又到郑振铎家里“献宝”似的把书拿给老友共享，并提议将书翻译成中文后出版。郑振铎看后也非常兴奋，二人一拍即合，当即决定将书翻译出来。

当时，在上海有一个文化界和工商界上层人士组成的秘密团体，以每星期聚餐的形式，讨论时局，共同商讨抗日大事等。郑振铎、胡愈之都是主要联络人，而这些聚会有时就在郑振铎家里举行。成员中，有赵朴初、张似旭、张宗麟、刘谌恩、王芸生、萨空了、梁士纯、严景耀、许广平等人。后来，王任叔受冯雪峰和潘汉年的指派，也加入了这个团体。因此，

郑振铎上海寓所——愚园路东庙弄44号（愚园路67弄44号）。从1936年至1949年，他的家一直在这里，是当时上海进步文化人士重要的活动场所。1950年后郑振铎的妹妹一家仍然居住在此，直到20世纪90年代后期，该地块因要建上海久光百货商厦和上海航站楼征地而拆除

所谓“聚餐会”，实际上是中共地下党领导的一个上层统战组织。赵朴初在二十年后，在郑振铎逝世时，写的一首悼词中有这样的句子：“廿年往事如潮，风雨夜盘餐见邀。”这“风雨夜盘餐见邀”指的就是这些聚餐会。

在一次聚餐会上，郑振铎拿出《红星照耀中国》一书给大家传看，并说，他和胡愈之打算将此书翻译出来，在座众人一致同意，于是，便约人分头翻译起来。由于郑振铎和胡愈之比较忙，便不直接参加翻译，而由胡仲持（胡愈之弟）、王广青、吴景崧、邵宗汉、林淡秋、仉文宙、陈仲逸、梅益、章育武、傅东华、冯宾符等十一人分头翻译。

1938年出版的《西行漫记》

书译好了，在书名问题上，他们考虑到原书“红星”二字色彩过“红”，极易引起当局的注意。他们想到不久前范长江写的《中国西北角》，以“西北角”作为陕北苏区的代称，十分巧妙。由此启发，他们决定将此书的中译本定名为《西行漫记》。

当1938年3月，两千本书由商务印书馆印刷厂印出后，在用何名义出版时，他们中有人便提出了用“复社”的名字，大家一致赞成，因为，这既有“复兴中华”的含意，又使他们想起了明末江南的知识分子抗清组织“复社”，可以此明志。于是，在出书的同时，“复社”便成立了。

《西行漫记》真实生动地报道了中国共产党和她领导的革命武装艰苦卓绝、充满传奇色彩的斗争生涯。书一经问世，立即在“孤岛”和“大后方”引起轰动，两千本很快售罄，于是又接着二印、三印、四印……其反响之强烈，大大超出了郑振铎他们的预料。

如一石激起了千层浪，由《西行漫记》的成功出版，郑振铎他们不禁想起了拖延许久未能出版的《鲁迅全集》。一年多以前，郑振铎作为鲁迅先生纪念委员会代表和文艺界救亡协会代表，多次就此书出版之事与商务印书馆商谈。由于他与商务的老关系，又是出版鼎鼎大名的鲁迅的书，此事很快就谈成，并签了合同。但是，由于当时的内政部对鲁迅的著作要“审核登记”，百般阻挠，而随着局势的恶化，商务内迁，此事已不可能进行下去。而现在有了复社，真可谓“柳暗花明”，经与鲁迅夫人许广平和胡愈之等人商量后，决定以复社的名义来完成这一崇高而神圣的历史使命。因为只有出版全集，才是在兵荒马乱中保存鲁迅全部手稿及遗著的最好方法。此时，郑振铎想起了鲁迅在给他的一封信中说过一句名言：“纸墨更寿于金石。”似乎是先生就在他耳际叮咛着：“拜托了！拜托了！”他感到了责任重大，同时也信心百倍。

《鲁迅全集》的编辑，是以宋庆龄、蔡元培为首的“鲁迅纪念委员会”的名义负责，但具体工作，从制定计划到编选事宜，实际上是由许广平、王任叔和郑振铎三人来做，而郑振铎还负责撰写《总说明》

《鲁迅全集》

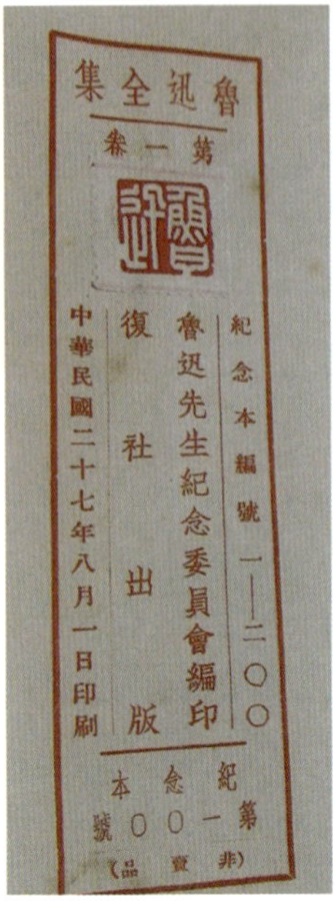
鲁迅全集
第一卷
紀念本編號一——二〇〇
魯迅先生紀念委員會編印
復社出版
中華民國二十七年八月一日印刷
紀念本
第一〇〇號
(非賣品)

《鲁迅全集》版权页

和《发刊缘起》等。后来，许广平在《〈鲁迅全集〉编校后记》中说到编辑工作时，就说道：“此一工作，以郑振铎、王任叔两先生用力为多。”

在大家的一致努力下，一部红色封面，共有六百多万字的皇皇二十册的《鲁迅全集》从6月到8月用了不到两个月的时间，便全部出齐了。这部巨著的出版，其伟大的意义，用郑振铎在《鲁迅全集发刊缘起》中的一段话，就可充分说明了。他说道：“这是一个火炬，照耀着中国未来的伟大前途；也是一个时针，指示我们怎样向这前途走去。在这个民族抗争的期间内，这全集的出版，将发生怎样的作用，是可以想象得到的。”而他自己，在脑海中还深深铭刻着鲁迅写给他的信中的那句话：“纸墨更寿于金石。”抗战胜利后，当他的一位在中央研究院工作的学生，从大后方复员回到上海，去看望郑振铎时，谈到《鲁迅全集》，问郑振铎为什么要在国难当头之际，甘冒风险编印此书，郑振铎就用了这句话来作为回答，而这句话成了他终生的座右铭。

## 二十一、一只战斗的笔

自从1937年抗战全面爆发以来，郑振铎在7、8两个月连续写了大量抗战诗，并编成了诗集《战号》，由上海生活书店出版。不久，上海就沦为了“孤岛”。郑振铎充分发挥熟悉历史的特长，开始撰写了一组在当时产生了较大影响的文章——《民族文话》。他在1938年5月10日为这组文章写的“自序”中，以诗一般的语言，表达了自己作为中华民族一分子的强烈民族自豪感和战胜一切外来侵略的信心。在“自序”中，他写道：

我中华民族在发展的过程里，经历的“惊风骇浪”实不在少数；但却继续的发展下去；消纳了无数的少数民族，扩大了许多的领域。到了现在，我中华民族是：汉、满、蒙、回、藏

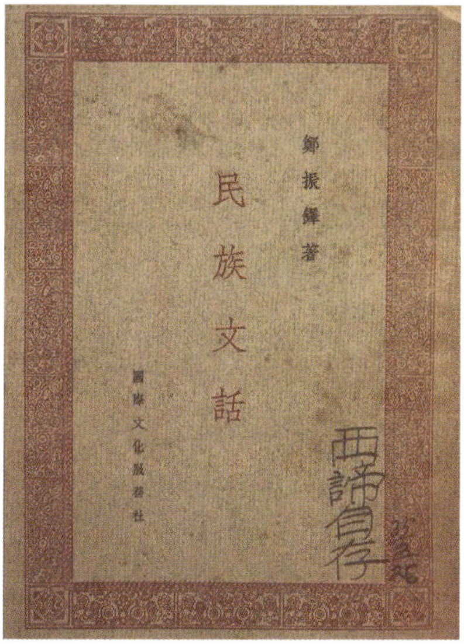

《民族文话》

和其他民族的一个集体。经过了几百年乃至几千年的同化、消纳、混合、迁移的种种阶段，我中华民族已浑然的凝为一体；成为不能离间，不能分拆的一个集体。

我中华民族是最古老的民族之一，却始终维持着最年轻的面貌。我们民族不仅并没有衰老，而且还是最年轻的在继续发展着的。——这一个民族是永远不会衰老的！

虽然有许多民贼，便利个人的私图，以“家天下”之私心，用尽了间接或直接的方法，来阻碍全民族的发展，来摧残士气，来压抑人民的进步，来剥削人民的生活权利。然而我们的先哲，我们的无数量的人民，却继续的在重重压迫之下，大无畏的反抗着，呼号着，发展着。像长江大河的东流，没有一个阻碍能够阻止我们民族整个的生存与发展。

我们民族是一个慷慨悲歌，舍生取义的民族；没有一个民贼，没有一次外来的侵略能够消灭了或减低了我们民族意识的。我们民族必要而且必能继续的生存下去！发展下去！

……

在这个伟大的时代，把往古的仁人、志士、英雄先烈们的抗战故事，特别是表现在诗、文、小说、戏曲里的，以浅易之辞复述出来，当不会是没有作用的。

我们知道：往哲们是怎样的慷慨激昂的在呼号着，在鼓励着，在抗争着。我们崇敬他们的火般的热情，钢铁般的意志，赴死如归的精神，百折不挠的勇气，我们将在这往昔的伟大的故事、不朽的名著里，学习到：该怎样为我们民族而奋斗。气节、人格、信仰乃是三个同意义的名词，坚定、忠贞、牺牲乃是每个人所应有的精神。每个人都应为“大我”而牺牲“小我”，成功不必“自我”，“先天下之忧而忧，后天下之乐而乐”，人人有此信念，民族乃得永生。读着往哲先民们的故事和名著，乃更坚定了我们的这个信仰。

以后，郑振铎便从周朝写起，写了《周民族的史诗》《武王伐纣》《殷之“顽民”》《奄、徐与淮夷》《穆王西征记》《犬戎的兴起》《齐桓、晋文之事》《王子带之乱》《秦穆公的霸业》《弦高救郑》《楚民族的霸业》《子产的内政与外交》《柳下惠之介》《晏子相齐》《大教育家孔子》等，并从10月11日开始，在王任叔主编的《申报·自由谈》上连载。可是，当10月31日，载到《齐桓、晋文之事》时由于《申报》总编辑潘公弼不同意王任叔写的揭露汪精卫卖国行为的文章在《自由谈》上发表，王愤而辞去《自由谈》主编。这样，郑振铎的《民族文话》就不再交给《自由谈》发表。到了次年1月11日，郑振铎和王任叔、孔另境又创办了一个新的杂文刊物《鲁迅风》，才继续在创刊号开始连载，到4月5日载完《大教育家孔子（下）》为止，总共二十篇。按照郑振铎原来的计划，是打算要一直写到辛亥革命为止，但终因时局愈来愈复杂，环境日益恶化，他实在沉不下心来写长篇连载式的文章了，于是，就此搁笔。但是，他又继续以他的笔，投入了新的战斗。

短篇历史小说《风涛》是郑振铎在《黄公俊之最后》之后，隔了多年的又一小说创作，也是他在“孤岛”时期写的唯一的一篇小说。小说叙写了明朝天启年间，以李应昇、高攀龙、黄尊素等为代表的东林党和魏忠贤为首的“阉党”的激烈斗争。小说描绘了魏忠贤专权时代，朝政腐败，缇骑横行，魏忠贤不顾国土的沦丧，残酷镇压反对他的开明知识分子的一片黑暗景象；赞颂了东林党人不畏强暴、不怕牺牲、不屈不挠的斗争精神；成功地刻画了少年气盛的李应昇、老成持重的黄尊素等东林党人。这是作者当时愤慨于大半个中国已沦入敌手，完全是蒋介石“攘外必先安内”政策的严重恶果。他有感于此，便构思了这篇小说，抨击了蒋介石政府的特务统治。

郑振铎在抗日战争时期写的历史小说《风涛》

# 二十二、“孤岛”得书记

生活在“孤岛”的人是很少有快乐的，可是1938年5月，长期以来郁郁不怡的郑振铎，竟也有展眉的时候。因为他遇到了一件终生难忘的快事。

## 1. 雨夜凄凄愁更愁

“八一三”沪战失利后，郑振铎的心绪愈来愈坏，爱书如命的他，眼看着无数珍贵古籍、稀有版本，在战火中与国家民族一起遭受着空前洗劫，心似刀绞火焚。他自己近二十年惨淡经营，收集起来的藏书已大半在“一·二八”“八一三”两次战役中化为了灰烬。他又常常看到竟有人挑着担子沿街叫卖破烂旧书，真是欲哭无泪！忧伤袭扰着他。郑振铎最痛恨那些乘机发国难财的市侩书贾们。他们乘人之危，低价买进，高价卖出。试想，那时中国人能有几个有余力来买书的呢？于是无数的珍贵的古籍善本被英、美、日、德等外国人买走了。多少国宝就这样流落到了异邦，真是触目惊心的一场毁灭文化的大灾难啊！他虽然还是竭尽全力地买着书，但是，以他一介寒士之力，纵使勒紧裤带，举家食粥，也不过是杯水车薪，所能抢救下来的古书，充其量不过九牛之一毛而已。3月8日，他偶从报纸上读到的一条路透社的电文，说美国国会图书馆东方组主任宣称：许多从战火中保全下来的“极珍贵的中国古书”现已“纷纷运入美国”，国会图书馆已购进千册……电文又说，中国的局势，将会和罗马当年的陷落，致使“欧洲发生四百年黑暗时代之情形相似”。史流海外，文归异邦，实乃是炎黄子孙的奇耻大辱啊！看完这段电文，郑振铎已不知涕之何从！他心急如焚，忧心忡忡。

### 2. 忽然书讯喜心头

一天，郑振铎接到好友陈乃乾先生打来的电话。陈先生兴奋地告诉他，苏州某书商最近发现了三十二册的元剧本，有刻本，也有抄本。抄本多半有明代著名藏书家赵清常的跋。据说，书还是从丁家散出来的，书主要价千元。难道真的就是他整整盼望寻访了八年的那部旧山楼所藏的古典戏曲总集吗？郑振铎简直惊喜莫名了。“一定要帮我买下！一定要帮我买下！”他急切地托付着陈先生。

郑振铎的异乎寻常的欢悦不是无端的，他为寻访此书已经过了八年的坎坷、曲折，真是说来话长啊！

元代是我国古代戏曲史上最光辉的一个时代，出现了关汉卿、王实甫等著名的戏曲大师，并为后世留下了极其丰富的戏剧艺术遗产。但是，历经了数百年改朝换代，兵火战乱，这些众多的艺术宝库，被久久埋在历史的瓦砾堆下，渐渐被人们遗忘了。长期以来，人们研究元曲的，就只有仰赖明代选家臧晋叔的《元曲选》所选的一百种杂剧，这几乎就是唯一的宝库了。到了近代，罗振玉和王国维发现了黄尧圃旧藏的《元刊杂剧三十种》，才又补充了臧选中所无的十七种元剧。值得注意的是，黄尧圃在书签上题了“乙编”两个字。当年王国维便曾断定，既有“乙编”，那么定有“甲编”乃至“丙编”，何况黄尧圃——这位藏书家曾自夸过，他的士礼居藏书极丰富。既是如此，那么就绝不止这么三十二册了。

在1929年10月间，郑振铎从欧洲回来不久，一天偶尔在《国立北平图书馆月刊》（第三卷第四号）上读到了常熟著名藏书家丁初我写的《黄尧圃题跋续纪》一文及其一首附诗，这大大地启示了郑振铎。跋文与诗都说得很清楚，丁氏曾从旧山楼借到过一部六十四册的古今杂剧，是赵清常手抄本，也是园旧藏，有黄尧圃的题跋。再加上诗中“此是清常编定本”“甲乙分题箧衍中”“也是园中历劫来”和“散入黄汪又赵家”等句，明确地点明了这部杂剧的来龙去脉。此书原是明代赵清常脉望馆的旧藏，也是清常道人亲自手抄编定的，此后经由钱遵王的也是园转入黄尧圃的士礼居，又入汪阆源的艺芸精舍，最后归了赵宗建的旧山楼。那么说，丁氏讲的这部杂剧就该是黄尧圃所编的“甲编”了！对这一重大发现，郑振铎欣喜万分，“一定要访到这部书”！

### 3. 乘兴而往败兴而归

郑振铎急不可待地匆匆赶去苏州找到了丁初我，丁某的答复却是冷冰冰的，那部书他只借阅了三天就归还了旧山楼。郑振铎又托人多次去常熟打听，但都无消息。于是，他又亲自赶到了常熟。但是，在他面前的旧山楼却只是一片荒凉的废墟，残帙破纸与马粪野草相杂，夕阳下，只有孤零零的一株相思树，挂满枝头的红豆在微风中摇曳缅怀着它们的旧主人……这里经历了江浙军阀的齐卢之战，驻兵随意将楼内藏书当炊柴，郑振铎真担心这部珍贵的古书竟然就这样地化成云烟！颇费了一番周折之后，好不容易找到了赵氏的后人，可是得到的答复，却如冷水浇头，只是一个“不知道”。常熟啊，这虞山脚下的美丽小城，素以藏书家之多、藏书家之富，名满江南，连她的名字——常熟，也和“藏书”读起来那么相近！郑振铎曾多次为访书来过此地。这里还有曲径通幽的破山古刹，蕊珠飘拂的水岩风光，还有王四酒家醇香浓郁的桂花美酒，山景园的时鲜佳肴，吸引着无数游人流连忘返。他又哪一次不是乘兴而来，尽兴而归呢！然而，此时这一切对他都是索然无味了。真是兴冲冲而来，怅怅然而归，世上再也没有比这件事更叫人失望的了。

### 4. 历尽坎坷志得酬

但是，郑振铎是从来不知道什么叫灰心的，整整八年，他始终“耿耿不忘于心，念念不忘于口，见人必问，每谈元剧，必谈此书”。

皇天不负有心人，果然精诚所至，金石为开，这部书终于出现了。然而为什么却只有三十二册呢？另一半也一定能找到的！郑振铎充满着信心地想，书既是从丁家散出来的，可见丁氏当初分明是撒了个大谎，他那时显然是利用了当县太爷的权势，吃没了这部书！对，一定是的！无论如何也要把这部书买下来，可是钱呢？他当时已是一贫如洗了……

这一夜，郑振铎失眠了，听着窗外的风声雨声，思绪万千好不容易才挨到了天明。

第二天一早，他就给在教育部任职的卢冀野先生和当时正在香港的北平图书馆袁同礼馆长拍了电报。然后，他又赶到暨南大学。同学们听到了郑振铎报告的好消息，都热情地鼓励他一定要把这部书买到手，至于钱，大家七拼八凑，居然很快就凑齐了一千元。中午，郑振铎兴奋得连饭都顾不上吃就急匆匆地携了款赶到来青阁，书店经理杨寿祺先生是老熟人，一手接下款，满口答应第二天下午就可以从书主唐某那里把这半部书取来。同时，又告诉郑振铎一个更好的消息：还有半部也有下落了，现在在一个古董商孙某处，大约至多二千金也可购得。真是喜从天降，“一定要帮我买下！一定要帮我买下！”郑振铎又再三地拜托杨先生。接着，他又马上把新消息写信给袁同礼和卢冀野二先生。要买这样一部书，光靠个人是不可能的。

渴望的等待、忘情的喜悦和“万一失之”的焦虑交战于心，郑振铎又熬过了一个不眠之夜。

果然，好事多磨。次日下午，郑振铎兴冲冲地赶到来青阁时，最怕发生的事终于还是发生了。杨先生不无歉意地说，他去迟了一步，唐某处的三十二册书，一清早就以九百元之数，归了古董商孙某了。据说孙某居为奇货，所望甚奢，声言此时绝不出售，甚至看都不肯给人看一下。

郑振铎当时的心情，用他自己的话形容：“好似一块通红的热铁突然浸入冷水中。”整整想了八年的东西，一旦失之交臂，其懊丧、痛苦难以言表，于是，又是一个难眠之夜。

一连数日，郑振铎都是在失望的苦痛中煎熬，这期间香港回了信，说北平图书馆决定要购买此书。郑振铎苦笑着把信塞进了抽屉，并且把书款也都还给了同事们，说是恐怕不会得到此书了，唯一的希望是这一国宝不要流落到异邦去。话虽如此他却怎么也不能忘怀此书。郑振铎向来是个乐天派，相信“天下无难事，只怕有心人”这句格言是不错的，他相信，只要有毅力和决心，是一定能有办法得到这些藏书的。

郑振铎又去找陈乃乾先生了。陈先生与那位孙某是熟友，经陈先生的再三周旋，孙某总算开口了，但表示非万金不售。

“只要肯卖就好办”，郑振铎想道。他又给袁、卢二先生拍了电报。三天后，卢冀野先生来电：“决购。”郑振铎又兴奋起来了，赶忙跑去找陈乃乾先生，经过三天的议价，终于以九千元成交。

但是，由于战乱和内地交通的不便，两个多星期过去了，汇款仍杳无音信，教育部来电说，先在上海设法借款。郑振铎永远也不会忘记同事和朋友们的同情和友谊，九千元竟然很快就筹到了。

梅雨停了，愁云散了。当郑振铎从孙某处捧了这部书坐车回家时，春风得意，如同一位凯旋的将军那样兴奋！足足寻访了八年啊！如今这国宝终于安得其所了。

这宏伟的“戏曲宝库”，包含了六十四册共二百四十二种杂剧。它的产生年代要比欧洲的文艺复兴早了二三百年。这是中华民族的骄傲呀！在作家徐迟的传记文学《火中的凤凰》中提及此事时，这样写道：“你能想象吗？这是多么惊人的发现！仅仅发现了莎士比亚的一个签名，全欧洲为之骚动。如果发现的是莎士比亚的一个从未见过的剧本，你想，又将如何？试想文艺复兴距今不过三四百年。我们元代，至今却有六七百年之久。”

郑振铎一回到他的书斋里，便迫不及待地翻阅起这部他日夜思念的古书，心都醉了。原来，此书是脉望馆主人赵清常整整花了三年工夫亲手抄校编成的，因此，这部书的正确名称应该叫作《脉望馆钞校本古今杂剧》。

如今郑振铎的心愿已偿。而最使他高兴的是，这一座文化宝库居然是在一场决定民族生死存亡的大战中，得以幸存下来的啊！而他，为了保卫和抢救这座宝库，做到了他应该做的一切。

但是，次日一早，当他要出门时，却发现他的帽子和大衣不见了，不知是否昨天丢在了车上，或是孙家。他后来在1940年10月写的《跋脉望馆钞校本古今杂剧》中，生动地记录了这段经历。

《脉望馆钞校本古今杂剧》

## 二十三、“文献保存同志会”的贡献

经过了对《脉望馆钞校本古今杂剧》这一宝库的抢救成功，郑振铎更加意识到以个人的微薄之力，只能是杯水车薪，孤军作战是无论如何也不可能有效地使大批珍贵国家文献、民族瑰宝的流失减少到最低限度的。

在几天冥思苦想之后，郑振铎决定去找当时留在“孤岛”、德高望重又和他同样关心民族文献的张菊生（元济）、张咏霓（光华大学校长）、何伯丞（炳松）、张凤举等先生，向他们请教“抢救良方”。大家各献良策，但是一致的意见是这事必须赶紧做，而且应该以国家（政府）之力为后盾来做。于是，一个名为“文献保存同志会”的秘密组织成立了。次日（1940年1月5日）他们联名给重庆的教育部长陈立夫拍了一份长长的电报，电文痛陈了江南文献遭劫的岌岌可危状况，强烈要求政府拨款抢救。五天以后，重庆方面便复电表示同意他们代表政府来进行“抢救”，并随即派了中央图书馆馆长蒋复璁秘密来沪，和大家商议具体事宜。商议的结果，决定了同志会由张菊生、张咏霓、何伯丞、张凤举、郑振铎五人组成，而负责人原来推举张菊生，但张菊生以年老体弱力辞，故转推了张咏霓。1月19日，郑振铎又与同志会全体同志，在张咏霓处进一步讨论了抢救工作的整体计划、有关步骤及分工事宜。他们商定了，工作须“秘密进行”，只以暨南大学、光华大学及涵芬楼的名义来购书。凡值得国家保存的古籍，不论是由著名藏书家成批散出者（未散出的，则劝其不再售出），或是在市面上零星所见者，都宜收购。他们还作了分工，郑振铎是购书行家，又年轻力壮，故大家决定郑振铎和张凤举负责采购，张菊生负责鉴定宋元善本，何炳松和张咏霓负责保管经费。在这天的日记上，郑振铎写道：“予生性好事，恐怕事实上非多负些责不可。”

从1940年春到1941年底，太平洋战争爆发，上海全面沦陷，文献保存同志会不得不停止活动。春去冬来的两年里，为了抢救文献，郑振铎尽心尽力到了废寝忘食的狂热程度。这在他抗战胜利后的《求书目录》（原载《大公报·文艺》1945年11月1日—11月11日，后收入《西谛书话》等书）中便有十分生动感人的记载。

“狂胪文献耗中年”龚定庵的这一句话，对于我是足够吟味的。从“八·一三”以后，足足的八年间，我为什么老留居在上海，不走向自由区呢？时时刻刻都有危险，时时刻刻都在恐怖中，时时刻刻都在敌人的魔手的巨影里生活着，然而我不能走，许多朋友们都走了，许多人都劝我走，我心里也想走，而想走不止一次，然而我不能走，我不能逃避我的责任。我有我的自信力，我自信会躲过一切灾难的。我自信对于“狂胪文献”的事稍有一日之长，前四年，我耗心力于罗致、访求文献，后四年——“一·二八”以后——我尽力于保全整理那些已经得到的文献。我不能把这件事告诉别人。有一个时期，我家里堆满了书，连楼梯旁全都堆得满满的。我闭上了门，一个客人都不见，竟引起不少人的误会与不满。但我不能对他们说出理由来。我所接见的全是些书贾们。

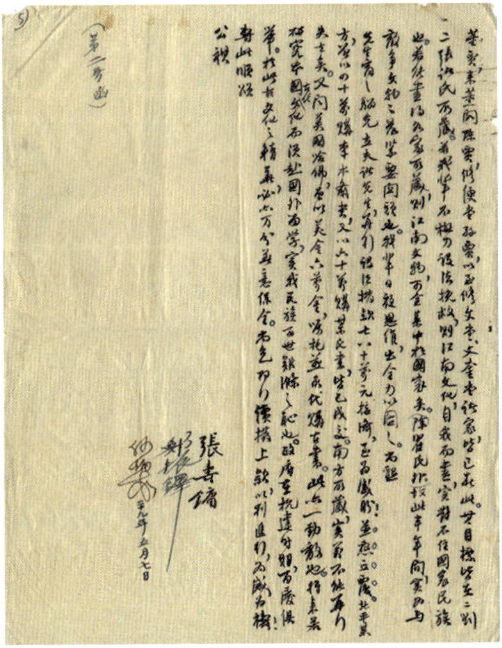

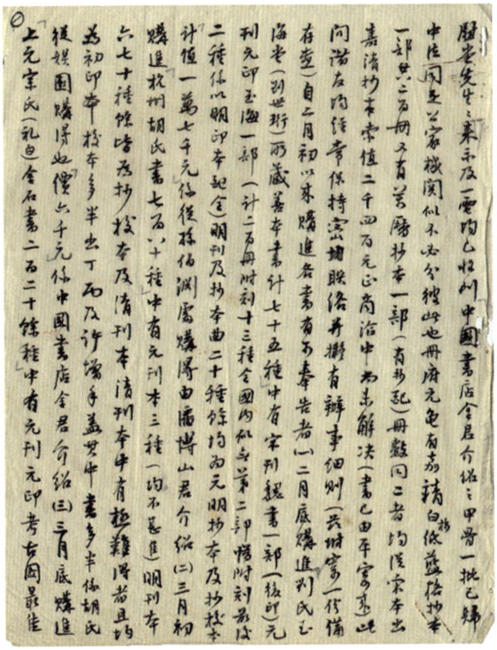

《文献保存同志会工作报告》

从绝早的早晨到上了灯的晚间，除了到暨大授课的时间以外，我的时间全耗于接待他们，和他们应付着，周旋着。我还不曾早餐，他们已经来了。他们带了消息来，他们带了“头本”来，他们来借款，他们来算账。我为了求书，不能不一一的款待他们。有的来自杭州，有的来自苏州，有的来自徽州，有的来自绍兴、宁波，有的来自平津，最多的当然是本地的人。我有时简直来不及梳洗。我从心里欢迎他们的帮助，就是没有铺子的掮包的书客，我也一律的招待着。我深受黄丕烈收书的影响。他曾经说过，他对于书商带着书找上门的时候，即使没有自己想要的东西，也要选购几部，不使他们失望，以后自会于无意中有惊奇的发现的。这是千金买马骨的意思。我实行了这个方法，果然有奇效。什么样的书都有送来。……假如有人问我：你这许多年躲避在上海究竟做了些什么事？我可以不含糊的回答他说：为了抢救并保存

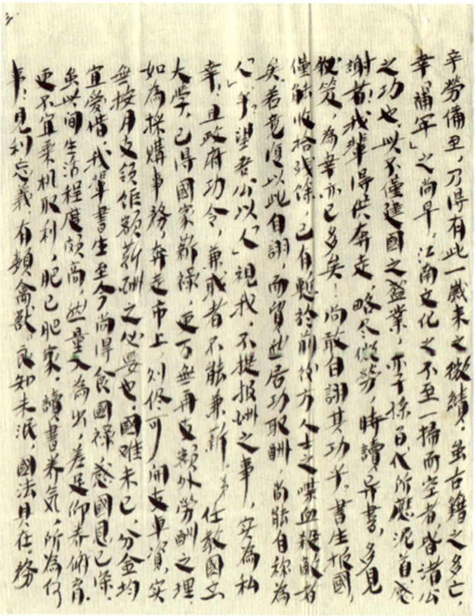
辛劳备至，乃得有此一岁来之微绩。虽古籍之多亡，幸「补牢」之尚早。江南文化之不至一扫而空者，皆诸公之功也。此不仅建国之盛业，亦千秋百代所感泥首感谢者。我辈得供奔走，略尽微劳，时读异书，多见秘笈，为幸亦已多矣！尚敢自诩其功乎？书生报国，仅能收拾残余，已自愧于前方人士之喋血杀敌者矣。若竟以此自诩，而贸然居功取酬，尚能自称为「人」乎？望诸公以「人」视我，不提报酬之事，实为私幸。且政府功令，兼职者不能兼薪。弟任教国立大学，已得国家薪禄，更万无再支额外劳酬之理。如为采购事务，奔走市上，则仅可开支车资，实无按月支领任何薪酬之必要也。国难未已，分金均宜爱惜。我辈书生，至今尚得食国禄，感国恩已深。虽此间生活程度颇高，然量入为出，差足仰事俯育。更不宜乘机取利，肥己肥家。读书养气，所为何事？见利忘义，有类禽兽。良知未泯，国法具在，[illegible]

郑振铎致中央图书馆馆长蒋复璁函

若干民族的文献。这文献工作，没有人来做，我只好来做，而且做来并不含糊。我尽了我的一分力，我也得到了这一分力的成果。在头四年里，以我的力量和热忱吸引住南北的书贾们，救全了山西、平津，南至广东，西至汉口的许多古书与文献。没有一部重要的东西曾逃过我的注意。我所必须求得的，我都能得到。那时，伪满的人在购书，敌人在购书。陈群、梁鸿志在购书，但我所要的东西决不会跑到他们那里去。我所持剩下来的，他们才可以有机会拣选。我十分感谢南北书贾们的合作。但这不是我个人的力量，这乃是国家民族的力量。

事实上，原定两个人做的访书采购任务，主要都是由郑振铎一个人来独立进行的。他还主动承担了其他的许多工作，如他在经过几天的深思熟虑后，在2月3日深夜，起草了《文献保存同志会办事细则》七条，次日一早便寄给张咏霓先生审阅。后来，又经其他几位先生一一审阅通过后，他又亲手刻在蜡纸上，用红色油墨印出后，存档备案。《细则》主要规定了设办事处及工作人员编制；凡购买图书每部价格在五十元以上者，须全体委员签字通过；还规定了重要的宋元版及抄本，在决定购买之前，应分别送请各位委员鉴定等。

郑振铎采购的第一家是当年购买《脉望馆钞校古今杂剧》时便打过交道的古董商孙伯渊。他多次顶着凛冽寒风去孙氏那里看原属苏州刘氏的玉海堂藏书，甚至请张菊生和他一起去看。菊生先生已年逾古稀，但被郑振铎的认真执着精神所感动，不顾年老体弱，也在郑振铎陪同下一起去孙氏处看了书。当他们确认这批藏书确实很有价值后，便决定买下。最初孙氏一开口便是两万五千元，经郑振铎多次奔走，与孙讨价还价，并反复以国家民族利益，晓之以理，最后以一万七千元成交。事后，孙某和他的同行们谈起此事时说："郑先生买书真能'杀价'，但是他却能说得你心服口服，少挣些也觉得不亏。"一时间，沪上及江南一带甚至北平、天津等地身穿长袍、肩挎蓝布包袱的书贾们不时进出东庙弄44号，邻居们不知是怎么回事。但44号郑先生爱买书是庙弄里家喻户晓的，时间长了，也就见怪不怪，习以为常了。

郑振铎除了在"孤岛"初期，为国家抢救了《脉望馆钞校本古今杂剧》这个伟大的戏曲宝库外，在文献保存同志会成立后的两年间（1940年春至1941年冬），他和他的同志们，为国家先后又购得了江南著名藏书家玉海堂、群碧楼、嘉业堂、蕴辉斋、风雨楼、海盐张氏、南浔张氏适园等一大批珍贵藏书近十万册。用郑振铎自己话说，他认为在这两年间，实际上等于建立了一个国家图书馆。虽然不能说"应有尽有"，但是论其"质"与"量"都是同样惊人。郑振铎还将第一批收购的大约八十多种珍籍拜托他的好友、版本专家徐森玉带到了重庆，国立中央图书馆还专门为这批书举办了一个展览会，轰动了整座山城。人们怎么也不会想到，这么多珍贵图书，竟能在这场决定国家的民族生死存亡的战争中，从敌人的刺刀和太阳旗的阴影下安全运抵大后方！这不是一大奇迹又是什么呢？！

文献保存同志会的成员们在那样艰苦的环境下，不惜冒着生命危险，取得那样骄人的成绩，然而他们的工作却完全是义务的。尤其是郑振铎，不仅分文酬劳不取，还要用自己的钱支付车船、搬运及通信联络等费用。为此徐森玉专门致信重庆的中央图书馆馆长蒋复璁，信中写道：“郑振铎奔走最力，使用的公款又全部用来购买图书，车船、联络等费用从未动用公款一钱……”徐森玉与何炳松建议重庆当局给在抢救古代典籍中表现卓越的郑振铎予以适当奖励和补贴。郑振铎当时并不知道徐森云写了这封信，后来当他得知此事后，便主动给蒋复璁写了一封信，信中写道：

森公在此，每事请益，获裨良多，至感愉快!几于无日不聚，聚无不长谈。奇书共赏，疑难共析，书林掌故，所获尤多，诚胜读十年书矣。惟近有一事，殊使弟深感不安。为弟之立场计，不敢不慎重声明素志。盖顷从某友许获悉森公曾去函尊处述何先生意，欲按月付弟以若干报酬。此事殊骇听闻!弟事先毫不知情……弟束发读书，尚明义利之辨。一腔热血，爱国不敢后人。一岁以来，弟之所以呼号，废寝忘食以从事于抢救文物者，纯是一番为国效劳的心。若一谈及报酬，则前功尽弃，大类居功邀赏矣，万万非弟所能闻问也……国难未已，分金均宜爱惜，我辈书生至今尚得食国禄，感国恩已深，虽此间生活程度颇高，然量入为出，差足仰养俯，更不宜乘机取利，肥自肥家。读书养气，所为何事!见利忘义，有类禽兽。良知未泯，国法具在，务恳吾公成全弟之私“志”，感甚!感甚!

读完郑振铎的来信，蒋复璁非常钦敬，他深知身在沦陷区的郑振铎生存非常困难，还是劝郑振铎收下这笔并不丰厚的补助。郑振铎回信说:

书生报国，仅能收拾残余，已有惭于前后方人士的喋血杀敌者矣。若竟复以此自诩，而贸然居功取酬，尚能自称为“人”乎？望吾公以“人”视我，不提报酬之事，实为私幸。

郑振铎再次毫不犹豫地拒绝了这笔钱。由此可见，在国难当头，一介书生郑振铎的爱国情怀，高尚情操，明心可鉴。

随着战事趋紧，文献保存同志会抢救下来的这些珍贵古籍存放在上海已不安全，需要分批运往安全的地方。这样凡够得上“珍本”“善本”的三千多部明刊本和钞校本，陆续装箱邮寄到香港大学，请在那里执教的老友许地山暂时收存，然后伺机再设法运往重庆或美国国会图书馆暂行庋藏。对此，许地山也以他在香港大学主持中文讲座、位列“绅士”的崇高地位，尽心尽力地将这批“无价之宝”安全稳妥地存放在港大图书馆内。而不料没多久，地山先生便因心脏病突发而于1941年8月4日猝然去世。噩耗传来，郑振铎悲痛万分；而接连而来的不幸是不久香港沦陷，这批珍贵古籍被日寇劫掠而去，这又使郑振铎痛心疾首。他在《求书日录》提到此事时写道：

我们费了那么多心力所搜集到的东西，难道竟被毁失或被劫夺了么？

我们两年间辛苦勤劳的所得难道竟亡于一旦么？

我们瘁心劳力从事于搜集，访求，抢救的结果，难道便是集合在一处，便于敌人的劫夺与烧毁么？

他甚至后悔自己“多事”：

一念及此，便槌心痛恨，自怨多事。假如不寄到香港去，也许可以仍旧很安全的保全

郑振铎好友许地山

在此地吧？假如不搜集拢来，也许大部分的书仍可楚弓楚得，分藏于各地各收藏家手里吧？……

为了这批“命根子”，从来不讲迷信的郑振铎竟然跑到城隍庙去向“城隍老爷”求签问卜。也许是他的一片真诚感动了上苍，在经过长时期的痛苦煎熬，这批国宝终于在日本天皇宣布无条件投降后，被我国政府一个派赴日本调查文物的代表团在日本帝国图书馆内发现，经交涉后完整地运回了祖国。要不是这样的话，他的心“永远是不能安宁的”！不过，这都是后话了。

文献保存同志会成立之初，一无办公地点，二无书库。因此，起初收购到的古籍就都堆在郑振铎的家里。但不堆在书房里，因为怕和他自己的藏书混淆，所以就堆在卧室里，卧室放不下了，只得堆在楼梯的一旁。有问题须要和同志会的人商量时，他就亲自一家家地跑，或是通过书信来解决。一时间，往来的信札，叠起来总有一尺多高。后来，他才通过朋友叶恭绰，在他家附近借到了一个十分隐蔽的场所，作为办事处和书库，先后又请了两个信得过的年轻人，一个叫郭晴湖，另一个叫施韵秋，来帮他做清点图书和登记造册、装箱等工作，每月从经费中支五十元作为给他们的工资。当时运往重庆和香港的书，都是从那里，由郑振铎亲自参加打包后寄出的。有时，他亲自雇黄包车押送这些书去邮政局。而到了太平洋战争爆发，上海全部沦陷，同志会不得不停止活动，所购得的大批藏书，包括《脉望馆钞校本古今杂剧》就再也运不出去了，便都长期封存在了这个地方。这个地方叫“觉园”。

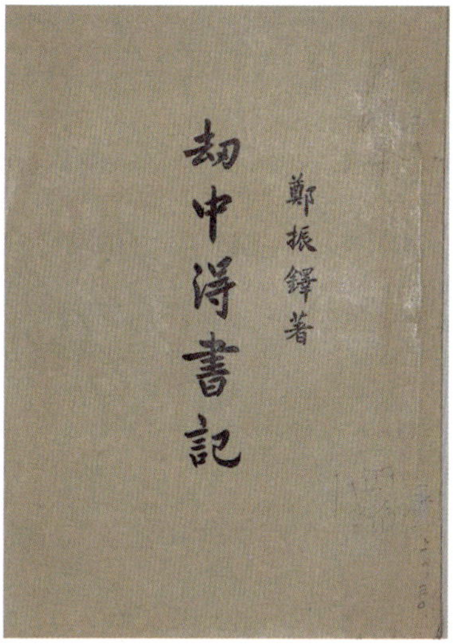


抗战初期，郑振铎和张元济等人组成文献保存同志会为国家抢救保存了大量珍贵古籍文献。抗战胜利后，他写了《劫中得书记》，详述此事

# 二十四、香烟缭绕话觉园

在爱文义路（今上海北京西路常德路）上，有一座古色古香的园林建筑，这就是觉园。这是个十分幽雅寂静，小巧玲珑，佛教气氛很浓的场所。园中殿台楼阁，假山凉亭，还有一个小小的池塘，池中养着许多人们放生的鳝鱼，一条条伸出头朝天望着，波光粼粼的水面上架着一道九曲石桥。大殿中轻烟缭绕，透出淡淡的檀香香气，时时还能听到“橐橐”的木鱼声。在闹市中，这确是个闹中取静的好地方。

觉园原名南园，曾是南洋兄弟烟草总经理简照南的私家花园。园的西首，原是佛堂，当时已改为“上海佛教净业社”。

园中有一座中西合璧的小楼，名为“法宝馆”。这是专藏古代法器法物，及佛像、佛经的地方，当时就借给了文献保存同志会作为书库和办公室。他们在那里正式开始办公后，郑振铎还特意去刻了两枚印章，一个刻“书生本色”，用作银行开账号提款；一个刻“不薄今人爱古人”，这是杜甫的名句，用作在收购来的古书及少量铅印书上的印记。他之所以用这样隐晦的文字，主要是怕被敌人识破，足见其用心良苦。

在“孤岛”后期的近两年时间里，郑振铎除了去学校上课，其余时间便是到法宝馆来办公。由于园子的西门正好在赫德路（今常德路），而他住的静安寺东庙弄，就在愚园路赫德路交叉的地方，每次他从家步行去，至多十分钟左右，既节省了车钱，又可借机活动一下腿脚。他已年过不惑，加以精神上的压力，身体状况已不如抗战之前，每天运动运动是很有好处的。他觉得这个地方选择得再合适不过了，特别是它的门口挂的“佛教净业社”的牌子，犹如一尊保护神，使法宝馆内的国宝能够安然度过这场民族大劫。至少那不时透出的缭绕香烟和“橐橐”木鱼声，对敌人也起到了迷惑的作用。

郑振铎每次去法宝馆，都是先和两位助手一起整理一会儿图书，然后坐到书桌前，写书目或是写他自己的文章。他的那篇《跋脉望馆钞校本古今杂剧》就是这时所写。法宝馆到了冬天很冷，为了那些藏书的安全，天再冷也不能生火。而他发现朝东的一边，是一面整扇的大落地窗，不仅光线好，而且暖和些，故而一到冬天，他就把书桌放到东窗下，上午，和煦的阳光射进来，身上暖融融的。窗外一丛小竹林，在冬日下却生机盎然，难怪苏东坡会有“宁可食无肉，不可居无竹”的佳句。到了盛夏来临，馆内闷热难当，一位助手请示他："可否买两台电风扇，或是装一个吊扇？"郑振铎本也有此想法，但同志会经济拮据，重庆方面的经费经常拖欠很久才能汇来，买书的钱还常要由郑振铎在同事和朋友间东挪西借，又哪里有闲钱呢？经再三考虑，还是没舍得买。可是他也有好办法，就是小书桌又挪向了北窗，窗外正好是荷花池，池边围着一圈垂柳，清风徐来，绿柳轻拂，还带来阵阵幽幽的荷香。他幽默地跟助手说："这是天然的电风扇。"助手只得摊开双手苦笑："郑先生您真有办法！"于是，冬天他们在东窗下工作，而夏天就搬到北窗办公，好在一共三个人，对谁也没有影响。

就这样，冬天的北风，夏季的骄阳，几度寒来暑往，大部分的时间，是为同志会在访书、整书，一切以书为中心的忙忙碌碌中过去的，直到太平洋上浮起了滚滚战云……

1941年12月中旬的一天，郑振铎和助手们登记完最后一本书，把法宝馆所有的窗户关严后，都从里面贴上了封条，然后，他又用一个特大号铜锁，给大门上了锁。同志会从这天起停止了一切活动。他心情惴惴地走向觉园园门，几步一回首，直到走出园门，看不见法宝馆。"不知何年何月才能再来这里？"他长长地叹息着，想起屈原的"长太息以掩涕兮……"又不禁长长地叹息一声。

……

坐落在常德路上的上海佛教净业社

四个年头过去了。1945年9月底的一天，抗战胜利的鞭炮声还在人们耳际此起彼伏，一场秋雨刚下过，碧空如洗，金风送爽，是江南秋季难得的一个晴好天气。郑振铎带着老友王以中和两个当年暨南大学的高足孙家晋、徐微走进了已阔别四年的觉园。园中几株桂花正在盛开，飘散着浓浓的芳香；池塘中，荷花已谢，荷叶上滚动着一粒粒晶莹的珍珠似的小水珠。几年里，郑振铎也曾多次路过这里，但以他隐蔽的身份，怕引起不必要的麻烦，因此是“过其门而不入”。几天前，他曾经先冒着秋雨，到法宝馆周围看了一下，觉园的老门房当然一眼就认出了他，只不过大家都苍老了一些——郑振铎已快五十岁的人了，两人见面，少不了热情寒暄了一番。法宝馆还是老样子，当然也苍老了些，郑振铎最关心的就是门上的铜锁，还依然好好地履行着它的职守，牢固地把着大门，这使他宽慰了许多。

现在，郑振铎有些颤抖地拿钥匙插入了锁孔，因为太激动，插了几遍才终于插了进去。门一开，一股尘土和陈年故纸的气息扑面而来。只见一捆捆书从地板堆到天花板，上面都积了有铜钱厚的灰尘，已看不见本来面目。但是郑振铎见到这些书秋毫无损，心里的石头总算落了地。

胜利不久，当时的教育部委派了蒋复璁为“京沪特派员”在上海设立办事处，并建立了“京沪区教育复员辅导委员会”，由蒋复璁任主任，并聘徐森玉、钱其博、郑振铎为委员。郑振铎本来对“委员”这样的虚衔并不感兴趣，但因此而又可以参与清理“敌占区”的图书文物倒是很合他的心思，所以便接受了。后来，教育部又成立了“上海区清点、接收封存文物委员会”，叶恭绰为会长，徐森玉实际负责，郑振铎最熟悉这方面的情况，于是“委员”又少不了他一个。

对于自己最关心和喜爱的图书和文物接收工作，郑振铎当然是乐此不疲而积极主动地去做的。为了清点接收属于“敌产”的图书文物，他曾多次亲自去上海警察局、陆军第三方面军司令部这些他平时最不愿去的地方，去联系办理有关的手续。另外，他还亲自参加了接收敌伪的文化单位，如“东亚同文书院”“自然科学研究所”“近代科学图书馆”等。当然，重新整理清点法宝馆里的图书，更是非他莫属了，但是遗憾的是，当年文献保存同志会的负责人张咏霓先生已经作古，张元济先生年事已高不便再去惊动，他原来的两位助手也已离开……当他正为缺乏人手而感到为难时，他当年在暨南大学的学生孙家晋来了信，信中除了一般对老师的问候之外，还希望老师能帮助找个工作。郑振铎高兴极了，立即回信请孙家晋速来报到。另外，他又请了老友王以中和他的另一位学生徐微来帮忙。人虽不多，但都算得上可以“以一当十”的人才，他心满意足了。

法宝馆启封的当天，他们几个整整清理和打扫了一天的书和四处的尘土，大家除了眼珠浑身上下都是尘土，却彼此相视而笑。次日，即重新开始了清点整理图书的工作。

法宝馆的藏书，都是当年教育部出资并划拨给中央图书馆的，因此，它们的归属权应该是中央图书馆。郑振铎尽管对国民党当局不满，但总觉得这些书是从敌人虎口里争夺出来的，总算是“楚弓楚得”理所当然地归国家所有。因此，他开始的时候热情很高，差不多有一年的光景，郑振铎一清早就到法宝馆来上班，和大家一起理一会儿书，然后和几年前一样地坐到小书桌旁写文章。中午回家吃饭，睡个午觉。三点钟左右又到法宝馆，又是和大家一起理书或写文章，有时还亲自动手装箱钉钉子。休息的时候，他就从公事包里拿出从家带来的上好福建铁观音，打开锡制茶叶筒，往手心里倒一些，再放到自己的瓷茶杯里，冲上开水，然后又依次给每个人的杯里放些茶叶。接着，他边小口小口地品着茶，边给两位学生讲版本的知识，有时还拿着书让学生们来辨认。高兴起来，他也讲讲黄尧圃批校的字迹："这可是黄尧圃的手校本，瞧这笔迹。"有时他又兴致勃勃地大讲黄尧圃收藏古书的故事。而讲得最多的还是关于买书的甘苦。两位学生始终记得他当时的两句口头禅：一是"了不得"一是"荒谬绝伦"。当郑振铎指着宋元善本、珍本以及海内孤本时，讲着讲着，便会眉飞色舞地脱口而出："了不得！真是了不得！"而每逢提到珍贵的图书卖给洋人以及认贼作父为虎作伥的汉奸时，他就会咬牙切齿地痛骂他们"实在荒谬绝伦！"爱与憎，如此之鲜明，给学生们留下了深刻的印象。

在这段令人难忘的日子里，郑振铎的一些爱书的朋友，如王伯祥、郭绍虞、钱钟书等人常来法宝馆作客，郑振铎看到人们一来，就格外兴奋，他会像得到一件心爱玩具的孩子似的，拿出一部分他呕心沥血得来的古籍珍本或孤本献宝似的给老朋友们摩挲把玩，于是法宝馆内一片赞叹声、笑声……郑振铎见面最多的是赵朴初，赵当时是佛教净业社的总务部主任，就住在觉园后大殿的楼上。郑振铎虽不信佛，但因赵也是当年“孤岛”时期“星期聚餐会”的成员，是他家的座上客，故而很熟，有时在园中相遇，便站着交谈几句。郑振铎曾多次邀赵到法宝馆内坐坐，而赵虽然对古籍也很有研究，但却从未踏足过那里。后来郑振铎想，“朴初为人严谨”，恐怕是为了避“瓜田李下”之嫌，故而不便进入这藏有那么多国宝的地方。

郑振铎开始的时候。整理好一批书，便装箱运往南京，但是，后来随着解放战争局势的变化，国民党当局又悄悄地把运到南京的书用舰船运往台湾去了。郑振铎得到这个消息，忧虑得几天几夜通宵失眠，最后决定采取消极的手段来对付。于是他故意让助手们放慢整理书的进度。同时，他去法宝馆的次数也愈来愈少了。南京方面对此很不满意，多次来电催促，郑振铎都淡淡地跟助手们说：“不要睬它就是了。”后来他们就是整理好了，郑振铎也不叫运。终于有一天，郑振铎再次亲手把法宝馆的大铁门锁上，并贴上了由他亲笔签名的封条。而他们的办公室又搬了个地方，他也不去那里办公，只是偶尔用电话和助手们联系一下而已。当时由于物价飞涨，郑振铎知道助手们靠微薄的薪水很难养家糊口，而且既已无书整理，确实也没有什么事可干的，就又为他们找了一份兼职。于是助手们也是在有空余时候，才去办公室坐坐，看守一批尚未运到南京的图书。

1949年初，郑振铎离开了上海去解放区。在转道途经香港时，他给助手孙家晋写信，大意是只要能活下去，法宝馆的事无论如何也要维持下去。实际上的意思，是要他们用生命来保护好法宝馆的书，以迎接上海的解放。

当解放的炮声迫近上海时，中共地下党派了一位自称姓章的人来和孙家晋取得了联系，交谈中，章某提到了西谛的名字，并勉励孙家晋："人民会感谢你们的。"

原来，郑振铎一到北平，就向中共中央报告了法宝馆的情况，党中央立即批示上海地下党负责保护这批藏书，那个去法宝馆联系的章某就是章汉夫。

1949年5月，春暖花开，"解放区的天是明朗的天"的歌声在黄浦江畔上空回荡。上海人民迎来了解放后的第一个春天。不久，中央派来了董必武同志率领的中央工作团负责全面的接管工作，而文教组的负责人，就是郑振铎。郑振铎在两位助手和中央工作团的几位工作人员陪同下，一起来到久违了的法宝馆。他亲手撕开大约一年多以前亲手贴上的亲笔签名的封条，再一次用颤抖的手将钥匙插进那特大的铜锁时，两行热泪不由自主地顺两颊流下……

法宝馆的全部藏书不久便运到北京，入藏北京图书馆——除了已运往台湾的。而这恰好是在他——中华人民共和国首任文物局长的管辖之下。“楚弓楚得，这回真正的楚弓楚得了”。当郑振铎和副局长王冶秋以及专家学者们，如逢盛典似的亲眼看着一箱箱从上海法宝馆运来的国宝被搬进北京图书馆书库时，嘴里不住地反复说着这句话。

# 二十五、“孤岛”上的又一奉献

在豺狼当道鬼蜮横行的险恶环境中，郑振铎为国家抢救了大批珍贵的古代文献；另一件与此密切相关的，就是《中国版画史图录》的编辑出版，这是在他和鲁迅合作的《北平笺谱》及《十竹斋笺谱》出版之后，在中国版画领域的又一重大贡献。

当时，郑振铎经过长期搜集，已积累了三千多件弥足珍贵的中国古代版画，但由于连年战乱，他的大量珍贵藏书在“一·二八”和“八一三”的炮火中，遭到惨重损失。在那自身尚且朝不保夕的年代，如何能确保这些祖先留下的民族艺术瑰宝安全度过这场民族的劫难呢？“只有编成书”。经过几天的苦苦思索，他终于下定决心：“只有出书”“只有把它们编印成书，才是最好的办法！”

1939年盛夏的一天，郑振铎在庙弄家中约了老友、当时新组建的良友复兴图书公司负责人赵家璧去吃便饭。饭后，由于天热，他们便在花园中一棵高大的洋槐树的树荫下，边喝西湖龙井边交谈。郑振铎去书房抱来了一大摞版画图片，放在他们所坐的两把藤椅间的一张大方桌上，指着说：“这是我二十多年心血搜集起来的古代版画，准备要出一部《中国版画图录》，现在我已出资一万多元，把图片已经印好一半了，下一步要找一家出版社来和我合作，它除了担任出版发行外，还要在经济上给以支持，使这部总共五辑二十册的大书能够在两三年里出齐。”说完，用期望的眼光等待着赵的回答。对他的恳切言辞赵家璧深为感动，想起了郑振铎当年和鲁迅合作刊印《北平笺谱》和《十竹斋笺谱》的那段文坛佳话，觉得郑振铎如今要把这巨著交给自己这样一个小书店来出版，不仅是对“良友”的信任，也是对自己的信任。同时又想到《良友画报》是美术出版界的一块老招牌，行销世界各地，依靠它，经济上尚能周转。何况振铎对“良友”一贯都很关怀，现在他既提出，我们理应为他出一臂之力。在想的工夫，家璧抽完了一斗烟丝，手持着烟斗说：“只要我们能做到的一定尽力。不过还是要回去和大家商量一下，再给你答复。”

郑振铎点了点头，然后为了说服家璧，他又谈了多年的抱负，他说：“在我国已出版的中国艺术史上，从来都没有谈到版画的，欧美和日本人写的中国艺术史里，版画也不占有过一行半页的地位。商务印书馆出版的英国人福开森用英文写的《中国艺术综览》是国际上公认的权威之作，艺术各个部门，甚至笔墨纸砚这些艺术用具都述及到了，却唯独没有一句涉及到版画。”他狠狠地吸了两口烟后，又说：“在日本艺术史上，‘浮世绘版画’占的地方是很多的，可是为什么世界版画之鼻祖的中国版画却无人注意呢？”他充满信心地说：“出版这套书，将是中国美术出版史上的创举，是非常值得我们来一起完成的！”赵家璧听完郑振铎的这番慷慨言辞，也被郑振铎的这种献身民族艺术的精神所感染，同时也受到很大鼓舞。在赵家璧晚年时，回忆他们的“这一合作”时说：“实际上，这一合作，与其说是振铎有求于‘良友’，毋宁说是振铎给了良友公司莫大的光荣。”

经过共同的努力，该图录在上海租界沦陷前，共出版了四辑十六册。租界沦陷后，“良友”被日军查封，到1942年经历一番周折启封时发现，印好而未及寄出或售出的几十函图录已被日寇洗劫一空。不久，“良友”也迁往内地去了，即使面对这样沉重的打击，郑振铎也没有气馁，又争取原先曾联系过的印刷厂继续印下去。这样又几经磨难，最后还是在抗战胜利后的1947年才印完，全书共五辑二十册，收图一千数百幅，珂罗版和彩色木版印刷。内容包括从唐代至清代的典籍、佛经、小说、戏曲等的插图，以及画谱、笺谱中的精品。郑振铎在为此书写的序中说：“世事瞬息万变，及今不为纂辑，则并二十余年来所已搜集者或将荡为轻烟，虽百身何赎乎？因悍然不顾其疏漏，先就所已得者次第刊印世，庶或稍减杞忧而有稗此大时代之艺人史家乎。”郑振铎为抢救民族文化遗产的急切心情，尽倾在其笔墨之间。

“蛰居”中的郑振铎已没有发表作品的可能，但他在十分困苦的条件下，坚持在上海全面沦陷前就已经开始的《中国版画史图录》的编辑整理，历经磨难，直到抗战胜利才印完。全书五辑二十册，收图一千数百幅。出版后，订购者远至国内各边远省份及欧美各国。此书成为中国版画史上的经典

《中国版画史图录》问世后，订购者远至国内各边远省份及欧美各国，包括美国哈佛大学、苏联版画协会等，20世纪80年代伦敦某家出版公司还重印了此书。

但是，令郑振铎感到莫大遗憾的是，他原来计划写的三十万字的《中国版画史》却由于社会动荡等种种原因，在当时始终未能实现，而此计划直到1956年才基本完成。

# 二十六、最后一课

这是上海沦为“孤岛”后的第五个隆冬。黑夜是漫长的，而就在这漫漫的没有一点星光和月亮的寒夜里，人们忧心忡忡，不得安眠。1941年12月8日，战局发生了急剧的变化，日本人偷袭了珍珠港，美国对日宣战，太平洋战争全面爆发。

这天，天蒙蒙亮，黄浦江两岸的居民，就被爆竹似的枪炮声惊醒。街头巷尾，人们纷纷议论着刚才发生的一切：东洋人缴了英租界英国兵的枪……黄浦江上一艘英国炮舰被东洋人打沉了……一艘美国炮舰投降了……东洋人就要开进租界了……

与此同时，一阵急促的电话铃声，把一夜未睡好的郑振铎从床上惊起。电话里，一位朋友告诉了他日军占领租界的消息。郑振铎挂下电话后，脸色冷峻得像蒙上了一层霜。草草梳洗后，便急匆匆赶到了康脑脱路（今康定路528号）上的国立暨南大学。

在校长办公室，简短而悲壮的校务会议上，校长何炳松先生老泪纵横地宣布：课照常进行，但是，只要看到一个日本兵或一面日本旗经过校门，便立刻停课……马上将这所大学关闭结束。校长颤抖着结束了他的讲话。人们默默无声，但庄重严肃的气氛，表达了一种壮怀激烈的情怀和同仇敌忾共赴国难的决心。

这天的课，郑振铎自己都觉得，似乎讲得“格外的清朗，语音里带着坚毅的决心，像冲锋前的士兵们上了刺刀‘引满待发’那样”。学生们也比平时更加用心地听着，默默地记着笔记。他一分一秒也舍不得停顿地往下讲着，恨不能把所有应该讲的东西在这一堂课上统统讲光。他觉得这天的学生都比平时“格外可爱，格外能体贴老师”，连平时最调皮的学生也端端正正地坐在那里，专心听着他的讲课。这天的黑板显得格外光亮，粉笔也是分外白而柔软适用……是啊，对这些朝夕相处了数度春秋寒暑的一切一切，平时觉得十分平凡，然而一旦要离别时，却是觉得有一种难言的“恋恋之情”。忽然，远处传来了沉重的车轮辗地声，几辆日军卡车从窗外驶过，一面太阳旗在阴惨惨的寒风中像招魂的幡似的飘舞着，时针正指在10时30分……

这时，郑振铎立刻挺直了身体，作着立正的姿态，沉毅地合上了书本，以激愤但是坚决的口气宣布道：“现在下课！”全体同学几乎是同时地“唰”地一声站了起来，没有一个人说话，只能听到几个女学生低低地啜泣着……

这就是郑振铎在暨大上的“最后一课”，应该说，也是他教书生涯中的“最后一课”，因为，生活的

康脑脱路（今康定路528号）国立暨南大学旧址，郑振铎《最后一课》的发生地

道路，使他从此永远地离开了黑板、粉笔、讲台和可爱的学生。在当时，他却是没有想到的。

人生最大的痛苦莫过于生离死别。这一极短暂，但极不平凡的经历，深深刻印在郑振铎脑海里，使他时时回忆起来，更激发了抗日到底的决心。后来，郑振铎常常把这件事作为和家人及朋友谈话的内容，每次谈的时候，他总是很激动，脸红红的，眼中闪着晶莹的泪水，深深地感染着听者。胜利后，他把这段难忘的经历，写成了《最后一课》一文，发表于上海《周报》上。

# 二十七、“蛰居”琐记

## 1.陈世训其人

1941年12月8日，上海全部陷入敌手，日寇的铁蹄下的上海，早就失去了往日十里洋场的喧闹。街上行人来去匆匆，但人人脸上似乎都蒙着一层愁云。人们在惊恐、压抑和惴惴不安中迎来每一个日出，又送走了每一个日落……

这天居尔典路（今湖南路）一条僻静小巷的二楼，新搬来一位约摸四十出头的中年房客，他的户口登记册上写着：陈世训，男，四十三岁，上海某某文具店职员。

这位“陈先生”——邻居们都这样评论他——为人随和，特别喜欢孩子，常常拿些糖果分给邻居的孩子们，孩子们也喜欢“陈伯伯”。但是渐渐地，人们对他有些疑惑不解。他自称是“文具商”，每天一早穿着蓝布长衫，夹着一个破旧的公文包，说是去“上班”，可是常常不到中午就回来了。他一人独居，自己生火做饭，有时会有一位中年妇女带着一男一女两个孩子来看他，帮他料理些家务。时间一长，人们知道了这位中年妇女，原来就是陈太太，那两个孩子，大的女孩，十三四岁，叫小箴；小的男孩才三四岁，他们都叫他“倍倍”。“一家人，为什么不住在一起呢？”邻居们觉得其中定有些道理，却又不便去问。“陈先生是有来头的”，他们想。他们甚至猜测“陈先生”是位“抗日分子”，但是好心的邻居们，谁也没有对外面去说。整整四年的时间，“陈先生”和邻居们和睦相处。邻居们也都很敬重他，他那满满一屋子的书，足以说明他是个有学问的人。直到抗战胜利后，“陈先生”搬家时，大家才知道，他原来就是大名鼎鼎的作家和教授郑振铎。

上海全部沦陷后，郑振铎在沪避难“蛰居”四年的居尔典路寓所（今高邮路5弄15号）

郑振铎“蛰居”的寓所铭牌

如果说，“孤岛”时期，郑振铎还能坚持去学校上课，还能在“孤岛”的范围内进行抗日救亡活动的话，那么这时他已几乎没有进行任何公开活动的可能了。他在暨南大学上完了“最后一课”，便改名换姓，在日寇的眼皮底下，过起了漫长的四年的“蛰居”生活。他托朋友张若乾设法买到了一个“陈世训”的身份证，从此“郑振铎”的名字在上海消失了。

提起张若乾，郑振铎总是怀着一种崇敬和感激之情。张比郑振铎要大二十多岁，和郑振铎可算是忘年之交。张曾在北洋政府时代，历任国务院秘书长、教育总长和农商总长等许多要职。北洋政府垮台后，他隐居天津，从事史地研究，著书立说。卢沟桥事变后，他又移居上海，誓不与“倭寇”合作，表现出一种崇高的民族气节。因此，郑振铎把张若乾看作是可以信赖的朋友。这次若不是张若乾帮他弄到了假身份证，并设法为他在汶林路（今宛平路）找了一间临时的住处，郑振铎在上海是无论如何也无法立足的。

其实，郑振铎起初也想过要走，离开上海去大后方。他的很多朋友，如叶圣陶、沈雁冰、胡愈之……都早走了。可是，他要是走了，那批文献保存同志会抢救下来的书又怎么办？左思右想，“人在，书就在”，郑振铎决定不顾有些人对他的种种猜忌或非议，要“与书共存亡”。想到此，他提笔在一张高丽古笺上，写下了六朝时鲍照的《拟行路难》，以抒他的意志与情怀：

> 泻水置平地，各自东西南北流。人生亦有命，安能行叹复坐愁。
>
> 酌酒以自宽，举杯断绝歌路难。心非木石岂无感，吞声踯躅不敢言。

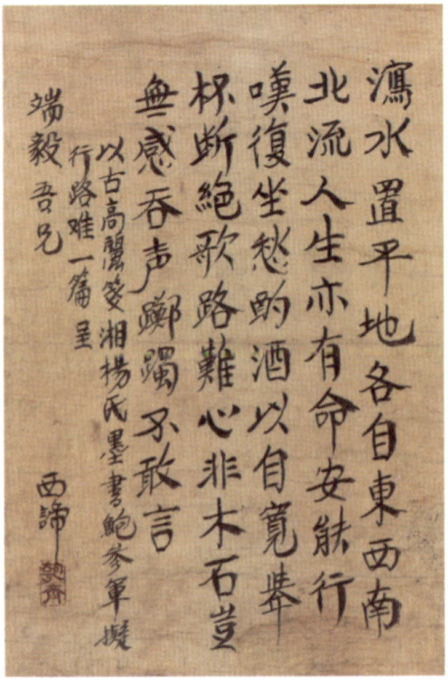
瀉水置平地各自東西南北流人生亦有命安能行嘆復坐愁酌酒以自寬舉杯断絶歌路難心非木石豈無感吞声躑躅不敢言
以古高麗箋湘揚氏墨書鮑參軍擬行路难一篇呈
端毅吾兄
西諦

郑振铎赠唐弢的《拟行路难》古笺

写完了，他又决定把它赠给小他十多岁的青年文友端毅（唐弢）。因为他想起这位曾利用在邮政局工作之便，经常帮助他躲过检查而往重庆寄过不少书信的年轻杂文家曾向他求过墨宝，这次何不以此诗相赠，以示他的感谢呢？于是，他又题款：

“以古高丽笺湘扬氏墨书鲍参军拟行路难一篇呈端毅吾兄，西谛。”

他的妻子高君箴始终清楚记得，在上海沦陷后一星期左右的一个傍晚，郑振铎急匆匆地赶回家，心重似铅地告诉她，许广平先生被捕了，自己也随时可能被捕，也许要相当长的一个时期不能回家了。当晚，他把一些随身换洗的衣服及梳洗用品装在一个小提箱里，次日一清早便离家出走。临走时，只跟她说：“暂时不要打听我去什么地方，好好照顾这个家。”郑振铎走后约半个来月，没有音讯。而一连好几天，总有几个不三不四的人，来家里纠缠，问“郑振铎哪里去了？”他们几个人整天坐在一楼楼梯口，有一个守在二楼电话机旁。电话铃响，他们便抢着去接。后来，看看没有什么收获，便撤走了。又过了些日子，大概是住到了汶林路，郑振铎才给家里来了一个电话，只说是“一切平安”别的再没多说，但这至少使整天坐卧不宁的妻子感到一丝安慰。直到郑振铎住到了居尔典路，才托人捎信给妻子，说他不能回家了，但家里人可以偶尔去看他，并把他改名换姓的事告诉了高君箴。

郑振铎的蛰居生活是孤独、冷清而又十分单调的。为了安全起见，多数的朋友都不知他的地址，因此都不来往了。每天一清早，郑振铎都要装作是有工作的样子，挟着公文包去“上班”以掩人耳目。其实无非是到四马路一带的书店去转转，但他那时已没有力量再买书了。下午和晚上则待在小楼上整理他前几年抢救下来的古书（这些书先是存在几个朋友那里，几经辗转才又转到了蛰居的这幢小楼），写些题跋之类的东西，实在太闷了，便喝些酒，借以浇愁。在郑振铎以“幽芳居士”的化名——那时为防意外，故他在题跋上也均用化名——为《介子园画谱》写的题跋上写道：“大地黑暗，圭月孤悬，蛰居斗室，一灯如豆。披卷吟赏，斗酒自劳，人间何世，斯世何地，均姑不闻问矣。”短短两句话，却道出了郑振铎当时的心情。他的这些文字，后来都收进了他的《劫中得书记》中，直到1956年才由上海古典文学出版社出版。

这期间，郑振铎还做了件十分有意义的工作，那就是写完了他的《求书日录》。这是一部从“孤岛”时期，他就开始撰写的巨著。起先是他把每天“访书”所得及版本鉴定、内容评价等都记在了日记里，后来便把这一部分内容筛选出来，辑成了《求书日录》，以后就不断地补充，逐渐成了一部具有高度学术价值的鸿篇巨著。但由于当时没有出版条件，大多数原稿，也和他当时的大部分日记一样，不知在何时丢失了。这是十分令人遗憾的。

抗战期间，郑振铎积极投入抗敌救亡活动，是抗敌救亡协会的主要负责人之一。上海全面沦陷后，他化名“陈思训”以文具商的身份，蛰居一小楼内，在与中共地下党保持密切联系的情况下，期盼着胜利的到来。《蛰居散记》一书，生动地追述了他当时的生活。

《蛰居散记》中文版，1951年上海出版公司出版

郑振铎那时也常写诗，但都只不过是为了寄托一下自己孤寂的灵魂，并不想拿去发表（在当时也根本没有发表的可能），因此，随写随丢，只留下少数的几首，在胜利后，由他自己整理成《小诗十首》发表了。另有一些则是在他去世后，出版社根据他的手稿收入了他的文集。有一首1944年3月6日写的题为《野狼》的诗，据他自己说，是一次梦中所得。那天晚上，郑振铎独自躺在冰凉的铁床上，昏昏入睡。梦中，他觉得自己在一个前不着村后不着店的荒野。四周一片漆黑。只见一只猫头鹰对他瞪着两眼，咕咕地叫。正彷徨间，忽然又听得一阵阵狼嚎声。他一下便惊醒了，出了一身冷汗。这时，只听见窗外数辆警车正狼嚎似地呼啸而过。于是他披衣起床，写下了这首诗：

《蛰居散记》日文版，日本岩波书店出版

野狼，

野狼在嚎，

哀猿在啼，

猫头鹰瞪着圆眼在咕咕的叫，

黑暗把天与地涂成一片。

倦了的旅客独自踯躅在莽原，

前无村舍后无店，

枯树作势欲扑人，

惊窜的狐兔也吓得人一跳。

天边远远的有一颗黄星，

是黑漆一片的天地间仅有的光明。

仅这一星星的光亮啊，

已足够使旅人慰安了。

郑振铎那时最怕听见警车声。当他得知友人夏丏尊、章锡琛和赵景深夫人李希同等被捕的消息后，便将一些衣物装在一小提包内，放在床头，做好随时被捕的准备。在小楼上，每当窗外响起警车声时，他的心顿时紧紧收缩起来，直到那警车呼啸着远去后，那颗紧缩的心才慢慢松弛下来……胜利后，他常把当时的心情，当作笑谈，跟家人以及友人们谈起。每当提起这事，他总是十分感激许广平、夏丏尊等许多曾被日寇逮捕过的朋友。敌人严刑逼问郑振铎的下落，他们谁也没有吐露过半个字。“是朋友们保护了我呀！”他感叹地说。

山河破碎、国土沦丧的痛苦，时时啮咬着郑振铎这位爱国者的心灵，只有当他妻儿们去看望他时，才给他那颗破碎的心以一丝丝的慰藉。他时常一个人躺在铁床上两眼看着天花板，两行热眼顺着脸颊往下流，很久，很久……

### 2.许广平为何不理他?

沦陷后的上海，一天郑振铎正从四马路上的一家旧书店出来，忽见迎面走来一位老年妇女，步履艰难地挪动着消瘦的身躯。“好面熟啊！”在哪儿见过呢？再仔细一看，却大吃一惊：这不是景宋（许广平）先生吗？只是人苍老了许多，头发几乎全白了，才几个月不见，却老了至少有一二十年的样子。两三个月前，郑振铎得到了许广平先生被捕的消息，“难道敌人把她释放了？在日本宪兵队里，她一定吃尽了苦头，所以才会变成这个样子的。”想到这里，郑振铎十分急切地要和她打招呼，孰料，这时景宋先生却好像不认识他，十分冷漠地将脸转向了一旁。郑振铎很快地也警觉到了有什么潜在的危险，便也装着陌生不相识地，从景宋先生身旁错身而过。这件事长期成为一个疑团，使他耿耿于心头。

抗战胜利后，阔别多年的朋友又欢聚一堂了。当大家谈起八年中各自的经历时，景宋先生的“谜”才终于解开。原来，她被捕后，在日寇宪兵队关押了两个多月。日寇开始对她还比较客气，说只要她说出一些朋友的下落，便释放她。但是景宋先生却只字不吐。日寇恼羞成怒，便对她施尽了电刑、老虎凳、辣椒水等种种酷刑，她大义凛然，始终咬紧牙关，一字没有透露。最后敌人又设计了一个奸计，即假意把她释放，无论她走到哪里，都有暗探跟随，只要谁跟她一打招呼，谁就逃不脱被捕的厄运。

景宋先生出狱后，头发全白了，双腿留下了残疾，但是她保全了包括郑振铎在内的许多朋友。郑振铎每提到这件事，总是对景宋先生怀着一种感激和崇敬的心情，赞叹道："许广平同志真不愧是一个中华民族的女战士！"

后来，许广平先生记述那一段被捕前后的经历，写下了《遭难前后》一书，连续刊载在郑振铎主编的《民主》周刊上。郑振铎还应许广平先生之嘱，为此书的单行本写了序。

鲁迅夫人许广平

### 3.“惜”周作人

1944年4月6日下午，在电闪雷鸣中，一场暴雨骤然自天而降。蛰居斗室的郑振铎哪儿也去不成，独自枯坐室内，望着窗外倾盆大雨不住地拍打着紧闭的窗子。国事、家事、天下事，一一袭上他的心头。全面抗日战争已进行了七个年头，从七七事变到“八一三”到“一·二八”，战火愈烧愈烈。郑振铎改名换姓，独自离家过起蛰居的日子也已三个年头了，何时才能熬到胜利的那一天呢？一天，郑振铎随手拿起一份报纸漫不经心地翻阅着。忽然，一则译自日本《大陆新报》的一条题为“中国文艺协会将在各地成立/会长将由周作人担任”的消息吸引了他，“消息”说：“……协会会长一职，周作人氏众望所归，或将由周氏担任，会员包括上海方面之陶晶孙、周化人、丘石木、周越然、鲁风……”

郑振铎平生最痛恨的莫过于出卖国家民族利益的叛徒，他一生崇拜并颂扬屈原、岳飞、文天祥、辛弃疾那样的民族英雄，其中，屈原、文天祥等还被他写成了历史小说《汨罗江》《桂公堂》。而他的《毁灭》则鞭笞了明末民族败类阮大铖、马士英。另两篇散文《鹈鹕与鱼》与《汉奸是怎样造成的》则是痛斥抗日战争时期的那些汉奸走狗的。

由此可见，郑振铎对汉奸是多么的痛恨了。但是，他对周作人却有些例外。

早在1935年，郑振铎将要离开北平重回上海时，曾与启明（周作人）有过一次，也是他俩最后一次的长谈。当时，东北三省早已沦亡，华北局势也岌岌可危，全国民众抗战救国的情绪十分强烈。郑振铎劝启明必要的时候，最好离开北平，可是启明却不以为然地说："中国要和日本打仗是不可能的，人家有很强的海军，还没有打，人家就已经登陆了。我们的门户是洞开的，怎么能抵抗得了人家？"郑振铎对启明的这种"必败论"十分反感："又不是我们去侵略日本，照你说，如果他们一步步逼进来了，难道我们也不要抵抗吗？"启明没再说什么。郑振铎看谈话的气氛愈来愈紧张，于是便改变话题，谈别的事情了。

卢沟桥事变后，郑振铎和其他在南方的朋友们都十分关心启明，纷纷写信劝他南下，而启明却以"怕鲁迅的'党徒'会对他不利"为借口，拒绝了朋友们的好意。他还传出话说："请勿视留北诸人为李陵，却当做苏武为宜。"为此，郑振铎还着实为启明高兴了一阵。但是，没多久，报上却刊载了启明出席日本人召开的所谓"更生中国文化建设座谈会"的消息，刊出了启明身着长袍马褂与全副武装的日寇军官，以及华服、西服的汉奸文人的合影。启明的那副怡然自得的模样，令人作呕。不久，在武汉的茅盾、郁达夫、老舍、夏衍等人也发表了《给周作人的一封公开信》，“希望（他）幡然悔悟，急速离平，间道南来，参加抗敌建国工作”。郑振铎因不在武汉，未在信上署名，但看到此信，真希望启明能够“幡然悔悟”过来。过了没几天，郑振铎在燕大的老朋友郭绍虞给他来信说，燕京大学已聘启明为该校教授，并说启明已接受了由他亲自送去的聘书。郑振铎见此信后，又是高兴了好几天，以为这下启明大概是终于“幡然悔悟”了，并当有人怀疑启明会投敌时，他还涨红了脸为启明辩白道：“绝对不会的！启明不会那么糊涂的！”可是，没过多久，郑振铎得知启明已将郭绍虞送去的燕大聘书退了回去。又过了几天，从报上看到周作人已堂而皇之地走马上任，当了伪华北教育总署的督办了。至此，郑振铎对启明彻底地失望了。启明终于离朋友们对他的期望愈来愈远，走上了彻底叛国投敌的道路。郑振铎对启明的失足是既痛恨又惋惜。

不过，与对待其他汉奸不同的是，郑振铎对启明总是惋惜的成分要多于痛恨，譬如，他认为对郑孝胥的走马上任，“我们一点也不觉得惋惜”，对“陈柱暗中受津贴，结果不得不明目张胆地公开出来，我们一点也不为之痛心”。“因为他们都是属于过去一个时代的人物，他们本来是已经不在我们的阵伍中，这种人的失去，对于我们文坛是丝毫不足轻重的。”而“在抗战的整整十四个年头里，中国文艺界最大的损失是周作人附逆”。因为，他认为周作人与郑孝胥、陈柱等不同，周作人是“五四时代成长起来的”，本当是“我们阵伍中”的人。

另外，郑振铎对周作人的惋惜，还在于他的“才”。他说：“假如我们说，‘五四’以来的中国文学有什么成就，无疑的，我们应该说，鲁迅先生和他（周作人）是两个颠扑不破的巨石重镇；没有了他们，新文学史上便要黯然失色。”且不论郑振铎这样的观点是否正确，对周作人是否过誉，但当时惋惜周作人的人，在文艺界朋友中，确实并非是个别的。《给周作人的一封公开信》，很大程度也是“惜”周作人的“才”。而即便在周作人做了汉奸之后，很多朋友“也还不能忘情于他”。胡适之和沈尹默先生就都曾苦劝过周作人。但朋友们的好心相劝，终于无法阻挡周作人在一条黑道上走到底。

抗战胜利后，周作人以汉奸罪被捕。念及人才可惜，郑振铎、俞平伯、胡适、蒋梦麟等朋友以不同的方式致函南京高等法院，为周作人求情。郑振铎甚至在周作人被判刑后还想出一种折中的办法。郑振铎在《惜周作人》一文中说：“我们总想能够保全他。即在他被捕之后，我们几个朋友谈起，还想用一个特别的办法，囚禁着他，但使他工作着，从事于翻译希腊文学什么的。”

朋友们的这些求情在法庭上虽然起到一定的作

周作人被押赴法庭受审

用，但通谋敌国的汉奸罪名始终无法洗脱，周作人最终被判处有期徒刑十年。

1949年1月在朋友的帮助下，周作人被假释出狱，回到北京。出狱后的周作人生活窘困，当他翻译完《希腊女诗人萨波》后，没有出版社肯为他出版，郑振铎得知后，立即致信给上海出版公司总经理刘哲民，竭力主张由上海出版公司出版，并将它收入到自己主编的《文艺复兴》丛书里面。后来，郑振铎又从中法大学图书馆借来《伊索寓言》，请周作人翻译，这也是周作人为公家译书的开始。从1955年起，人民文学出版社每月给周作人生活费200元，后来又涨到400元，周作人则翻译出版了《伊索寓言》《源氏物语》《日本狂言选》等。1958年郑振铎因飞机失事遇难后，周作人在《知堂回想录》中深情回忆并叹息：“古来有句古话，索解人难得，若是西谛可以算是一个解人，但是现在可是已经不可再得了。”

4.天亮了

光阴荏苒，岁月如流，上海市民在痛苦不安的折磨中，苦熬到了第八个年头。1945年，夏季来临，郑振铎所住的小楼附近的麦子熟了，农民们光着脊背忙着在农田里收割，接着又是在场院中的劳作。8月11日清晨，郑振铎刚起床，便有一年轻的邻居匆匆地跑来告诉他：“陈先生，东洋人投降了！”“你说什么？！”郑振铎怕听错了，忙追问道。“东洋人投降了！”年轻人又大声补充了一句。而几乎与此同时，郑振铎的一位老友也风风火火地闯了进来，满脸通红，一边用手帕擦着汗，一边欢呼般地向郑振铎说：“铎兄，日本人投降了！日本人投降了！”刹那间，郑振铎感到血往上涌，几乎要狂呼起来！匆忙披了件外衣，却忘了换鞋，趿拉着拖鞋就往街上奔去。走到街上，只听得满街是欢笑声，鞭炮声响不绝于耳。“啊！胜利了！我们终于胜利了！”他激动地喃喃地说着。

这天晚上，郑振铎当年的两个高足——孙家晋和徐微携了酒菜来和他共庆胜利。郑振铎几乎不吃什么菜，只是不停地和学生们干杯……他沉醉了，学生们把郑振铎扶到床上，顿时响起了鼾声。他睡得那么甜，那么深沉，脸上像孩子似的泛出微笑。多年来，他没有这样踏踏实实地睡过了，今晚他再也不必担心警车的呼啸声了……

次日一清早，郑振铎刮净了不知多久没刮的胡子，仔仔细细地梳了头，还往头上抹了一些发蜡，又从箱子底拿出一套久已不穿的西服穿上了，扬眉吐气地走出小楼。一路上，他见到所有的人都感到格外亲切。无论认识的或是不认识的，他都笑着和人家打招呼。郑振铎先去了老友耿济之家，几年来，他们的来往很少，主要是郑振铎怕因为自己而连累了朋友。当郑振铎喊着：“济之！济之！”直冲进耿家大门时，耿济之早已张开双臂在迎接着他。两个人紧紧地拥抱在一起，此时此刻，两个壮实汉子，孩子似的呜呜哭起来了……

离开耿家，郑振铎便直奔“庙弄”。“庙弄”是他四年来，无时无刻都在牵肠挂肚的家，自从他不再是文学家郑振铎，而隐名埋姓成了文具商陈世训以后，他就再也不能堂而皇之地进出东庙弄44号的郑振铎家的大门了。有过几次，他曾在夜间“潜”入家中，看一眼妻儿老小后，便匆匆离去。甚至最疼爱他的祖母去世了，他都未能回去一下，而是在上海殡仪馆大殓时，才混在吊唁的客人中，匆匆鞠了三个躬，便悄然离去……今天，当他昂首挺胸地大步走进家门时，他的妻子、子女和老母亲，正欢天喜地地迎接着他，而大大的圆餐桌上，已摆满了各种美味佳肴。得知“东洋人投降”的消息后，一家人断定他今天上午肯定会回来的。老母亲天蒙蒙亮就起床，赶到西摩路小菜场，兴冲冲地买了满满一菜篮子的鸡鸭鱼肉，回到家也顾不上喝口茶，就到厨房忙碌起来。女佣唐妈在一旁帮着杀鸡宰鱼。唐妈已在郑家多年，在老太太身边耳濡目染，也能做几个福州家常菜。但是凡精致一些的，特别是比较讲究火候的，如清蒸鳗鱼、红糟鸡、清汤鱼丸等郑振铎从小最爱吃的菜，是必须老母亲亲自动手的。

郑振铎已多年没和家人在一起吃过一顿充满亲情温情的团圆饭了，但是，按照福建家乡习俗，他不在家时，逢年过节，老母亲也总要在餐桌摆一双他专用的福建漆筷和一个小酒杯。老母亲很少吃大荤，今天看到年近半百的爱子像个孩子似的大口大口地吃着自己精心烹制的菜，老人家脸上绽开了只有一个慈母才会有的那种饱含着爱意的微笑。郑振铎的妻子本来是反对他喝酒的，尤其是近年来郑振铎的心脏有些问题，可是今天为了不扫兴，就准备了一小壶绍兴加饭——仅仅半斤而已，但是郑振铎却已经够满足的了。正如他在《宴之趣》中所说的：“……佳年好节，合家团圆地坐在一桌上，放了十几双的红漆筷子，连不在家中的人也都放着一双筷子，都排着一个座位。小孩子笑孜孜地闹着吵着，母亲和祖母温和的笑着，妻子忙碌着，指挥着厨房中厅堂中仆人们做菜，端菜，那也是特有一种融融泄泄的乐趣，为孤独者所妒羡不止的……”而此时此刻的他，正是在这种“特有”的“融融泄泄的乐趣”中，真所谓“酒不醉人人自醉”，因为他的心早已陶醉了。

午后，走出“庙弄”家门，马路两旁挤满了欢呼的人群，郑振铎也情不自禁地和大家一起欢呼起来。

回到居尔典路的小楼，房东热情地告诉他，已有几位朋友来看望他，其中一位姓赵的，郑振铎猜想，大概是当时化名赵锡庆的徐伯昕。他的这个住处，只有少数几个人知道，一般不大有来客的，因为怕彼此牵连，尤其是像徐伯昕这样的有中共地下党身份的，只是在邹韬奋病重和去世时，才来过两次。今天徐伯昕虽然可以毫无顾忌地来看老友了，但是，郑振铎的直觉告诉自己，徐伯昕一定是有什么重要的事。果然，当他月底搬回“庙弄”后，徐伯昕又来找他，郑振铎才知道，原来是为了要请郑振铎主编一个刊物，这就是《民主》。

当晚，郑振铎就开始整理他蛰居中节衣缩食买下来的书，一摞摞地打成捆，一直干到深夜。他必须把这些书全部搬回“庙弄”后，才能无牵无挂地回去和他的亲人团聚。一连几天，他都是在小楼上理书、捆书。因为当时日方的投降文书尚未正式签字，市面上有不少地方发生了骚乱，当局发布了戒严令，他正好可以集中精力来抓紧处理这些书。

15日中午，郑振铎刚啃了一个已有些发硬的“罗宋面包”，忽听到邻居家的收音机里，播放着日本天皇已正式宣布无条件投降的消息，接着又播出了裕仁天皇亲口宣读的投降诏书。郑振铎生怕听不清，又跑到邻居家，一连听了两遍，认为确实无误了，才回自己的屋里，又开始理书、捆书。企盼已久，“如大旱之望云霓”的和平终于到来了。要不是为了这些书，他真恨不得当天马上就搬回“庙弄”去了。在当天的日记中他写道：“今日正午，日皇广播，正式宣布接受条件，‘和平’已实现矣！今后当可安生乐业，不愁饥寒了！”这天晚上，灯火管制终于取消了，他可以不必再在电灯上蒙一层厚厚的黑布，也不用在大热的天，把黑色的窗帘拉得严严的了。晚餐，他兴奋得打开了一瓶友人送的，据说是五十年的陈酿法国白兰地。这酒他一直不舍得喝，今晚一下子就喝掉了大半瓶，下酒菜就是母亲为他做的福建鱼松，然后甜甜地睡去。次日一早，他就到街上，一下子买了四种报纸，上面都报道了日寇正式投降的经过。胜利的喜悦和无比激动的心情，使他产生了一种久已没有的写作激情。于是，郑振铎挥笔写下了抗战胜利后的第一篇文章。他先用漂亮却并不标准的“瘦金书”写下了文章的题目《论新中国的建设》，对“建设现代的科学的伟大的新中国”提出了九条建议，包括了工业、农业、交通、金融、商业、文化、军事、社会事业及其他。写着写着，他觉得以他一介书生，这个题目似乎大了些，于是，他当晚又去了严景耀、雷洁琼夫妇家，征求他们的意见。第二天，第三天，他又去了另外几位朋友家，听取了他们对这篇文章的意见，这样地边写边改，大约写了三四天，终于把这篇文章写完。在文章最后，他充满信心地写道：

胜利已经得到了！

和平的建设必须立即开始！

建设，建设，建设！

建设现代的科学的伟大的新中国！

新的中国在努力建设里发展着，充实着，成为和平世界中光荣而伟大的一个主要分子。

半个多月以后，他——“陈先生”，不，已经是郑先生了，向邻居们一一告别。其实邻居们从他平时的言谈举止和满屋的古书，早就知道他决非什么普通的文具商人，但是谁也没有去说穿他，更没有人去向敌人告密，反倒对他经常给以照顾。多年来亲密相处，如同一家，这使郑振铎非常感激。郑振铎也告别了他蛰居了四年的小屋，迎着夏日的骄阳，不，对当时的郑振铎来说，这时应该是春天，是迎着和煦的春风，向“庙弄”的家大步走去。

## 二十八、痛定思痛

胜利之初，郑振铎首先高兴地想到“该回家了”。几年来，他从家里陆续搬来和后来买的书，渐渐地又堆满了那两间蛰居的小屋。由于他是一个一天也离不开书的人，因此，他除了常常回家看看以外，仍是一个人独居在居尔典路的小楼上。每天，除了会会多年不见的朋友，便是整理他的那些线装书，为搬家做好准备。这年夏天，天气格外热，他只穿了背心短裤，蹲在地上把一摞摞的书用绳子捆扎起来，没多大工夫便已是汗流浃背了。这天下午，他刚理好几摞书，站起身来，洗了把脸，准备抽支烟休息一下，柯灵和唐弢走了进来。柯灵自从上海沦陷被抓进了日本宪兵队后再也没有见过面，唐弢有时倒还有来往，但是为了安全起见，见面的机会也不多。老友们已很久没能坐下来好好谈谈了，当然是少不了嘘寒问暖，各自讲了些劫中的遭遇，边讲边感叹不已。柯灵喝了口主人特意为他们煮的浓咖啡，很严肃地说：“西谛先生（当时年轻些的朋友都习惯这样称呼郑振铎，以示尊敬），我和端毅打算办一个综合性的周刊，特地来向您讨教，同时也请您大力支持！”一听说要“办刊物”郑振铎马上兴奋起来：“好极了！要我帮什么忙，尽管说！”接着，郑振铎从《新社会》和《文学旬刊》说起，把他二三十年来，办刊物的成、败、得、失，滔滔不绝地讲给两个年轻的朋友。当郑振铎问到刊物取什么名称时，柯灵说：“本来打算叫《自由中国》的，但目前的中国，又有何‘自由’可言？这个名称反倒显得有些嘲讽意味了。我和端毅商量，索性就叫《周报》，您看如何？”“《周报》？好啊！”郑振铎觉得这个名称妙在既具体又抽象，没有政治色彩，内容又不受拘束，又叫得响。至于具体内容，郑振铎非常同意柯灵他们提出的把重点放在反映战后人民普遍关心的事情上，“当前要讲的主要应该是如何处理伪币，如何处理汉奸等问题”。他愈讲愈兴奋，声音愈来愈高，楼下的邻居还以为他在和什么人争吵，不放心地上来看了看，发现他们一切都很正常，才悄悄地退了下去。

柯、唐二人告别时，郑振铎很不好意思地说：“今天来不及准备了，就不留你们吃饭了。等过两天，你们到‘庙弄’去，我一定给你们做几道拿手菜！”他的厨艺受老母亲的“熏陶”，在朋友间已小有名气。蛰居期间，闲来无事又随意翻翻《随园食谱》之类的古书，手艺又大有长进，凡是去领教过的都赞不绝口，所以才敢说此大话。一直把客人送出小巷口，他一再地说：“过两天我就可以交给你们几篇稿子！”

1945年9月8日，由柯灵、唐弢主编的《周报》

在上海创刊，上面刊载了郑振铎写的《蛰居散记·自序》。郑振铎从胜利的那一天，就想，应该把“蛰居”生活中的所见所闻和亲身经历以及感想，用散文的形式写下来，以作为“千秋龟鉴”供将来的史学家们参考。从8月20日起，郑振铎就开始动笔，写了这个散文集《蛰居散记》的第一篇《自序》。文中他首先以强烈的激情，连写了三个：“胜利！胜利！胜利！”接着他又写到“在水深火热的沦陷区里”，人们是怎样“度日如岁，天天盼着胜利的到来，简直如大旱之望云霓”。他还写了渴望胜利早日到来的心情。最后，他写了这个“散记”的目的：“在这样的一个黑暗时期，一个悠久的‘八年’的黑暗时期里，如果能有一部详细的记载，作为‘千秋龟鉴’，实胜于徒然的歌颂胜利的欢呼。……劫后余生，痛定思痛，把这几年来耳闻目睹的事实，写下来，成为这本《蛰居散记》，也许可以使将来的史家们有些参考罢。”

这篇《自序》写好后，正尚未考虑好交到哪里去发表，恰好柯、唐二人就来了。于是，郑振铎略加修饰便交给了正要创刊的《周报》。以后，他陆续写了《暮影笼罩了一切》《记刘张二先生的被刺》《封锁线内外》等共计二十四篇，都先后交给了《周报》，从1945年9月一直刊载到1946年2月。

《蛰居散记》的发表，在社会上引起强烈反响，后来还被译成了日文，由岩波书店出版，成为战后日本的一本畅销书。

# 二十九、政治要民主，文艺要复兴

1945年8月30日，生活书店负责人徐伯昕拉了唐弢一起到庙弄来看郑振铎。徐伯昕开门见山地表示，他是代表生活书店特地来请郑振铎这位办刊物的“老将”主编一个类似《生活》那样的刊物。对于办刊物，郑振铎基本上是来者不拒的，何况徐伯昕又是邹韬奋的亲密战友，也是自己多年老友，并且郑振铎对徐伯昕的“政治背景”也是心里有数的，故而很痛快地答应了。于是，徐伯昕又进一步谈了他的想法。自从上海沦陷后，生活书店迁往了后方，《生活》周刊也停刊了。在上海坚持斗争的徐伯昕则在抗战胜利前夕，创办了一家通惠印书馆，为胜利后即将恢复的生活书店打下基础，现在诸事都已准备妥当，正需要请一位有经验的人，把“周刊”也重新办起来。在具体商谈中，徐伯昕说：“现在国内的首要问题就是实行政治民主，所以这个刊物打算就叫《民主》而不再叫《生活》了。”“《民主》？好极了！”“好极了！”这是郑振铎最喜欢用的一个感叹词，徐伯昕的话使他又想起了当年和瞿秋白一起创办《新社会》时所提出的“德谟克拉西（民主）”来，现在他如果接受主编《民主》，那就意味着他将再一次参与到政治斗争中去。想到此，郑振铎略顿了顿，义无反顾地跟徐伯昕说：“没问题！咱们马上就可以开始动手！但是，你要给我几个得力的助手。”徐伯昕说：“这一点你放心！你的部下，我早已物色好了。”

自从这次谈话以后，《民主》的编辑部就算正式成立了，办公地点就设在徐伯昕的通惠印书馆，对外的名称就叫“民主周刊社”。徐伯昕陆续为郑振铎配了几个得力的编辑，如蒋天佐、艾寒松、郑森禹及董秋斯等。郑振铎知道其中前三位当时都是共产党员（董秋斯不久也入了党），而他编这样的刊物，也正需要这样忠实可靠又能干的人，可谓“兵强马壮”，他对徐伯昕的安排真是满意极了！

这以后的日子，郑振铎便为创刊而积极奔走，至于撰稿、组稿等许多具体事务都由他的助手们来做。郑振铎除了常去编辑部了解一下稿子的情况，便是抓紧写《发刊词》和自己要为创刊号写的第一篇稿子。他在该刊创刊的前几天的日记上是这样写的：“10月4日，写《〈民主〉发刊词》一篇。”“10月6日，晨起，写‘民主政治’（即《走上民主政治的第一步》）……四时许，至通惠（即通惠印书馆），《民主》稿已不少。”“10月9日，四时半，即至通惠，晤民主社编辑诸人，第一期已印好，即可于明日出版矣，内容尚佳。”而与此同时，他仍然也在为《周报》写着连载的散文《蛰居散记》。“10月3日，作‘散记’一篇”（该文题为《鹈鹕与鱼》）”“10月14日，下午，精神很疲倦，写了‘散记’一篇（该文题为《记陈三才》）……”“10月16日，中午，写《民主》一文……”他这样拼命地工作，尽管有时也觉得“精神很疲倦”，但只要一拿起笔，便忘了一切。1946年6月4日是夏历端午节，当时全国文协为纪念屈原，把这天定为了“诗人节”。在此几天前，郑振铎诗兴大发写诗一首，发表在上海《大公报》上，题为《诗人唱些什么——为三十五年“诗人节”做》，其中写道：

诗人唱些什么？
他不再唱献媚于一人的庙堂之歌；
他不再唱唐诗、宋词、元曲，学舌像鹦歌；
他不再唱渔翁独钓，烟雨一蓑；
他不再唱花前月下，耳鬓厮磨；
他不再唱“八纮一宇”挑动干戈；
他不再叹息的唱，人生如寄，日月如梭；
他不再傲慢的唱，杏花疏影，老子婆娑；
他不再自怜的唱，茜纱窗下，寂寞绮罗。
但他并不自甘寂寞，他要唱的是人民世纪的新歌。
……

诗人在诗中所向往的是“人民的世纪”。在诗的最后，他以炽烈的语言写道：

光荣归于民主，
诗人是民主的光荣的嘉禾。
万千个诗人们齐声唱和：
为这人民世纪而歌，
为这世纪的人民而歌。

这是一首多么富有战斗性的诗歌！它使人又回想起郑振铎当年写的那首《我是少年》来。它如同一首进行曲，号召着诗人们“齐声和唱：为这人民世纪而歌；为这世纪的人民而歌。”它和《我是少年》有着异曲同工的战斗性、鼓舞性和感染性，但比起当年那个血气方刚的“少年”来，就显得成熟多了。

这首诗总体精神即“民主”，和他主编的《民主》是完全一致的。1945年10月13日，《民主》正式在上海创刊了！一时间，大街小巷，书报摊商都摆上了这份十分惹人注目的新杂志。在这期“创刊号”上，除了《发刊词》是郑振铎亲笔撰写外，还发表了郑振铎写的《走上民主政治的第一步》和《我们的责任更加重》两篇，还有马叙伦的《思想解放》、周建人的《略论这回大战的性质与法西斯的歪曲事实》、景宋（即许广平）的《迎双十节》等约二十篇文章。在《发刊词》中，郑振铎激动地写道：“中华民国缔造了三十四年，曾经有过几年是名副其实的？人们惭愧，在中华民国三十四年的今日，还在谈民主……”

在《走上民主政治的第一步》中，他写道：“现在应该是‘还政于民’的时候了。”他又提出：“为了保障民主政治的实现，必须立刻保障一般国民的‘自由权’——身体自由，信仰自由，出版言论自由等等。”

《民主》从诞生那天起，就高举和平民主的旗帜，呼喊出了广大爱国同胞的强烈心声。著名的《中国民主促进会对于时局的宣言》，就发表在《民主》的第十四期上。它不仅在国内有广泛的读者，发行范围还远到东南亚及欧美。它不仅有上海版，后来还有了北平版、重庆版，甚至香港版。它和当时的《周报》《文萃》一起，被广大读者誉为国统区的“三大民主刊物”。因此，它也不可避免地要遭到国民党当局的嫉恨。当局不仅扣发登记证，并且不断地采取禁售、没收、逮捕经售此刊的报贩等法西斯手段。进而在1946年8月，悍然下令把《民主》列在了要查禁的109种杂志中。

1946年10月31日对《民主》来说，是个严峻的日子。国民党当局继9月28日强行没收该刊三千余册后，又在10月19日，以“上海市

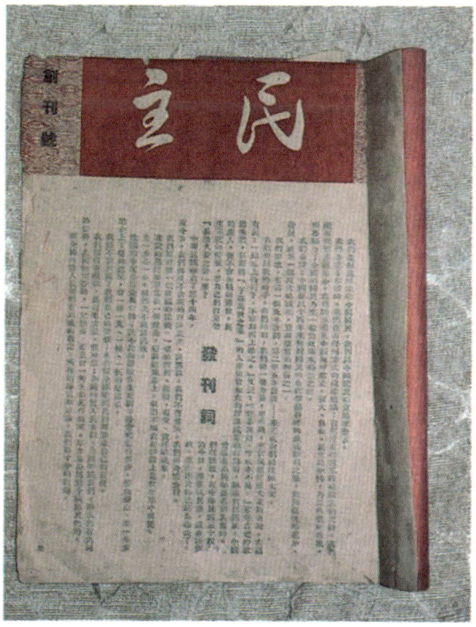


抗战胜利后，郑振铎坚决反对国民党的旨在发动内战的政策，遭到当局迫害，政府下令各大学不许聘他任教。1945年10月，在中共地下党支持下，他创办了《民主》周刊，呼吁实现民主政治，反对内战，主张成立民主的联合政府，这是《民主》创刊号和他的《发刊词》

派报职业工会筹委会”的名义，发出“筹字第14号通告”禁止会员批发出售《民主》等进步刊物，同时又派人到《民主》总经售处，没收该刊七百多本。接着经售《民主》的报贩，有的受到警告，有的被捕了。《民主》终于在走过了一年光辉而艰难的战斗历程后，被迫停刊了。10月31日是出版终刊号（53、54期合刊）的日子，郑振铎在刊首《我们的抗议》中，愤慨地疾呼：“我们并无退缩，也不灰心绝望。”“本刊虽然被活生生地扼杀了，但永远不死的是它的精神。她虽被扼杀，但不会是没有后继者的。”“她会复活的！凤凰从火焰中重生，那光彩是会更灿烂辉煌的！”

《民主》被迫停刊了，而且再也没有复刊，斗争更加严峻了，但是一个与《民主》密切相关的政治组织正在成长起来。那是在《民主》创刊不久，郑振铎和参与创办这个刊物的徐伯昕、蒋天佐等人以及经常在该刊上发表文章的马叙伦、周建人、林汉达、许广平、傅雷等人，为了不断研究时局，商

我們的抗議

我們的抗議 鄭振鐸

《民主》只办了一年，便被反动当局查禁了。在“休刊号”上，他以《我们的抗议》为题，愤怒地写道：“本刊虽然被活生生地扼杀了，但永远不死的是它的精神……凤凰从火焰中重生，那光彩是会更灿烂辉煌的！”

讨文章策略，经常在联华银行旧址（现西藏南路26号）聚会座谈，共商国事。随着民主运动的发展，他们的活动更加广泛，联系也日益紧密。因此，逐渐形成了一股积极争取民主的政治力量，这就是“中国民主促进会”。

1945年12月30日中国民主促进会在上海爱麦虞限路（今绍兴路）中国科学社召开了第一次会员大会，正式宣告成立。出席大会的有马叙伦、王绍鏊、林汉达、周建人等二十六人，郑振铎因故没有出席，但作为发起人仍被推举为理事，并与马叙伦共同起草了本文上面提到过的《中国民主促进会对于时局的宣言》。这是中国民主促进会成立后发表的第一个政纲性的文件。宣言针对蒋介石“先统一后民主”的反动主张，义正词严地指出：“现阶段的中国，民主

1945年12月30日中国民主促进会宣告成立，在上海爱麦虞限路（今绍兴路）举行成立大会。这是成立大会会址，原上海中国科学社

实在是统一的基础，同时又是统一的内容，统一的目的。”“统一而不以民主为前提，决无法实现。”

严酷的现实，把郑振铎再次推上了新的政治斗争的前列。但他始终是以淡泊名利的心态来参加这些斗争的。在参加《文汇报》举行的一次座谈会上，他便谈了民主促进会的宗旨和他自己的态度。郑振铎明确表示，自己是一贯主张不做官、不谋名，本也不想参与政治，只希望能安下心来读点书，或是写点东西。“但是，现在的事实如此，也就不得不做点分外的事。这是关系千百年的大事，谁又能视若无睹呢？”正是他的这种淡泊的文人本色参加政治斗争的心态，故而也就决定了在1950年，中国民主促进会在北京举行中华人民共和国成立后的第一次全国代表大会时，他以“会章”上规定当民主政治实现、“国民代表最高权力机构成立之后”，本会即由“全体大会决议，宣告结束”为理由，建议解散“民进”。但由于多数的反对，郑振铎便宣布退出了“民进”。

然而，在积极投入政治斗争的同时，郑振铎始终也没有改变他的文人本色。他深感当时的上海是个文艺的荒漠，在二十种左右的刊物中，竟没有一个文艺的刊物。同时，他认为，在当时的斗争形势下，办政治刊物固然重要，而通过文艺的手段进行斗争也是不可缺的。于是再办一个文艺刊物的想法，在他心中逐渐具体化了。1945年10月6日晚，他又在家里摆了一桌丰盛的酒席，除了李健吾，他还请了默存（即钱钟书）、王辛笛、陈西禾、柯灵、唐弢等人，商谈要编一个文艺刊物的计划。他说："现在抗战胜利，该是'文艺复兴'的开始了，我们的文艺必须有一个新的面貌，新的理想，新的立场，才能有新的成就……"他滔滔不绝地讲完后，又建议道："我们的刊物，我想就叫《文艺复兴》大家以为如何？"李健吾第一个表示赞成，大家也都说好，然后又谈了分工。郑振铎规定道："诸位这顿饭是不能白吃的，将来大家既要一起来编好这个刊物，都算是编委，同时也要多多地供稿，饭是经常有的吃的！"听了他这风趣的话，大家都被逗乐了："没问题！只要你经常请我们吃饭，不过一定要老太太亲手做的！"最后，大家根据郑振铎的建议，一致推举李健吾和郑振铎共同担任主编，而郑振铎和李健吾又做了分工，即创作部分由李健吾负责，郑振铎则负责中国古今文学的研究。

当夜，郑振铎的心情格外地好，回到书房就一气呵成，写下了《文艺复兴》的发刊词。

1946年1月10日《文艺复兴》（月刊）正式创刊。在《发刊词》

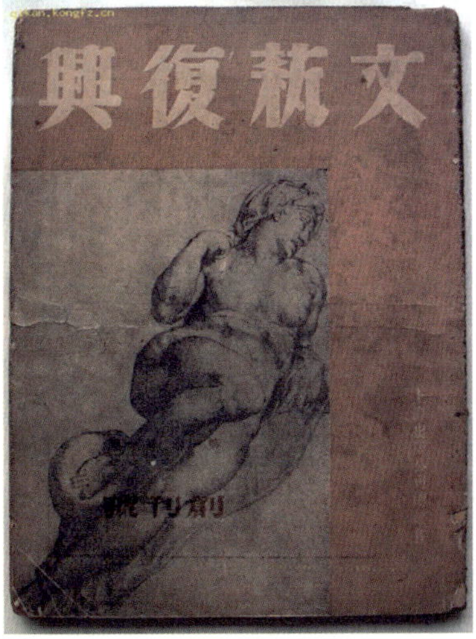


郑振铎和李健吾合作创办了进步文艺刊物《文艺复兴》，提出了"为新的中国而工作……为民主的实现而工作"

中，郑振铎写道："抗战胜利，我们的'文艺复兴'开始了；洗荡了过去的邪毒，创立着一个新的局势。我们不仅要承继五四运动以来未完成的工作，我们还应该更积极努力于今后的文艺使命；我们不仅为了写作而写作，我们还觉得应该配合着整个新的中国的动向，为民主，为绝大多数的民众而写作。""人民之友，人民的最亲切的代言人的文艺工作者，你必须为人民而歌唱，而写作；你必须在黑暗中为人民执着火炬，作先驱者。"

《文艺复兴》从筹备那天起，李健吾就和郑振铎配合默契，李健吾每编好一期，就去庙弄一趟，请郑振铎过目，又有钱钟书、巴金等许多朋友的大力支持，在该刊发表了许多名篇佳作，如有钱钟书的《围城》和巴金的长篇小说《寒夜》，还有曹禺的剧本《桥》、艾芜的《乡愁》、丁玲的《窑工》等，刊物办得有声有色，成了抗战胜利国统区最优秀的大型文学刊物。

# 三十、陶俑惊梦——《中国古明器陶俑图录》出版始末

20世纪40年代后期，郑振铎的书斋中，忽然平添了大量的充满了泥土气息的明器陶俑，朋友们都在猜测："这'傻子'又要搞些什么名堂了？"

其实郑振铎搜集陶俑，几乎和他的藏书是同时开始的。

大约是1921年，郑振铎到商务印书馆任编辑不久，一天去四马路一带旧书店闲逛，偶然在一家古董肆中看见几件非常精致的陶俑，而且要价不高，便买了下来。其中有一件唐三彩大马，昂首挺胸作嘶鸣状，摆在客厅条案上见者无不称羡，他亦颇为自得。但他这时的集俑还仅仅是一种爱好，并未和他的学术研究发生直接联系。后来，因迭经动乱，屡事变迁，这些俑，不知在何时失去了。那匹唐三彩马则在乱中迁居时，坠地成了碎片。唯有一具白釉马夫俑幸存了下来。郑振铎最痛心的，便是那尊三彩大马，每一回想起，总是叹惜不止。抗战胜利后，郑振铎又在肆中觅得一匹三彩马，造型色彩都很出色，但他却

说，比起当年那匹来，仍有些逊色，而且价格要昂贵得多了。

郑振铎大量集俑则始于1947年春天。为了编印《中国历史参考图谱》，他大量搜集有关古代器物的书籍，见其中多载有古陶俑明器，觉得对研究古代文化生活大有用处，于是又萌生了集俑的念头。

和买书一样，郑振铎为了集俑是从来不惜花钱的，甚至为此而欠了不少债。他曾谈起在一个桂子飘香的季节，他独自去苏州访书。在将要满载而归的前一天黄昏，他在观前街一家酒楼上痛饮了几盅桂花陈酿，饱餐了一顿著名的“鲃肺汤”，酒酣耳热之后，意犹未尽，挤过摩肩接踵的人群，又踱进了一家古董店。偶然间，一尊童俑吸引住了他的视线，“此童俑姿态活泼，汉式俑中之最上品也。头部前发作刘海式，一手一小鸟，一手牵衣作步行状，衣褶柔和，表情逼真。”他极想买下来，但店家要价十分昂贵。经过与店主几番讨价还价，最后是倾囊中所有，换得了这一尊陶俑。郑振铎欣喜不已，但当他兴冲冲捧着俑回到客舍，才发现，已无回沪的盘缠。最后，只得摸黑找到了住在阊门附近的一位旧友，才解决了回家的车费。

当时，在郑振铎的本已书满为患的书斋的书架顶上、桌上以及地下，到处都摆设着许多泥人、泥马和泥房子什么的。那带彩色放着光泽的鸡、牛、猪等被叫作“十二生肖”的东西都长着人的身子，十分有趣；那手牵骆驼的人，高鼻子、深眼窝、留着大胡子，很像外国人；那肌肉发达、横眉怒目的大力士，威风凛凛，令人生惧；还有十几个唐代女俑，她们有的席地而坐，各自手执一个乐器，有的弹琵琶，有的吹箫，有的打鼓，还有的翩翩起舞……她们形态各异，栩栩如生，形象生动，千姿百态，呼之欲舞，俨然是一支乐舞队。

陶俑不仅和书一样，成为郑振铎不可缺少的伴侣，也成为他研究古代文化生活的最好实物史料。譬如，他曾同时得到六个汉式女俑的头部。虽然身部已不知去向，但“细眼、小口，唇上朱痕犹在，眉如新月，鼻若垂胆。面部丰腴，极为秀丽”。看了会使人联想起“张敞画眉”的故事和汉时盛行的画眉之风来。他曾这样写道：“汉时画眉之风甚盛。观此俑长眉弯弯，犹可令人想见张敞画眉之风流余韵。”有一西安出土的“朱彩立男俑”，束发于顶，身着窄袖紧身衣，足穿长靴，背负一剑，一手下垂，一手微扬，眼似刀刻，俨然一汉时游侠少年之写真，使人想象到韩信少年时代的情景来。

郑振铎的集俑也和他的藏书一样，不仅仅是学术研究的需要，在那战火纷飞的年代，他大量集俑还有更重要的一层意思，那就是为了使这些祖先留下的珍贵艺术遗产，不致流失异邦。他当时曾对一位看到他忽然大量集俑而感到奇怪的朋友说："你大概很奇怪吧！最近几个月上海古董市场从北方涌现出不少古明器陶俑，外国人收买了很多，古董商人也纷纷收购盗运出国。为了减少这批珍贵文物流出国外，所以尽量收购一些，经济上已是罗掘俱空了。"一番话道出了他集俑的更深层内涵。

郑振铎的六百五十多件从汉至唐代的精美陶俑，后来在1948年，他编《中国古明器陶俑图录》时，都照相制了版。那些日子，由他的一位学生方行，带了一位摄影师朱伯申，每天来给这些陶俑拍照。图片送来后，全家老小都忙碌起来，从粘贴图片到编号，就足足忙碌了三四个月。可说是"万事俱备"只待序及说明一写好，便可以出版了。但是当时由于时局的紧张，国民党白色恐怖日甚一日，郑振铎的安全时时遭到威胁。1949年初，郑振铎响应中共中央召开新政治协商会议的号召，匆促离沪，由香港转道去了刚解放的北平。编辑《中国古明器陶俑图录》之事就此暂时搁下了。

中华人民共和国成立后，郑振铎又忙于公务，一时无暇顾及此书。后来他的一位朋友郭若愚了解到，此书之所以迟迟不出，是由于"说明"尚未写好，便主动表示愿为代劳。后来，"说明"也终于成稿了，还请郭沫若先生题写了书名，全书完成有期了。不料，负责代管图页的刘哲民先生陷入了1957年的"反

郑振铎1948年编撰的《中国古明器陶俑图录》，历经坎坷，终于在1986年由上海古籍出版社出版

右”运动中，而郑振铎自己也在1958年遭空难殉职，此书的出版乃告中断。后来，幸亏郑振铎的学生，当时的上海文化局长方行，将此书的全部散页委托上海图书馆保管，从此书稿便静静地在图书馆的书库里沉睡了二十多年。直到1986年，此书才在方行、刘哲民和上海图书馆顾廷龙馆长的帮助下，交给上海古籍出版社，使这部收录了六百五十多件珍贵陶俑的黑白及彩色图片的精美图集得以出版。而此时离郑振铎编辑此书已是三十八个年头，离他去世也已是二十八个年头了。至于郑振铎的“序”，在当年只写了个开头，却是永远也无法完成了。

# 三十一、“文物的事情问郑振铎”

“西谛是共产党”和“文物的事情问郑振铎”这两句话，在20世纪40年代后期上海的进步文化界人士中，秘密地流传着。当一位与郑振铎来往密切的朋友，悄悄地问起郑振铎本人时，郑振铎不置可否地只是笑笑，同时又感到有些莫名其妙。可是，当时关心着江南文物的徐森玉先生，的确是凡关于文物的事，不分巨细，都要跑去找郑振铎商量。郑振铎虽然明知事出有因，但这出处又究竟在哪里呢？

中华人民共和国成立后，在第一届全国文代会期间，郑振铎和巴金、曹禺、靳以、唐弢等几位来自上海的朋友相聚在北海公园五龙亭饮茶聊天时，唐弢先生才道出了这个谜底：原来，当时郑振铎在上海大量抢救古籍及文物的事情，不知怎的传到了延安，传到了毛泽东那里。不久，国统区的黄炎培和褚辅成、冷遹、章伯钧、傅斯年、左舜生等六位先生应中共中央之邀去过一次延安。在一次座谈会上，黄炎培先生十分关切地问周恩来副主席：“南方文物很多，应该怎样保护处理？”毛泽东主席当即插话说：“文物的事情问郑振铎好了。”因此，当时黄炎培先生就断定：郑振铎一定是共产党。他回到上海后，便将之告诉了同样关心着江南文物的徐森玉先生。徐森玉便又悄悄地告诉了关心着江南文物的其他几位先生，于是这个“秘密”便不胫而走地传开了。而唐弢说，他的确是听徐森玉亲口跟他讲的。由于他俩都常去东庙弄44号的郑振铎家，彼此便相识了。一次，他们在路上偶遇，便站着交谈了几句，话题不约而同地谈到了“西谛”，谈到“西谛”正在从事的工作。这时徐森玉突然既严肃又带着几分神秘地低声跟唐弢说：“你知道么，振铎是共产党！”唐弢吃了一惊，心想“西谛”正在参加民主运动，会不会有人别有用心？于是追问徐森老：“你是听谁说的？”徐森老十分认真地说：“我是听任之（黄炎培）亲口跟我讲的。”徐森玉便又讲了黄炎培一行六人访问延安和跟毛泽东、周恩来座谈的情况。听了唐弢的一番话，郑振铎恍然大悟，他笑着说：“怪不得那时总有人来问我有关文物的事，我真有些摸不着头脑，甚至有人还悄悄试探着问我是不是‘那边’（指延安）的？原来我一直是蒙在鼓里呵！”说完大笑起来，在座的众人也都笑着说：“原来振铎的这顶‘红帽子’是黄任之给他戴上的呀！”

## 三十二、乘风破浪，驶向新社会

1948年12月19日，郑振铎在上海的家中度过了他的五十岁大寿。老母亲亲手操刀做了两桌酒席，亲属们欢聚一堂，并请来梅兰照相馆的摄影师留下了很多温馨的画面。这是郑振铎在沪的最后一次亲属大团聚，很快他就要整装北上了。这也是他一生中最重要的一次抉择。

1948年12月19日，郑振铎度过了他的五十大寿。这是他这天在书斋中的留影

1949年初，解放大军解放了天津、北平后，正乘胜南下，国民党政权岌岌可危，做着垂死前的挣扎。他们对国统区的人民，采取了愈来愈严厉的高压政策，爱国民主人士随时有被他们杀害的危险。中共地下党为了这些进步人士的安全，采取了分期分批向解放区转移的措施。一天，党派了陈白尘同志来郑振铎家，动员他去解放区。郑振铎毫不犹豫地接受了党的关怀。当时陈白尘

同志还问他："你不是欠了不少债么？我们替你还吧。"郑振铎觉得当时正是解放战争时期，每一分钱都是很宝贵的，怎么忍心接受党的这笔钱呢？于是便婉转地对陈白尘同志说："谢谢党对我的关心，但是，钱我不能要，我自己可以设法解决的。"后来，他卖掉了一些心爱的藏书，还清了债务，同时也解决了去解放区的路费。

当时，由于长江以北已陆续解放，南北交通中断，去解放区，必须先去香港，然后再由香港乘船北上。

经过一番准备，行期已定，郑振铎和妻子商量，母亲年迈，爱子年幼，决定由妻子带他们留在上海等待解放，郑振铎带女儿小箴先走一步。

临行前，郑振铎与好友们一一作别。在致刘哲民先生的信中告诉他即将"乘舟破浪南行矣"，并意味深长地说："大约

郑振铎五十大寿时与家人合影。左一女儿郑小箴、左二郑振铎、左三夫人高君箴、左四儿子郑尔康，中坐者郑母郭氏

风雨同舟二十五载。生日当日，与夫人高君箴合影

四世同堂

相见期不会太远”。他还单独约了唐弢先生到家中密谈。当时屋里并无别人，但他还是郑重其事地把唐弢先生拉到一边，带着充满感情的声音说：“明天我就要出发了！”至于去哪里？他却没说，但是唐弢先生早已心领神会了。在与学生孙家晋的谈话中，郑振铎吟咏了杜甫的咏马诗“竹批双耳峻，风入四蹄轻。所向无空阔，真堪托死生”，以寄托自己激动的心情和坚定的信念。郑振铎还说：“最近重

1949年初，郑振铎应中共中央之邀，秘密离开上海，转道香港，赴北平出席中国人民政治协商会议第一届全体会议

读了何其芳的《画梦录》，丁令威化鹤归来，城郭已非，将来我倒想重写这个故事，化鹤归来，城郭焕然一新……”暗示了他即将远走和革命即将胜利。

2月15日一早，郑振铎带着女儿搭乘“盛京”号轮扬帆远航了。他站在甲板上，望着远方，觉得既兴奋又感慨万端……二十多年前，他在北平送好友瞿秋白北去苏维埃俄国，寻求革命真理。他那时是多么羡慕秋白即将到达的那个“红光里”的“新世界”啊！现在，好友秋白已经作古，而他们青年时代所向往的，一个在中华大地上出现的“红光里”的“新世界”正伸出热情的双臂，欢迎着他的到达……想到这里，一股暖流流遍全身，他感到“现在我是最幸福的人！”

“盛京”号轮乘风破浪向南航行，历时四天，于19日上午到达香港太古码头。先行抵港的叶圣陶等先生在码头迎接郑振铎。老友重逢自是格外愉悦。中午，徐伯昕特地挑了一家福州菜馆，为郑振铎父女接风。当晚下榻于九龙饭店。这时，曹禺、柯灵、阳翰笙、宋云彬等许多老友都已先期到达。在沪时，由于平时大家都忙，即使是好友，来往得也不多。现在大家为了一个共同的目的，云集在一起，都有说不出的高兴。于是，今天你接风，明天他洗尘。酒席宴间，郑振铎更是满面红光，孩子似的逞强着，拉这个，逼那个，一一地干杯。他怎么能不痛快呢！大半生来，

到达香港后，郑振铎与先期到达的挚友叶圣陶在达德学院

他所朝思暮想并为之而奋斗的“新社会”已离他愈来愈近，只有几天的，只是几天的路程了！不是吗？

行期愈来愈近，风声也似乎愈来愈紧，因为他们的这次行动完全是秘密的。在港逗留的八天内，最初

“光明的世界”正在向他们招手，大家都很兴奋——在香港达德学院。左二起：郑振铎、女儿郑小箴、张瑞芳、曹禺

几天一直住在九龙饭店，可是到了临启程的前两天，竟连续换了两家旅馆。居住条件一家不如一家，但是为了避过特务的跟踪，也只得如此，况且离轮船码头愈搬愈近，这样，上船就方便了。

1949年2月在北上的轮船上，郑振铎伪装成船员，化名“陈敬夫”。图为与女儿郑小箴在甲板上留影

27日，是上船的日子。同行者，除郑振铎和叶圣陶、曹禺、宋云彬等算中年人外，尚有陈叔通、马寅初、柳亚子等数位老人及几位女士，总共一行二十七人。由于包的是一艘货船，乘客不可能太多，所以除了老人、女士充作搭客外，其余的都伪装成“船员”。

登船的时间也是分批进行的。下午是“搭客”登船；晚间，才是“船员”们登船。行前，“船员”们都换了船员穿的中式短打，只有宋云彬例外，因为他被分派做“庶务”，可以穿长衫。“船员”们穿上船员服，彼此相视而笑。因为平时他们不是穿长衫，便是穿西服，现在这样的打扮真有些觉得怪模怪样的。

尤其是郑振铎，带着深度近视镜，船上哪有这样的船员呢！于是，大家又奚笑了他一番。

船原定在28日上午起锚的，但是，整整一个上午快过去了，却不见丝毫动静，大家都有些不安。这时，地下党的一位李某上船告诉大家不要着急。原来，这是一艘苏联货船，但却挂了葡萄牙国旗，必须要有葡萄牙领事馆的签证，始能出港。葡萄牙的领事因认为这不是葡萄牙的船，故不肯签证。李某说，现在正在进行交涉，请大家静候。并嘱咐，凡扮作“搭客”的，尽量不要待在甲板上，因为货船上乘客打扮的人多了，容易引起疑心。他还教给“船员”们如果有人盘问如何一一答对。种种安排可谓十分周到。郑振铎后来讲到这段经历时，眉飞色舞，称之为“永远值得纪念的船行”，他对地下党周密妥善的安排简直佩服得五体投地。

上午11点50分，船终于启动了。大概是金钱起了作用吧？郑振铎心中暗想。驶行一小时后，船上的人说，现在已经出了香港水警的警戒区，大家可以放心了。于是大家欢呼着登上最高一层平台，望着渐渐向后远去的香港码头和那高高飘扬的米字旗，愈来愈小……愈来愈小……“再见了香港！我们总有一天会再来的。到那时，在你的上空飘扬的将是我们的——新中国的国旗！”他心中默念着，双手紧握着拳头。

船行五六日，一路风平浪静。只有一天夜里，遇到了国民党军舰的盘问，答复是去南朝鲜，故只得假作向朝鲜方向行驶，待那艘军舰远去后，再掉转船头向北，因此延误了一个多小时的行程。但大家都在睡梦中，不然，又是少不了虚惊一场。早晨听船上人讲起昨夜的遭遇，大家都长长嘘了一口气。

船上的生活十分有趣。白天，郑振铎总是和叶圣陶、宋云彬等聚在一起饮酒聊天，他们已好久没有这样可以终日在一起的机会了。晚上，他们则举行娱乐晚会。女儿小箴能歌善舞，成了晚会的活跃分子。郑振铎的童话常使满座人感到返老还童，还有曹禺的京剧清唱，叶圣陶的笑话，包达三老先生谈蒋介石的琐事……都深深感染着每一位晚会参加者。大家忘却了旅途的无聊，都觉得自己年轻了好多，因为他们很快，不，马上就要解放了！他们是长期在国民党统治区，精神上受到沉重压抑，肉体上受到痛苦折磨的人们哪！柳亚子先生兴奋得为同船二十七人，每人都赠诗一首。他首先为自己吟道："六十三龄万里行，前途真喜向光明。乘风破浪平生意，席卷南溟下北溟。"赠给郑振铎的诗是："旧学新知各有闻，郑郎玉貌气干云。晒园遗著疑真伪，异见还应考订勤。"赠小箴的诗云："谢絮陈椒重小箴，郑家娇女嗣清音。最难慈父还兼母，体贴长途宛转心。"接着其他几位先生也诗兴大发。叶圣陶吟道："南运经时又北游，最欣同气与同舟。翻身民众开新史，立国规模俟

在轮船上，与部分同行友人合影。

左起：一排方瑞（曹禺夫人）、郑小箴（郑振铎之女）、包起亚（包达三之女）；二排包达三、柳亚子、陈叔通、马寅初；三排傅彬然、沈体兰、宋云彬、张䌹伯、郑振铎、叶圣陶、王芸生

共谋。篑土为山宁背后，涓泉归海复何求。不贤识小原其分，言志奚须故其羞。”陈叔通、张志让、宋云彬等也相继吟了自己的诗。唯独郑振铎自觉旧体诗功力较差，故不敢在“诸老”面前“卖弄”，但每听完别人的诗，他都不住地喝彩“好！好！”

3月15日下午5时，轮船抵达烟台海面。一轮红日夕照，烟台港笼罩在一片红光中，许多朋友在红光中向他们招手。轮船渐渐靠岸，大家渐渐地“走向红光里去了！”啊“新社会”，一个比郑振铎当年编《新社会》时所梦想的还要美好得多的新社会到了！他两眼模糊了。他，一个“有泪不轻弹”的铮铮铁汉，此时此刻也终于流下了两行热泪。

他们一行在烟台受到当地党政军领导的热烈欢迎。在当地最豪华的一幢过去洋人的别墅里休息了一夜，次日即分乘几辆当地部队准备好的美式吉普车经莱西于3月9日到达潍坊，然后转乘刚修复通车的胶济铁路北上，最终于3月18日抵达北平前门车站。叶剑英市长及比他们先期到达的郭沫若、沈钧儒、马叙伦、胡愈之等均到车站迎接。郑振铎被安排住在东交民巷的六国饭店。以后，由于妻儿的到来，全家又被安排住到北京饭店四楼一个较大的套间。

中华人民共和国成立后，郑振铎曾搬过三次家，第一处是西四牌楼南边的颁赏胡同十三号，与清朝八大“铁帽子王”之一的礼亲王府比邻（当时为中央人民政府内务部所在地）。这是一座典型的北京小四合院，像许多四合院一样，黑漆门扇上写有“忠厚传家久，诗书继世长”的对联，院内有回廊，画栋雕梁，靠西一月亮门内还套有一小院，显得十分幽静雅致。院内安放一些盆栽的石

颁赏胡同13号（此院落后来变成“大杂院”）

黄化门大街17号

榴、海棠、无花果……东房是郑振铎的书斋，摆的一色明式太师椅、条案、书桌，“多宝阁”里摆满了书，真是“室雅何需大，花香不在多”。他闲暇时，常在廊下藤躺椅上小坐，他十分满意这座小院。可是，后来上海家中的藏书都要运来北京，这座小院已难以适应新的“形势”，于是只得另择新居了。

中华人民共和国成立后，郑振铎先后被任命为中央人民政府中央文物局局长、文化部副部长兼中国科学院文学研究所和考古研究所所长等职。在此期间他先后居住过两处住宅。

郑振铎先是搬到黄化门大街十七号寓所住了六七年，后由于他不断买书，原有的不算小的房屋又大有“爆满”之势。于是只得又一次另择新居了。

这一次乔迁的新居，是靠近新街口的宝禅寺（胡同）内，据说是清朝一位贵族的府第。院子可真不小，而且假山、池塘、亭、榭、楼、阁一应俱全，简直是个“大观园”。房屋也足够容纳他的十万册藏书了，郑振铎对他的新居十分满意。在搬迁过程中，他曾多次带朋友来参观。在正厅前伸出一个有顶有柱的平台，约有三四十平方米，大概是叫“抱厦”罢，他还曾对俞平伯先生说：“平伯，这里将来可以借给你们昆曲社作曲会。”

因为搬书很费时日，而郑振铎当时即将率领中国文化代表团出国访问，于是便跟朋友们说，要等他回国后，才能住进这新居。不几天后，他便率团出访阿拉伯联合共和国和阿富汗。而这一去，却再也没有回来，他喜欢的新居，竟一天也未能住过。留下了亲人们的无限惆怅，哀思悠悠……而这些都是后话了。

郑振铎在北京的最后一所寓所——宝禅寺X号（现北京护国寺宝产胡同25号，已为某单位职工宿舍）。1958年秋，搬来此处前夕，他便率团出国，因此实际上他一天也未曾住过。但他的家属和他的最心爱的藏书均已搬来。这是清朝某贵族宅院，内有假山、亭台、池塘、水榭，颇似《红楼梦》中的“大观园”，尤其是五六个院落，数十间房屋，足够容纳他的藏书了，令他十分满意！但谁曾料到，他这一走，竟是“黄鹤一去不复返”了，留下亲人们无限的惆怅

# 三十三、出席世界和平大会

1949年3月，郑振铎被选为出席世界和平大会的中国文艺界代表。会议期间，漫步在捷克首都布拉格街头。二排右二郑振铎、右四丁玲，三排左一李德全（冯玉祥夫人）

在北平最初的几天，郑振铎参加了一系列文艺界的活动，被推选为中华全国文学艺术工作者代表大会的筹备委员。后来，他又和郭沫若、曹靖华、田汉、洪深、曹禺、丁玲、艾青、徐悲鸿、古元、程砚秋、戴爱莲等十二人被推选为中国文艺界出席世界和平大

会的代表，紧接着，在全国学术工作者协会理事会上，他又被推选为学术界出席世界和平大会的代表。

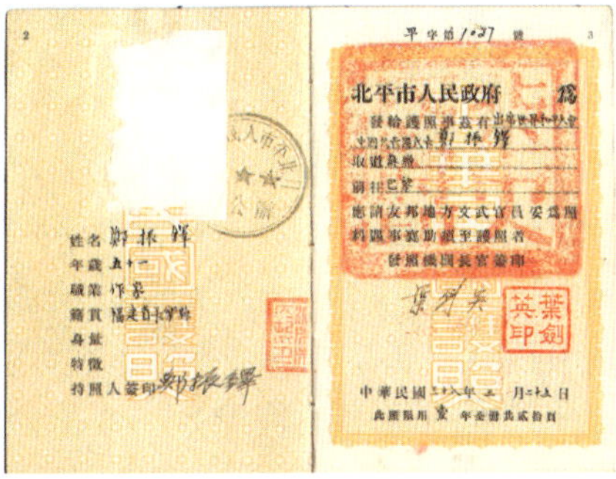


郑振铎出访所持的护照

1949年3月29日，以郭沫若为团长，刘宁一、马寅初为副团长的由四十人组成的出席世界和平大会的代表团，从北京启程。由于这是新中国成立前夕，中国人民自己的第一个出席国际会议的代表团，中央领导十分重视，周恩来副主席考虑到代表团要途经严寒的西伯利亚，故而特地指示为每人准备了一件厚厚的水獭领皮大衣和一顶水獭皮帽。郑振铎有生以来第一次穿这么考究的大衣，心里暖融融的。

代表团先坐国内列车到满洲里，然后换乘国际列车，用了几天后才到莫斯科。一路上，朋友们谈笑风生倒不寂寞。徐悲鸿和郑振铎同一车厢，忽然发现郑振铎的头部侧面很像一个古希腊雕像，便为郑振铎画了一幅素描（现存徐悲鸿纪念馆），朋友们发现了赞美不已，于是都争着要悲鸿也为自己画一张，悲鸿来者不拒，一时间车厢里热闹非凡。车上的伙食不错，只是缺乏新鲜水果，后来列车员来推销新鲜黄瓜和啤酒，大家都拼命吃起黄瓜来，而对啤酒却不敢问津。一位朋友似乎很有经验地说：“国际列车上的饮料都

出席世界和平大会回京后在北京饭店门前合影。第二排部分代表：左三曹禺、左五郑振铎、左八郭沫若、左九张奚若、左十三田汉。第三排部分代表：左三李德全、左四徐悲鸿、左五曹靖华、左七戴爱莲、左八许广平、左九洪深、左十一程砚秋

很贵的。”而大家身边的零用钱很有限，所以认为黄瓜好，既省钱，又可代替新鲜水果，可谓经济实惠。可是最后一结账，方知一根黄瓜竟比一瓶啤酒要贵得多，大家都连呼“上当！上当！”

在莫斯科作短暂停留期间，郑振铎和郭沫若等人曾拜访了苏联著名作家西蒙诺夫等。在招待会上，郑振铎第一次喝到俄罗斯有名的伏特加酒，宾主频频举杯，兴致极高。但看到餐桌上与美酒佳肴并列一起的除了酸黄瓜外，也有新鲜黄瓜，方知在那里，由于气候的缘故，黄瓜是十分名贵的食品，想起列车上的尴尬，大家几乎要笑出声来。

出席世界和平大会前往莫斯科的国际列车上，郑振铎和徐悲鸿同一车厢。这是徐悲鸿当时为郑振铎画的素描

几天后，中国代表团一行又由莫斯科转车到了布拉格，受到捷克人民的热烈

欢迎。郑振铎还去拜访了30年代就结识的著名汉学家普实克，彼此畅谈甚欢。一切似乎都很顺利。但是，当中国代表团办理手续要去这次大会的开会地点——巴黎时，一个令人极不愉快的事情发生了。原来，当时的法国政府无理地拒绝了中国代表团全体入境，而只准派几个代表去巴黎。为此，我方举行记者招待会，严词拒绝了法方的条件。最后，在许多与中国友好的朋友们的一致要求下，大会筹委会决定将大会一分为二，即20日上午在巴黎和布拉格同时召开。当郭沫若代表中国代表团向大会致辞时，受到长时间雷鸣般的掌声。郑振铎第一次感受到了中国人民在国际舞台上终于挺直了腰杆，想起当年去法国时，在“阿托士第二”邮轮上受到无理刁难的情景，不由长长出了一口气。而当会议进行到23日上午时，会议主席忽然宣布中国人民解放军已占领南京的大好消息。全体代表立即起立欢呼，许多外国朋友都拥向中国代表的席位，纷纷与他们拥抱握手，并把中国代表高高抬起扔向空中……晚餐时，许多代表又过来向中国代表祝酒，郑振铎又是来者不拒地一杯杯干着伏特加，而幸福的热泪却止不住地流下……他从来没有比此时此刻更感到作为一个中国人有多么自豪！

大会在25日胜利闭幕。在布拉格，郑振铎抽空会见了捷克汉学家们，并参观访问了一些博物馆和大学。早春的布拉格一派生机盎然的气象，漫步街头，不时有友好的捷克人民向中国代表热情地打招呼，伏尔塔瓦河上的阵阵清风使人精神为之一振，河上穿梭往来的轮船时而发出的汽笛声，似乎在向人们宣告：“人民的新时代开始了！”

4月29日，代表团乘飞机到达莫斯科，少不了又是参观访问，郑振铎终于亲见了当年送好友秋白所去的这个世界上第一个社会主义国家的风采。几天后是五一国际劳动节，他们一行应邀出席了红场上的盛典，有幸见到了斯大林。5月5日，郑振铎还应莫斯科大学的邀请，去那里做了讲演。5月10日，代表团完成了这次出国的使命，于12日回到祖国。一路上经过哈尔滨、长春、沈阳、锦州、唐山、天津等地，都像凯旋的英雄，受到成千上万群众的欢迎。因在每个地方都要逗留几天，故而整整走了十三天，于5月25日才回到北平。而一下火车，他们又立即被汽车送到天安门广场，一个有周恩来等党政领导参加的十万群众的欢迎大会正在等待着他们。

# 三十四、中国人站起来了

1949年7月2日，中华全国文学艺术界代表大会在北平隆重召开。这是一次全国文艺界的空前盛会，堪称是一次“群英会”。各路文艺英杰八百二十四人，荟萃北平，旧朋新友济济一堂，群策群力，为即将诞生的新中国文艺事业共同描绘美好的蓝图，一个文艺的春天来到了！

1949年3月22日，郑振铎在北平出席第一届全国文代会筹备会，被选为筹备委员。这是他在大会上发言

郑振铎以南方代表团成员、大会代表资格审查委员会、大会主席团成员的身份出席大会，聆听了朱德总司令代表党中央在开幕式上的讲话、周恩来副主席的政治报告和毛泽东主席的亲切讲话。毛泽东的讲话深深打动了郑振铎的心灵：“你们是人民的文学家、人民的艺术家……你们对于人民有好处。因为人民需要你们，我们就有理由欢迎你

文代会期间，文艺界精英云集北平，盛况空前。

首届文代会期间，几位主席团成员合影。左三郭沫若、左四赵树理、左五郑振铎

北海五龙亭是以往文艺界人士经常聚会的地方，今天他们又集在这里了。

前排左起李健吾、曹禺、郑振铎、巴金、唐弢，后排右为靳以

会议休息期间，几位上海代表同游太庙（今劳动人民文化宫）。左起李健吾、唐弢、郑振铎、王辛笛、柯灵

们。……”“‘人民的文学家’这是一个多么崇高的称号呀！你够资格吗？”

大会于19日闭幕。郑振铎被选为中华全国文学艺术界联合会全国委员会委员、全国文联常务委员和福利部部长。接着，他又在中华全国文学工作者协会成立大会上，当选为中国作家协会全国委员会委员、常务委员和研究部负责人。

这期间郑振铎还参与了一项非常重要的政务活动，这就是第一届全国政治协商会议筹备会，因为一个崭新的中国和崭新的中央人民政府，即将从这一届的政协大会上产生。在这次大会上，郑振铎和叶剑英、郭沫若、李立三、田汉等十六人，被推举为该筹备会第六组成员，负责制定新中国的国旗、国歌和国徽。在一次会议上，当《义勇军进行曲》被定为《中华人民共和国国歌》时，她的词作者田汉，当即站起来，作了慷慨激昂的即兴发言。田汉刚一结束他的讲话，郑振铎第一个抢上前去和田汉紧紧拥抱，向这位大家称之为“田老大”的老友表示热烈祝贺，两人都流下了激动的泪水。

1949年9月21日至30日，郑振铎出席中国人民政治协商会议第一届全体会议，在这次会议上，确定了新中国的国名，首都、国旗、国歌、国徽、纪年等。大会通过了具有临时宪法性质的《中国人民政治协商会议共同纲领》，大会选举了第一届中央人民政府主

郑振铎与宦乡在故宫“东宫”一隅

在故宫御花园。左起宦乡、郑振铎、柯灵

在故宫“东宫”某殿前。左起宦乡、陈国容（柯灵夫人）、郑振铎

席、副主席、中央人民政府委员和由一百八十人组成的政协第一届全国委员会。

在当年光绪皇帝变法维新失败后被囚禁的中南海瀛台不远处的怀仁堂里，六百六十二名政协代表，为即将成立的新中国共商建国大计。郑振铎和全体代表坐在一起聆听毛泽东主席激动人心的开幕词：“……占人类总数四分之一的中国人从此站立起来了……我们的民族将再也不是一个被人侮辱的民族了，我们已经站起来了。我们的革命已经获得全世界广大人民的同情和欢呼，我们的朋友遍于全世界。”

这次大会上还决定为纪念在民主革命和人民解放

战争中牺牲的人民英雄，在新中国首都北京的天安门广场，建立一座雄伟的人民英雄纪念碑。彭真和郑振铎、梁思成三人被指定为该纪念碑兴建委员会正副主任（主任为彭真，郑振铎和梁思成为副主任）。

当天下午6时，郑振铎和出席政协大会的全体代表在毛泽东主席率领下，在天安门前广场上举行了纪念碑的奠基典礼。以毛主席为首的政协各有关代表，执锨铲土，奠下了纪念碑的基石，郑振铎也尾随毛主席，为基石铲上了一锨黄土。此时此刻，他的眼前闪现出导师李大钊和好友瞿秋白、邹韬奋、胡也频、杨贤江等革命先烈的身影……

1949年8月，郑振铎参加新中国政协筹备工作期间，与文艺界其他代表合影。前排左起艾青、巴金、史东山、马思聪；后排左起曹靖华、胡风、徐悲鸿、郑振铎、茅盾

1951年11月，郑振铎出席北京首届全国文化工作代表会议期间，与其他代表合影。前排左四夏衍、左六周扬、左八茅盾、左九李伯钊；二排左四郑振铎

9月30日是大会闭幕的日子。在暴风雨般的掌声中，大会宣布：毛泽东当选为中央人民政府主席，朱德、刘少奇等六人为副主席，周恩来等五十六人为政府委员，郑振铎则被推选为第一届全国政协一百八十位委员中的一员。大会在毛泽东主席的主持下，举行隆重闭幕式，朱德致闭幕词，军队高奏《义勇军进行曲》后胜利闭幕。

回到饭店已是子夜，但郑振铎丝毫没有睡意，独自坐在客厅里吸烟，不一会儿，吴晗拿着一瓶茅台酒和一包花生米走了进来，说是也睡不着。二人就着花生米边饮边谈，谈了很多当年在燕京、清华时代的趣事。吴晗念念不忘亦师亦友的振铎当年在东安市场五芳斋请他吃的清蒸鲥鱼，说这是他有生以来第一次吃到这种人间美味，至今仍觉得余味无穷……

新的一天开始了，中国的历史从这一天起也翻开了新的一页。10月1日下午，郑振铎和全体当选的政协委员，吃完午餐就早早分乘几辆大轿车来到了天安门。当他第一次登上了天安门城楼，环顾城下，四周已是一个鲜花和红旗的海洋。

下午将近15时，在《东方红》的庄严乐曲中，人民领袖毛泽东和周恩来、朱德等其他领导人登上了天安门主席台。这时，城上城下欢声雷动。15时整，在《义勇军进行曲》和二十八响礼炮轰鸣声中，由毛泽东亲手按动电钮，中华人民共和国的第一面五星红旗冉冉升起……郑振铎似乎看到了那在烈火中重生了的凤凰，正以灿烂夺目的辉煌，展翅飞向蓝天，“翱翔！翱翔！欢唱！欢唱！”

# 三十五、人民的重托

1949年10月9日，郑振铎出席了政协全国委员会第一次会议，被任命为全国政协文教组组长，直接受主席、副主席的领导，也可算是一个很重要的职务了。

几天后的一个晚上，郑振铎的老友沈雁冰来找他，当时他们还都住在北京饭店，串串门是很方便的。沈雁冰告诉他，政务院即将成立，各部门正副部长已基本确定。文化部长沈雁冰，两位副部长，一位是周扬，另一位原定是郑振铎。但是，一位刚从国外回来的同志，也拟考虑为副部长，而根据当时政府各部委的编制，只能是一正两副，因此，对另一位副部长的人选有些举棋不定。郑振铎听了沈雁冰的话，当即表示："我本来就不合适做官，这次北上时，也早就跟家里讲好，政协会一开完就回上海，还是去当我的'教书匠'或是写写稿子，何况我的那么多书在上海，搬一次家也是很不容易的。"他的话音刚落，沈雁冰便接过话头："铎兄，既来之则安之，你暂时就任一下文物局长的位子怎么样？"文物局长是主管全国图书馆、博物馆和文物的，这当然对郑振铎是颇有吸引力的职位，但他一想到也是“做官”，就还是以“平生不惯做行政事”来婉言相辞。沈雁冰见一时说服不了老友，就说：“你还是好好考虑考虑，过几天再说吧！”

又是几天后，在一次政协的会后，周恩来副主席请郑振铎留下来谈谈。周恩来先是语重心长地谈了新中国是在国民党反动派留下的一个烂摊子上建立起来的，百废待兴，各方面人才奇缺，希望郑振铎能发挥自己所长来为党分忧，为国分忧。接着便转入正题，讲到了文物局长的人选。周恩来同志说：“我和一些同志掰着手指算，眼下国内最熟悉考古和文物的除了郭沫若同志就是你振铎同志了，而郭老已被任命为政务院副总理兼文教委员会主任，不可能再兼更多的职了，你要是不干，难道还要把台湾的专家请回来管不成？！”一番话说得郑振铎哑口无言。这时，他忽然又想起几年前在上海流传的黄炎培说的那一句话：“毛泽东说：‘文物的事情问郑振铎。’”心想：“知我者毛泽东、周恩来也！”领袖们的信任代表了人民的重托，于是郑振铎心悦诚服地决定留下来“做官”。他有些激动地双手紧握着周恩来同志的手说：“那我就试试吧！”

10月21日，中央人民政府政务院正式成立，周恩来任总理，沈雁冰任文化部长，而郑振铎被正式任命为中华人民共和国第一任文物局长。11月1日，郑振铎来到北海南门的团城，大门外悬挂着“中央人民政府文化部文物局”的木牌子，他端详了一下，然后拾阶而上，走马上任。团城成了国家机关办公地，有些同志提出，应在大门外挂上写有“机关重地闲人免进”或是“谢绝参观”之类的牌子，但郑振铎知道后，坚决反对。后来按照他的意见，只是在北面他的局长办公室古籁堂前，以及两厢各处室外，用铁丝拦起，各竖一块“谢绝参观”的木牌；而南半部供有玉佛的承光殿和大玉瓮则照常售票供游人参观。郑振铎觉得这才是人民的机关而不是“衙门”，既可办公又不影响群众参观，一举两得。

文物局是个专业性很强的部门。郑振铎上任伊始，首先就是组建一支专家队伍来担任文物局各科处的领导。在副局长王冶秋的大力支持下，郑振铎亲自出马，一家家登门，请来了“北京人”头盖骨的发现者裴文中负责筹建自然博物馆，请来著名学者向达负责图书馆处，请来他当年的学生、著名学者王天木负责博物馆处，他还动员了江南世家子弟、著名书画鉴定家张珩（张葱玉）来担任文物处副处长。而文物处处长的职位，他曾多次邀请文物鉴定界德高望重的老前辈徐森玉来“屈尊就任”，并亲自在办公室安放了一套极为考究的紫檀木桌椅，虚位以待。但令他遗憾的是，徐森玉年事已高，离不开上海，于是郑振铎又提议徐森玉担任华东文化部的文物处长，并多次写信给当时担任华东文化部文物处副处长的唐弢，要他好好向徐森玉请教、学习。郑振铎这种“求贤若渴”为国广招天下英才的精神，感动了图书馆、博物馆、文物界及社会各

郑振铎任文物局局长期间，在他的局长办公室、北海公园团城古籁堂前留影

郑振铎上任当天，在团城承光殿前与文物局部分专家及科处级干部合影。前排左二郑振铎，右一为著名文物及古建筑专家罗哲文

在团城承光殿前与文物局各处室工作人员合影。二排左六为郑振铎

界的许多专家、学者，他们纷纷参加到革命队伍里来，成了文物局的骨干力量，如书画鉴定家徐邦达、古铜器鉴定家傅忠谟等，都在局里担任了科以上的干部。夏鼐本来在南京原国民党的中央研究院历史语言研究所工作。郑振铎上任伊始便几次三番写信请夏鼐北上共事，主持考古发掘工作。但夏鼐当时正在考虑去浙江大学任教，故多次回信婉辞。郑振铎知道夏鼐也是不愿“做官”于是便以自己为例，在给夏鼐的一封信中写道：“弟生平不惯做行政事，但今日为了人民，为了国家民族，也不能不努力做些事。且既做了，则必须做好。”他还给夏鼐写信，指出文物局是

一个“空前的组织”，亟需网罗专家，把它办好，“对于国家文物的前途，大为光明”。

为了说服夏鼐，郑振铎还请了曾和夏鼐在原中央研究院共过事的陶孟和、王天木等先生去做“说客”。当郑振铎到上海出差时，还给当时在杭州的夏鼐写信，言辞感人地写道：“弟等盼兄北上，如大旱之望云霓！……将来集合‘志同道合’的朋友们一起，一定可以有很大的成绩做出来的……”

郑振铎对朋友的坦诚、对事业的执着、对革命工作的拳拳之心，凡与他有交往的朋友都说：“连草木都能被感动。”郑振铎1950年兼任了中国科学院新成立的考古研究所所长，在考虑副所长人选时，他首先便向中国科学院院长郭沫若提出了夏鼐，并为夏鼐向院方申请了一笔旅费，请他先来北京面谈。在郑振铎6月27日给夏鼐的信中写道：“所务会议要等兄来才能开，有关下半年的计划，必须兄来才能商定。”

终于，夏鼐在7月间来到了北京，和郑振铎作了一次坦诚的交谈，并终于接受了考古研究所副所长一职。夏鼐在他后来写的一篇文章《纪念郑振铎先生逝世一周年》中回忆此事时写道：“……1950年中国科学院成立考古研究所，由先生兼任所长。我现在还很明晰地记忆到，那年7月10日我刚由南方前来北京初次去团城文物局会晤他时的情况。那天他正从局中一个会议散会出来回到他的办公室。两年多未见面，先生变得更为年轻了。神采奕奕，精神更为饱满了。我那时政治觉悟不高，一见面便先向他提出我自己想不担任行政工作，想推辞掉副所长的职务，专搞研究员的工作。他听后便笑了。那时他还没有戒烟，一面谈话，一面不断地把香烟一根接着一根燃点起吸着。他推开桌子上待他批阅的公文，隔着桌子向我说：'不用提了。党这样重视我们、信任我们。我们还能推辞吗？你是知道的，我也是生平不惯做行政事的人，现在还当这里的局长呢！'我隔着桌子朝他看去，在他的眼镜的后面，光彩炯炯的一对眼睛，正透过眼镜的玻璃，透过眼镜前面的香烟所散发的白雾，和我的眼光相接触。我低下头来，深惭自己虽比他年轻十几岁，干劲比他差得太远了。从此后，我便不再提辞去行政职务的事了。"

郑振铎在考古研究所的所长办公室

夏鼐

在郑振铎担任文物局局长，直到去世（1958年）的整整九个年头里，他虽然担任了文化部副部长，但始终兼任着文物局局长。郑振铎和副局长王冶秋以及他的专家班子，一方面从事全国文物保护工作规章制度的拟订，例如“文物保护工作条例”的拟订，全国重点文物保护单位的确定，全国博物馆、纪念馆、图书馆方针任务的制定，等等。而本来“不惯做行政事”的他，一旦做了起

考古工作人员培训班开学典礼。第二排右六夏鼐、右九郑振铎

来，就几乎把全身心都投入到工作中。虽说他还有很多社会活动，不能做到事必躬亲，但只要能自己动手的，特别是许多工作报告，甚至有关文物工作条例、法令，他都亲手起草，从不依靠秘书。至今在文化部档案室里，我们仍可以看到《一年来“文物工作”纲要》《文化部文物局1950年工作总结报告》《为紧急收购与收集旧档案致文化部的报告》《故宫博物院改进计划的专题报告》《全国博物馆工作会议总结报告》等，都是郑振铎用瘦金体写的（钢笔）文稿，共四十余万字。

另一方面，郑振铎还要忙于接收处理从各地源源不断汇集起来的重要文物，并举办一些不同类型的文物展览。许多社会上的著名藏书家、文物收藏家、鉴定家，乃至古玩商、旧书店老板等，他本来就熟悉的许多老朋友，现在与他有了更多的来往。北京的张伯驹、天津的周叔弢都是他家里的常客。他还趁去南方公干的间隙，去看望了有一百多年历史的著名藏书楼常熟铁琴铜剑楼的主人瞿绍基第五世传人瞿济苍、瞿旭和、瞿凤起三兄弟，并参观了藏书楼。藏书楼所藏精品之多，实属当时国内私家藏书中最完整的宝库之一。瞿氏兄弟对郑振铎的学识和品格仰慕已久，在交谈中，被郑振铎不时在言辞中流露出的爱国情怀以及对共产党所领导的新中国建设事业充满信心所深深感动。在郑振铎的鼓励下，他们毅然将部分珍藏无偿捐

1954年5月，郑振铎出席政协全国委员会组织的宪法草案（初稿）座谈会后与第十组全体成员合影。前排左六齐白石、左七曹靖华、左九茅盾、左十郑振铎、右一老舍

1954年9月1日郑振铎出席第一届全国人民代表大会被选为全国人大代表

1954年10月31日周恩来总理签署任命书，任命郑振铎为中华人民共和国文化部副部长

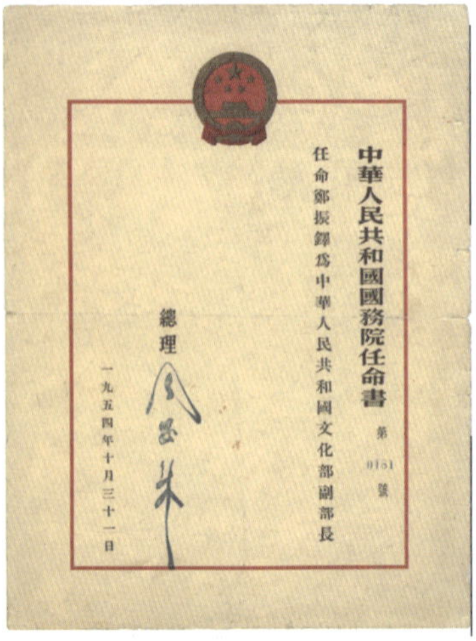
中華人民共和國國務院任命書 第 0151 號

任命鄭振鐸爲中華人民共和國文化部副部長

總理

一九五四年十月三十一日

1958年3月17日周恩来总理签署任命书，任命郑振铎为中华人民共和国对外文化联络委员会委员

中華人民共和國國務院

任命書

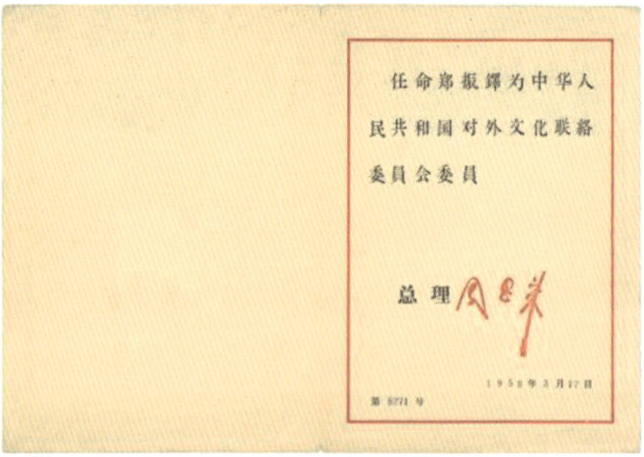
任命郑振铎为中华人民共和国对外文化联络委员会委员

总理

1958年3月17日

1954年徐悲鸿纪念馆开馆，郑振铎主持开馆仪式，并致辞

在徐悲鸿纪念馆开馆典礼上。右起：罗隆基、刘开渠、李济深、廖静文。左一为郑振铎

在聂耳生平展览开幕式上。前排右起查阜西、李伯钊、夏衍、吕骥；后排右二李长路、右四郑振铎、右六周巍峙

献给了国家。其中包括宋元刊本及抄本五十二种，计一千八百余册，他们并且还将另外一些善本作价归了公。这是新中国成立后较早的一次捐献举动，在当时有很大影响。在捐赠仪式上，郑振铎代表政府颁发了

1956年视察陕西时在唐乾陵

奖状并亲自写了褒扬信，赞扬瞿氏兄弟“爱护文化，信任政府之热忱，当为世人所共见而共仰”，同时希望他们将其余全部藏书“将来能够在双方协议下陆续价购归公，以免散入私人手中”。这批捐献的图书，不久便在郑振铎亲自过问下，运回北京，入藏北京图书馆。而郑振铎对瞿氏兄弟的爱国之举始终念念不忘。1952年初，当他得知早就盼望的上海图书馆和博物馆将要正式成立时，他立即给陈毅市长及有关方面负责人写信，推荐了好几位图书馆、博物馆方面的专家，其中就有“邃于版本目录之学”的瞿济苍、瞿起凤兄弟。

提到藏书楼，就不能不提到中国现存最古的藏书楼——天一阁。这座位于浙江宁波的，由明嘉靖年间官居兵部右侍郎的范钦所建的私家藏书楼，已历经四百余年沧桑。天一阁原有藏书七万多卷，后屡遭失窃，至解放时，尚存一万三千多件，其中包括明代许多地方志和登科录等。新中国成立后，这里被文物局列为最早的重点文物保护单位，并又陆续搜集补充了不少藏书。这些情况，郑振铎当然是了如指掌的。

从他任文物局局长的那天起，就关心着这座藏书楼，多次给当地文化部门和范氏后人写信，请他们务必妥善保管好天一阁和它的藏书。1951年4月，杏花春雨时节，他借南下视察之机，在上海稍作停留后，即去了杭州、宁波等处视察当地文物保管的情况，而去宁波，他点名重点视察的就是向往已久的天一阁。据这次从上海陪同他完成整个旅程的唐弢回忆："西谛先生一路上谈笑风生，他毫无名人习气，其待人的真诚都给接触过他的人，留下难忘的印象。"他们到了杭州，即去浙江图书馆，看望了鲁迅的旧同事张宗祥先生，接着又去文物保管委员会看望马一浮，对这位老先生为新中国文物、图书事业所作的贡献表示感谢。后来又到绍兴，视察并研究了鲁迅故居的保护和维修。当晚，绍兴地委为他洗尘时拿出一坛上好的绍兴花雕，当地委书记向他介绍说，这是百年陈酿时，他大喜过望，一下子连饮了三大杯，赞不绝口道："好酒！好酒呀！"微醺之下，他以"酒"为话题，大谈自己童年时看到祖父喝酒吃螃蟹时那种陶陶然飘飘欲仙的样子，及年轻时自己第一次和朋友们饮酒，酩酊大醉后，被许地山等人抬回家中，像"死猪一样"地被扔到床上的狼狈相。郑振铎的绘声绘色，像个"大孩子"似的表情，引得在座的人笑声不断。大家本以为郑振铎是一位名作家、大学者，又是中央下来的大干部，起先都有些拘束，郑振铎的一番"酒话"顿时使酒席上的气氛活跃了起来。郑振铎到宁波后，稍事安顿，即去视察天一阁。他见到这座数百年名楼年久失修，已岌岌可危，深感忧虑，当即找了范氏后人以及宁波市领导和文化界人士举行座谈，和大家研究了修缮楼舍、充实设备、加强保管等问题。大家对郑振铎初到这里，即对天一阁的情况了解得如此详细，讲起来如数家珍，佩服不已。一位当地文化界人士事后说："郑先生真不愧是藏书大家，对天一阁知道得比我们还多。"

这次在宁波，郑振铎还有一个意外的收获：他偶然听说了当地一位李姓藏书家藏有一部明刊原版《天工开物》。《天工开物》是明末宋应星著的一部著名的科技百科全书。该书从初版到一百多年后出现的石印本已非原来面貌，因此原刻本极其珍贵。据郑振铎所知，当时仅台湾及日本尊经阁各藏有一部，因此李氏所藏的这部，可谓海内之"孤本"了。如能把此书归国家所有，对于我国研究自然科学史的人来说，是大有用处的。他几经周折，找到李家时，这座古老宅院已人去楼空，"重门深锁"。向邻居打听，方知这家主人李庆城早已举家迁移上海。返回上海后，郑振铎又到处托人打听李庆城下落，甚至求助公安部门，终于从数十名"李庆城"中筛选后，找到了这位李庆城。

原来李庆城是藏书楼"萱阴楼"的传人。他家藏书，多为从天一阁、大梅山馆、抱经楼、墨海楼等处所流散出者，故颇有善本、珍本，但鲜为人知。李氏所藏，不仅有初版《天工开物》，还有明抄本之《明实录》《国榷》，以及不少的方志、词曲等，都极有价值。郑振铎听到上述情况后，又如同发现了一座金矿一样欣喜万分，亲自多次去李家拜访李庆城，动员他将《天工开物》等部分或全部藏书出售或捐献给人民政府。李氏被这位千里迢迢从京而来的“大官”和大学者的几次专程造访所深深感动，终于向郑振铎表示：决定将全部祖传古籍两千八百余种共三万余册全部捐献给国家。郑振铎代表政府接受了捐献，并颁发了书面褒扬。他亲眼看着工作人员把这批珍贵图书装入箱内，共分装成二百三十六箱。在郑振铎回京后不久，这些书也安全运抵北京，并按照他的指示，全部入藏北京图书馆。通过这次捐书活动，郑振铎对李庆城的一片爱国心十分赞赏，又得知李庆城对书目文献也有所专长，于是便给唐弢写信，请华东文化部文物处给李庆城安置了工作。

新中国成立之初，像以上这样的捐献是举不胜举的。如张菊生先生（张元济）不仅将自己收藏十多年的《翁文端公日记》二十五册和清初文学家的屏条、书轴等文物多种献出，甚至把家传三百年的张氏先九世祖张惟赤于清初顺治甲午科顺天乡试中举时所得的“鹿鸣宴杯盘”作为“国家数百年来典章之遗器”悉数交给郑振铎捐献给国家。著名藏书家傅增湘之子傅忠谟，将傅氏“双鉴楼”藏宋刻本《资治通鉴》、宋钞本《洪范政鉴》以及其他大批珍贵藏书也通过郑振铎捐献给政府。毛泽东主席也将友人赠送的著名书法家王夫之手书《双鹤瑞舞赋》、李白《上阳台帖》、钱东壁临《兰亭十三跋》等捐献给国家。

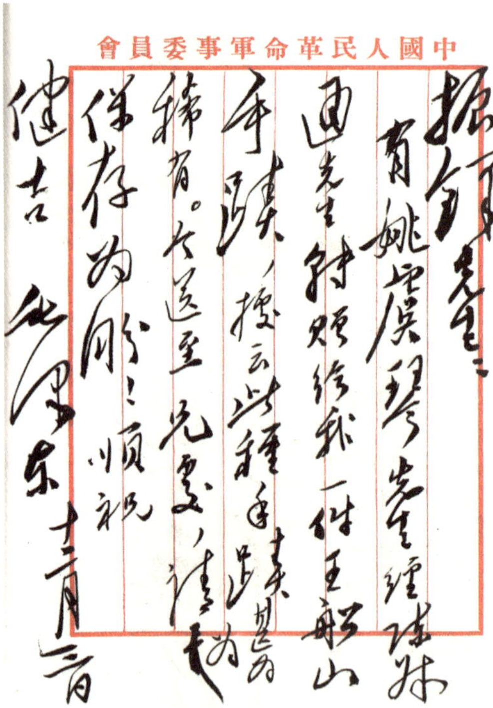
中國人民革命軍事委員會

振铎先生：

有姚虞琴先生经陈叔通先生转赠给我一件王船山手迹，据云此种手迹甚为稀有。今送至先生处，请保存为盼！顺祝

健吉

毛泽东

十二月三日

1951年12月3日毛泽东致郑振铎信札

尤其值得一提的是安徽刘氏捐献的“虢季子白盘”。这件西周晚期青铜器，呈长方形，长130.2厘米，宽82.7厘米，高41.3厘米。清道光年间出土于陕西宝鸡虢川闲司。该盘上有铭文110字，记述了虢季子白奉周王命征伐猃狁的经过，是流传下来的西周最

大的青铜器，其珍贵可想而知。这件国宝运到北京后，郑振铎和副局长王冶秋专门在团城举办了一次特展。许多领导人及专家如董必武、郭沫若、沈雁冰、马叙伦、陈叔通、范文澜、唐兰、马衡等都应邀前来参观。郑振铎一边接待来宾，一边兴奋得滔滔不绝地向大家讲述着这件稀世珍宝的来龙去脉。大家边听边观赏，“啧啧”之声不断。这是中华人民共和国成立以后，在郑振铎主持下的第一个文物展览。郑振铎要求每件展出的精品，都要写好说明卡片，凡属私人捐献的，都要在卡片上仔细交代清楚。这样一再“献宝”的结果，关心文物保护工作的人愈来愈多了，大批历史上官宦世家的后人和民间收藏家纷纷把祖传数百年或自己收藏的文物、古籍无偿捐献给人民政府。之所以会出现上述的局面，当然首先是中国共产党在人民群众中的崇高威望，和人民对祖国社会主义建设的支持。而郑振铎作为文物局长，成为党和政府与民间的一座桥梁，其功绩是不可磨灭的。

当然，郑振铎的工作还包括了对全国图书馆、博物馆的领导和组建。中华人民共和国成立之初，北京图书馆是唯一的国家图书馆，而且就在他身旁，因此也关心得最多。上述许多藏书家的捐赠或收购到的珍贵古籍，理所当然郑振铎都首先考虑划归给北图收藏。而对上海，这么大的一个城市，直到新中国成立之初，竟没有一个像样的公立图书馆，这是郑振铎

中华人民共和国成立后，一些爱国人士将珍藏的文物、古籍献给国家。这是在团城上举行的一次捐献仪式。左起：郑振铎、马衡、王冶秋、郭沫若、熊述匋（文物捐献者）、周扬、沈雁冰、丁西林

念兹在兹的，于是他在1951年4月7日给唐弢的信中写道："此事必须早日办，上海市实在不可一日无图书馆、博物馆也。"后来，郑振铎多次到上海视察，都要和有关领导谈及此事。终于，在他的督促下，上海办起了图书馆、博物馆。像这样的，许多由他亲自关心在全国建立起图书馆、博物馆的例子实在太多太多了。

为了及时了解全国文物的保护情况并及时给以指导，郑振铎亲自指挥了新中国成立初期几次最大的文物实地调查和考古发掘。如对雁北的文物调查，调查团发表了新中国成立后第一个科学的文物调查报告《雁北文物勘查团报告》，郑振铎十分重视，亲自撰

写了序言。序言中写道："……在过去反动派政权的时候，有的时候也曾做过若干勘查工作。但其结果大部分藏于专家学者的个人胸中，懒得提笔写报告或者可以说不屑向人民做报告。往往隔了好久好久，不肯泄露出一点秘密消息。材料独占，古物尘封。象西北考察团的二万多根木简，为了研究报告不曾写出来，连那么重要的材料，也被'保密'了二十多年而无缘与中国史学家们见面。这便是一典型例子，雁北文物勘查团不仅辛勤的做了那么多的工作，而且迅速而负责的把报告写了出来，向人民做了应该做的事，这便是新中国专家、学者们为人民服务，为科学工作服务的最光荣的成绩！"

此外，为了取得第一手资料，郑振铎还多次亲自去南京、苏州、扬州、杭州、绍兴、宁波、西安、洛阳、郑州、开封、敦煌等地作实地考察。1956年三四月间，他在视察过陕西、河南等地后，于4月10日从上海到达杭州。省里派了浙江省文化局局长、他在学生时代就认识的许钦文陪同他完成这次视察。据许的回忆："在排视察的日程时，帮我做接待工作的施科长惊异地说：'怎么郑部长这样熟悉我们浙江的文物！哪里有五代的寺院塑像，哪里有南宋的碑石，哪里有晋朝的经幢，他头头是道。有些地方我们还没有明确究竟是怎样的，他指点得一清二楚'。"4月14日，郑振铎一到宁波，首先又是去天一阁看书。以后的几天里，他先到董孝子的坟旁去看汉墓，又去观察了天封塔的倾斜度，又召集当地藏书家来座谈，研究天一阁的维修和消防等问题；然后又几乎一刻不停地查看了阿育王寺和天童寺等处。在绍兴，他仅逗留了一天，主要是为了看鲁迅故居和纪念馆。因为鲁迅逝世二十周年快到了，他要求当地主管人员整理好故居，充实纪念馆内容，筹备好纪念会。匆忙中，郑振铎还去了徐文长的青藤书屋，到了陆游的快阁和沈园。在禹迹寺前春波桥畔，他静静地站立良久。他大概是在想象着《钗头凤》陆游与唐婉的爱情悲剧，暗诵着“沈园柳老不吹绵”或是《剑南诗稿》中壮怀激烈的爱国诗篇吧。

郑振铎这个“生平不惯做行政事”的人，在答应了周恩来总理“试试”以后，一试就是整整九年，一直到他生命的终点。在短短几年里，从文物局局长到文化部副部长，同时又兼任了中国科学院考古研究所和文学研究所两个所的所长和一干协会、研究会的会长、副主席、理事、委员……总之，党和人民给了郑振铎很高的荣誉，不断往他的担子里增加分量，而他都挑了起来。据说，在他走马上任之初，一位老友在向他道贺时问他：“你想怎样来当好这个‘官’？”他回答很干脆：“做事不做‘官’！”也许这就是他的“为官之道”吧。

# 三十六、毛泽东的误会

1951年西藏和平解放前夕，有一天早晨，郑振铎像往常一样早早地来到办公室。没多久，忽然毛泽东主席办公室派人来请他去中南海，说是有要事相商。当郑振铎从中南海回来后，便把文物处长张珩（张葱玉）请去他的办公室谈话。张回到自己的办公室后，告诉同事们说要出差几天，人们问他去哪里，他却闭口不言，脸上露出神秘的笑容。次日一早，张就真的“出差”去了，直到傍晚才回来。连续两个整天，他都是这样的早出晚归。有人问起时，他总是正色地说：“不该问的别问，不该说的别说。”脸上却总是掩饰不住那神秘的微笑。

和平解放西藏不久，有一天班禅来到团城，向团城里供奉的玉佛敬献哈达，局里的人都跑出来，怀着一种好奇心鼓掌欢迎活佛。一向埋头工作的张珩，竟也丢下了正在鉴赏的展子虔《游春图》，跑出来欢迎活佛了。大家都感到诧异，向他投以询问的眼光，他却依然是面含神秘的微笑，不作回答。不一会儿，他又回去默默地鉴赏那幅名画了。又是好几个月过去了，中央把签订《中央人民政府和西藏地方政府关于

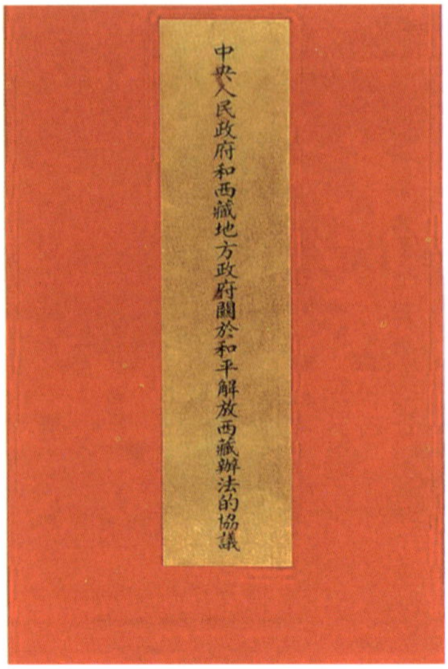


1951年5月23日在中南海勤政殿签署《中央人民政府和西藏地方政府关于和平解放西藏办法的协议》

和平解放西藏办法的协议》时所用的毛笔和砚台等文具交给文物局，要转交给革命博物馆作为革命文物保管起来。张珩知道了后高兴得跳了起来，脱口而出道："想不到我用过的东西也要进革命博物馆啊！"这一语泄露了天机，大家才恍然大悟，原来张珩那次两天的"出差"，就是去中南海抄写《中央人民政府和西藏地方政府关于和平解放西藏办法的协议》的汉文本。但大家奇怪，毛主席怎么知道张珩擅长瘦金书，而把他选中呢？原来事情的原委发生在郑振铎身上。郑振铎在编印《敦煌壁画选》时，为这本画册写了序言，但他觉得自己的字不好看，印出来效果不好，便请写得一手好字的张珩来代笔。这本画册出版后，毛主席看了，十分欣赏用瘦金体书写的序言。恰好，不多久，中央要和西藏签订和平解放协议，协议要用汉藏两种文字，一式两份。在中央商议汉文本由谁来写时，毛主席忽然想起了《敦煌壁画选》的序言来，便说："汉文叫郑振铎写吧，他的瘦金体很好。"于是便派人来请他，经他说明后，毛主席才知道是误会了，这才发生了张珩进中南海"出差"执行任务的故事。

## 三十七、城墙的拆与留

1949年11月，开国大典后的第一个深秋。香山的黄栌红了，满山遍野，似烂漫的山花，像火烧的云霞。

这是郑振铎全家移居北京不久的一个周末，他带领全家去香山观赏红叶。他们分乘几辆三轮车——他那时虽配有专车，但私事是很少乘坐的。到达西直门后，再在那里换乘一种车后背了一个黑色大锅炉，内烧木炭的一种“小巴”。车一走，“突突”直响，车速恐怕比人力车快不了多少，但这比起当时很多人还是骑毛驴去郊游，就要快捷得多，也要舒服些。

他们在西直门换车时，大家看到了北京的城门和城墙。城外还围着一座四方形的小城，无论是出城还是进城，都必须经过两道城门。而在城外还有一道很宽的石桥，也是进出城的必经之路。桥下则是一道长长的、宽宽的看样子很深的河流，两岸是一眼望不到尽头的垂柳。

“小巴”像蜗牛似的爬行着，于是郑振铎便以城墙为话题，向大家讲了城墙在古代战争中所起的重要防御作用。那箭楼和城墙上的垛口和矮墙叫雉堞，都是守城的士兵向入侵者发射箭矢用的。而那绕城的河流，叫“壕堑”，俗称“护城河”，是阻止敌人接近城墙的。而那石桥，原本是用铁索悬吊的木桥，可以随时吊起或放下，也是阻挡敌人直接靠近城门用的。至于那城外围着的小城，则叫“瓮城”，是一种“诱敌深入”的战术。当敌人误入此城后，便把两道城门都紧闭了，然后在城墙上，四面向下射箭或往下投掷滚木垒石等，把入侵者围而歼之，如同“瓮中捉鳖”一般，这就是为什么叫“瓮城”的缘故。大家听得津津有味，便又问道：“那么在现代有了飞机大炮的时代，城墙还能起什么防御作用呢？”郑振铎讲道：“在现代打起仗来，城墙是没有什么用了，但它是祖先留下来的文物。现在的北京城墙是明朝建筑的，是名胜古迹，是北京的重要风景线……”接着，他又向大家讲了，他作为新中国首任文物局长，对如何保护城墙的打算。他说，他设想将来在这些城墙上，都栽遍花草，搞成一个环城公园，既保护了城墙又给市民们提供一个游览、休息的园地。他的美好设想，像一幅壮观宏伟的蓝图，展现在大家眼前。他还说，他将以北京的“环城公园”作为试点，向全国推广。

1953年的夏天，当郑振铎听说北京城为了开宽马路而要拆除古城墙时，心急如焚，几天几夜睡不好觉，无奈之下，他以文化部和文物局的名义，在北京南河沿的欧美同学会邀请吴晗（当时的北京市副市长）、梁思成、林徽因、陈从周、刘敦桢等考古与古建筑界的知名人士一起聚餐，共同为保护文物与古建筑献计献策。他们一致要求政府保护北京的城墙，郑振铎说："推土机一开动，我们祖先遗留下来的文化遗产，就此寿终正寝了。"这是他绝不希望看到的。

但是后来，随着城市的发展，许多地方的城墙被拆除了。"绿杨城郭是扬州"的扬州城墙没有了，他深感痛惜！"亡羊补牢，犹未为晚"，对于拆除城墙的问题，他在1957年写了《拆除城墙问题》，发表在当年《政协会刊》第三期，他认为："凡是可拆可不拆，或不是非在今天就拆不可的东西，应该'刀下留人'，多征求意见，多展开讨论……人死不可复生，古迹名胜消灭了岂可照样复建！在下笔判决之前，要怎样地谨慎小心，多方取证啊。城墙也便是属于风景线一类。'绿杨城郭是扬州'。（如今扬州是没有城的了！）城墙虽失去了'防御'的作用，却仍有添加风景的意义。今天拆除城墙的风气流行各地。千万要再加考虑，再加研究一番才是。除了那个城市发展到非拆城墙不可的程度，绝对经不起任意地乱拆乱动。三五百年以上的城砖，拿来铺马路，是绝对经不起重压的。徒毁古物，无补实用。何苦求一时的快意，而糟蹋全民的古老的遗产呢？"文章写好了，他曾请多位专家朋友们看过，尽管他已写得很保守，

北京西直门古城墙

北京阜成门城楼

很“留有余地”，但当时反右运动已开始，看过他文章的专家和朋友们，都劝他不要发表，但他还是执意拿去发表了。

在距他去世之前不久的日子里，郑振铎还曾专门就在基本建设中如何保护古迹名胜与保护北京的城墙等问题，向毛泽东主席作了详细的陈述，毛主席听后，当即笑着对他伸出了一个手指头，表示可以让他在全国列出一千个重点文物保护单位，问他是否满意？他当时并未点头，这表示了他觉得“一千个”太少了的意思。而当毛主席表示，支持他尽可能不拆北京城墙的意见，并表示，要以中央人民政府的名义，将此精神下达给北京市时，他欣然地点了头。

可是，就在郑振铎去世后，没过多少年，北京市的城墙开始逐个拆除了，这也许是城市建设的大势所趋，可是，如果他地下有知的话，是定会痛心疾首的。

# 三十八、给周总理的一封信

就在郑振铎上任不久，他首先想到的是，自己绝不能辜负党和人民的信任。他多年来，为了中国的珍贵文物不被流失到国外，节衣缩食，千方百计抢救下了六百多件汉、魏、隋、唐的古明器陶俑（其中不乏国家级文物），现在应该无偿地献给国家了。他毅然给周恩来总理写了一封信，表示了自己的意愿，得到总理的赞赏和支持，并派人协助他将文物从上海全部运往北京故宫博物院。信函全文如下：

恩来总理：

我在1947年时，编印了《域外所藏中国古画集》一书，深切的感到，我国古画流落中外者日多，涓涓不息，将成江河。故发奋陈编，辑为是书，以提高人民的警惕心。同时，又觉得雕塑艺术，其重要不下于绘画，而汉唐之石雕和陶俑，流出国外者尤多。云岗、龙门和天云山之雕刻，佳者已尽在各国博物院和私人手中。汉魏六朝隋唐各代古墓出土之陶俑，尤为国外公私收藏家收购目标。帝国主义者和盗墓匪、古董贩子们相互勾结，物一离土，便作出国打算。而国

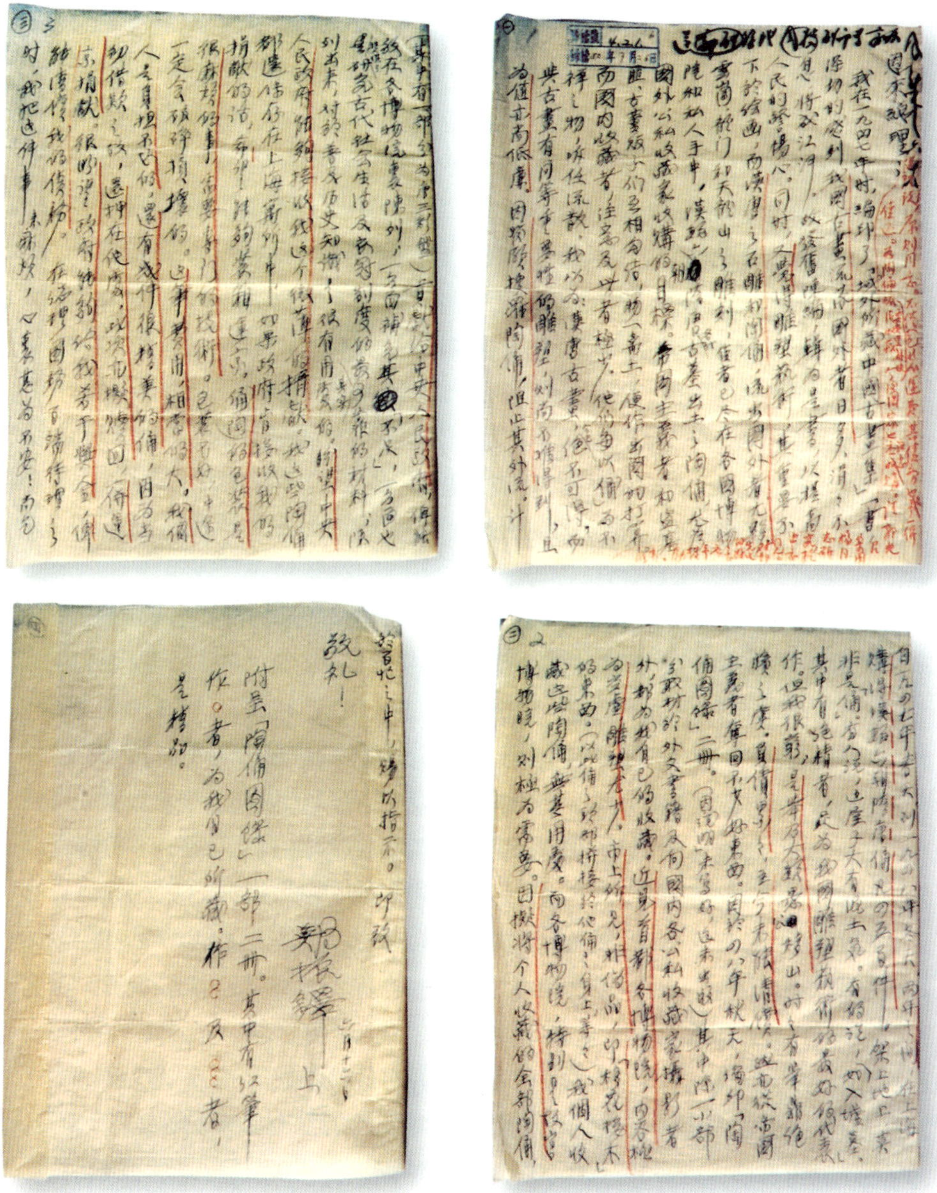

1952年6月6日，
郑振铎为捐献陶俑以私
人名义致函周恩来总理

内收藏者，注意此者极少。他们每以“俑”为不祥之物，听任流散。我以为：汉唐古画，今已绝不可得，而与古画有同等重要性的雕塑，则尚不难得到，且为值亦尚低廉。因发愿搜罗陶俑，阻止其外流。计自1947年春天到1948年冬天两年之间，在上海购得汉魏六朝隋唐俑凡四五百件。架上地上，莫非是“俑”。有人说，这屋子大有泥土气。有的说，“如入墟墓”。其中有绝精者，足为我国雕塑艺术的最好的代表作。但我很穷，是举乃大类愚公移山。时时有举鼎绝膑之虞。负债累累，至今未能清偿。然亦从帝国主义者夺回不少好东西。因于1948年的秋天，编印《陶俑图录》二册（因“说明”未写好迄未出版）。其中除一小部分取材于外文书籍及向国内各公私收藏家摄影者外，都为我自己的收藏。近见首都各博物院，内容极为空虚，雕塑尤少。市上所见，非伪品，即“移花接木”的东西（以此俑的头部拼接于他俑之身上，等等）。我个人收藏这些陶俑，无甚用处。而各博物院，特别是故宫博物院，则极为需要。因拟将个人收藏的全部陶俑（其中有一部分为唐三彩盘），贡献给中央人民政府，俾能放在各博物院里陈列，一方面补充其“不足”，一方面也提供了研究古代社会生活衣冠制度的真实可靠的材料，陈列出来，对普及历史知识是很有用处的。盼望中央人民政府能够接收我这个微薄的捐献。我这些陶俑还都保存在上海寓所中。如果政府肯接收我的捐献的话，希望能够装箱运京。陶俑的包装是很麻烦的事，需要专门的技术。包装不好，中途一定会破碎损坏的。这笔费用，相当的大。我个人是负担不起的。还有几件很精美的俑，因为当初借款之故，还押在他处，此次亦拟赎回，一并运京捐献。很盼望政府能够给我若干奖金，俾能清偿我的债务。在总理国务百端待理之时，我把这件事来麻烦，心里甚为不安！尚乞于百忙之中，赐以指示。

即致

敬礼！

郑振铎上

1952年6月16日

这封坦诚朴素，言简意赅的信中，一个爱国知识分子的拳拳之心、赤子之情，跃然于字里行间。信中

唐三彩马

唐三彩骆驼

隋代红陶黄绿釉牛车

唐三彩文吏俑

唐三彩天王俑

2005年由紫禁城出版社出版的《捐献大家郑振铎》

2015年由中国文物学会主编《新中国捐献文物精品全集·郑振铎卷》上下册

对他当年欠下债务收集陶俑的目的和决定全部捐献给国家的心愿，都已交待得很明白。

周总理在看了此信后，十分感动，当即批示：“送郭副总理、周扬副部长商办。”并指示他的一位工作人员：“不仅要负责解决包装运费，其债务也应予一并偿还。如陶俑确须收藏，今后国家应注意收购。请郭老召集周扬同志研究提出意见。对郑先生的好意应予鼓励。”

以后的情况就是，郑振铎在写了给周总理的这封信后，便委托在上海的徐森玉先生帮他为这些陶俑整理造册，有些还需要请人修理后，才能装箱。后来，徐森玉一个人实在忙不过来，又请了另一位朋友，当时上海出版公司的刘哲民先生帮忙。大约是当年的九、十月份，由中央文化部派了专人去上海，将这批陶俑装箱后，用火车运至北京，然后直接拉进了故宫博物院，成为故宫陶瓷馆的第一批陈列品。在这批陶俑中，有一匹高约一米的唐三彩骆驼，是郑振铎从一位姓朱的医生那里买来的，朱要价黄金十二两，郑振铎当时只付了十两，这次，由文化部付清了欠款。而另外还有一匹与那匹三彩骆驼大小相仿的唐三彩马，则是从一位姓丁的医生那里买来，当年郑振铎因与卖家在价格上没有谈妥，故而一直没有收回，这次也由文化部替他从丁医生那里买了回来。这两件精美绝伦的文物，与其他陶俑一起运到北京故宫后，都安上了考究的硬木座架，陈列在太和殿的两擎柱旁，见者无不赞美不已！

从此，郑振铎遵照了“瓜田李下”的古训，自己再也不收集文物、字画。由于他的以身作则，以后在文物局里形成了一条不成文的规定：局里的干部个人都不再收藏文物。

为了纪念这位“捐献大家”，故宫博物院于2004年4月12日至12月从郑振铎捐献的上至两汉，下至宋代的六百五十七件陶俑中精选出了一百三十六件，在故宫举办“郑振铎捐献陶俑特展”，并由紫禁城出版社出版了十分精美的图册，题名为《捐献大家郑振铎》。

# 三十九、书比命重要
## ——“宝礼堂”的回归

1951年的5月，郑振铎正在上海视察工作。有一天，他收到了一封上海圣约翰大学校务委员会副主任潘世兹的来信。郑振铎以前并不认识此人，只是这次在上海搞调研时，在几次座谈会上，听潘世兹在每次会上，都很积极地发言，才认识了他，但并无什么交往。当他展读此信后，才得知，原来潘世兹是他的朋友——已故藏书家“宝礼堂”主人潘明训的儿子，他不由得兴奋起来！提起“宝礼堂”藏书，若以量来论，并不算多，但却号称“百宋一廛”。何为“百宋一廛”？“廛”的意思就是房屋，就是说，在他的那间屋里，拥有百种以上的宋版书籍。我国虽然自唐代已有了雕版印刷，但由于连年兵燹战乱、天灾人祸等诸多原因，直至五代的书籍，流传下来的残本书也是凤毛麟角，且大多流落到了海外。宋刻本书籍质量精美，但传世者也极为稀少，据说明清时代的书商就已按页数来论其宋版书价。而现今的海内外任何一家图书馆，如有宋版书，均要列为“特藏中之特藏”“善本中之善本”。而潘明训的藏书中，竟有宋版一百一十部、元版六部，且都是内容十分重要的书，不能不令人羡煞！郑振铎想起他在“孤岛”时期，为国家抢救的那部古代的“戏曲宝库”——《脉望馆钞校本古今杂剧》来，在总共二百四十二种元剧中，由于包括了元人所作二十九种，就被认作是“惊人的发现”。他当时的心情就如同一位攻占了一座城池的将军那样的骄傲和自豪！那么一百多种的宋版书，又将是相当于多少座城池呢？！郑振铎还记得，潘明训先生在1937年的时候，还将他的“百宋一廛”刊印了一部《宝礼堂宋本书录》共四卷。可是书刚印好，潘明训便作古了。该《书录》由其家人封存，仅送了潘明训的极少数几位友人，而郑振铎与潘明训家人素无往来，故几次托张元济先生去潘府索取，均遭到婉谢。后来，还是由郑振铎的另一位友人李紫东先生把自己的一部转送给了郑振铎，使他更得以进一步了解到了“宝礼堂”的全貌及其真正的价值。它们简直是无法用“价值连城”或诸如此类的语言来形容的！为了经常查阅方便，郑振铎还亲手将原分作四卷本的《书录》抄录成了一本，足见他对“百宋一廛”是何等的重视了。

后来，郑振铎听说潘氏的后人，在抗日战争全面爆发后，为了保护这批家传之瑰宝免遭战火之劫，便把它们全部转移到香港密藏起来。抗战胜利后，郑振铎又曾听说潘氏后人有出售“宝礼堂”的意向，最低开价五十万美元。郑振铎闻讯后，即问当时中央图书馆能否购下？而当时中央图书馆以无钱为理由，婉言答复了他。郑振铎为此急得要命，但又无能为力，只得默祷上苍“千万别让潘氏的后人把这批奇书异籍卖给外国人！”以后又是好几年，他再未听到这批书的下落，然而这批书时常出现在他的梦境中。

今天，潘明训的后人终于给他来信了，郑振铎怎

宝礼堂图片

么能不激动呢！当他一口气地把长达四五张信纸的来信读完时，眼泪都要夺眶而出了！“多么可爱的人哪！”在潘世兹的字里行间，郑振铎似乎看到了一位普通的中国读书人在怦怦跳动着一颗火红的爱国之心。

宝礼堂门旧址铭牌

潘世兹在信中告诉他：“宝礼堂”在香港的秘密之处，已被泄露，不久前，有美国人找上门来，表示愿意以五十万美元收购。而潘世兹却明确表示，无论美国人出多少钱，他也决不会卖给外国人的。信的最后，潘

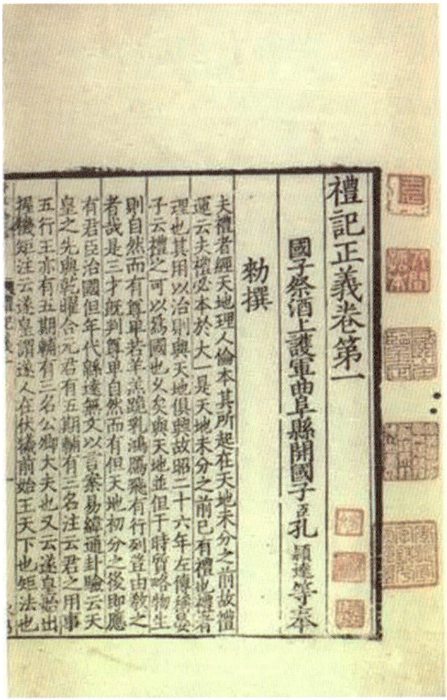
禮記正義卷第一
國子祭酒上護軍曲阜縣開國子臣孔穎達等奉
勅撰
夫禮者經天地理人倫本其所起在天地未分之前故禮運云夫禮必本於大一是天地未分之前已有禮也禮者理也其用以治則與天地俱興故昭二十六年左傳稱晏子云禮之可以爲國也久矣與天地並但于時質略物生則自然而有尊卑若羊羔跪乳鴻鴈飛有行列豈由教之者哉是三才既判尊卑自然而有但天地初分之後即應有君臣治國但年代縣遠無文以言案易緯通卦驗云天皇之先與乾曜合元君有五期輔有三名注云君之用事五行王亦有五期輔有三名公卿大夫也又云遂皇始出握機矩注云遂皇謂遂人在伏犧前始王天下也矩法也

宝礼堂所藏宋本《礼记正义》

潘世兹先生照片

世兹诚恳地表示，为了这批无价之宝的安全，他希望政府能帮助他将宝礼堂藏书运回大陆来，并愿无偿地献给新生的人民政权。这简直是从天而降的喜事啊！放下来信，郑振铎立即与潘世兹联络，并于次日，亲自去潘宅与潘世兹先生长谈了一次。几天后，他又专门在新雅酒家宴请了潘世兹先生，还请了“铁琴铜剑楼”的后人瞿氏三兄弟、著名文物收藏家丁医生和上海人民政府图书、文物方面的负责同志及黄源、徐森玉、唐弢等人作陪。席上，郑振铎一再代表中央人民政府，举杯对潘先生的爱国壮举表示感谢和敬意。

又过了几天，郑振铎提前结束了在上海的视察，匆匆赶回北京。行李一放下，他便趋车去找他的两位老友——当时的政务院副总理郭沫若和文化部部长沈雁冰，将潘世兹先生的事，向他们作了汇报。他们研究决定，立刻把在香港帮助政府收购文物古籍的徐伯郊先生召到北京来。又过了几天，徐伯郊先生奉召来到北京，郑振铎和郭沫若、沈雁冰、徐冰（全国政协秘书长）等，在南池子的文化俱乐部设宴为徐伯郊先生接风。郑振铎在席上，正式代表政府委托徐伯郊先生去香港，代表国家接受潘氏的“宝礼堂‘百宋一廛’”并负责运回大陆。在席间，周恩来总理也来了。总理亲切地代表政务院感谢和勉励了徐伯郊先生后，因为还有其他的要事，便连饭也未及吃，又匆匆地走了。对日理万机的周恩来总理如此关怀和重视自己的工作，郑振铎深受感动，在当天的日记里，激动地详细记述了此事。

正当徐伯郊先生在香港料理宝礼堂的事情期间，郑振铎于当年的10月随同以丁西林为团长的我国文化代表团，出访印度、缅甸两国，直到次年初才回到祖国。在国外，他一直魂牵梦绕着远在香港的宝礼堂，“也不知伯郊处理得怎么样了？”在印度的一天夜里，他出席完一个招待会后，回到了下榻的总统府卧室。由于一天马不停蹄的参观访问，已是十分疲倦，他未及漱洗便倒头睡去。忽地，他觉得有人在轻轻呼唤着他的名字：“郑先生……郑先生！”他猛地睁开惺松睡眼，看见原来是徐伯郊站在他床前，而他也不知何时已回到上海了，就在他原来下榻上海大厦的那间屋里。徐伯郊先生待他起床后，兴奋地告诉他：“宝礼堂全部藏书已经安全运到上海！”……又过了一会儿，郑振铎好像已经亲自押着分装好几箱的宝礼堂藏书正在回北京的飞机上。他就坐在一个书箱上，几个随他一起回京的工作人员，也都分坐在几个书箱上。因为他要求大家，一定要防止这些国宝被颠出飞机……接着，不知何时，忽然耳边“轰”地一声炸雷似的巨响，他和那几箱宝书都坠入了一个无底的深渊！他“哇……哇！”地大声惊叫起来：“快保护书！快保住书呀！”而这时，他忽又听到耳旁有人在叫他：“振铎！振铎！”他赶忙一睁眼，却发现自己仍睡在印度总统府的床上，身旁站着睡在他隔壁的副团长李一氓。虽说已是12月份了，印度的夜晚仍很炎热，加上惊吓，这时他才觉得浑身上下已被汗水湿透了。这虽说是一场梦（他记在了当天的日记里），但所谓“日有所思，夜有所梦”，说明他始终惴惴不安地惦记着宝礼堂。尽管印度有着他向往已久的阿旃陀石窟，有着那种神话般迷人的“泰姬玛哈尔”，还有着古老的阿育王塔和埋藏着目莲舍利的塔等许多许多吸引着他“永远也看不够”的名胜古迹，可他还是盼望着早日结束访问，因为在他的祖国那边，有着一个吸引力强大的磁场，在把他的整个身心往回拽，往回拽。

代表团终于在次年（1952年）的元月13日回到了广州。本来，郑振铎完全可以与全团一起，乘粤汉线北上的，完全可以在北京等待迎接宝礼堂的回归。但是他不放心，一定要到上海港码头去亲自验收这批国宝。

当宝礼堂在徐伯郊先生亲自押运下，安全抵达上海港的那天，郑振铎一清早就赶到上海港码头等待，他还把上海有关的市政府人员和文化界人士，以及著名藏书家金仲华、方行、唐弢 、徐森玉、丁惠康及瞿氏三兄弟等都请去了，上海港如逢盛典。

由于书的数量较多，分装了好几箱。在郑振铎和大家商量如何运往北京时，遇到了难题：由于箱子体积较大，火车上是不能随身带的。而要当行李托运，郑振铎又不放心，坚持一定要亲自携带。于是有人便建议：“还是乘飞机走吧！”谁知，话音刚落，郑振铎瞪大了眼，喊叫起来：“不行！绝对不行！万一飞机出了事，这些书就全完了！”他当时忘了，书完了，人当然也一起完了，但他脑子里想的却只有“书”，“书”就是他的一切！比生命更重要！后来，还是请示了周总理，由政务院命令铁道部，将这批“国宝中之国宝”作为“特件”由郑振铎亲自押运，安全抵京。

没过多久，国庆节快到了，郑振铎在北京图书馆主持了“中国印本书籍展览”。展出的书籍中，宋版共二百二十种，其中选自宝礼堂的，就占了三分之一。开幕时，郑振铎特邀了上海的潘世兹夫妇来京参观，并代表文化部给他们颁发了奖状和奖金。在开幕典礼的讲话中，郑振铎高度赞扬了潘氏崇高的爱国主义精神。后来，在他向上海有关方面建议下，潘世兹担任了复旦大学图书馆副馆长，并当选为上海市人民代表。

# 四十、团城的命运

在景色如画的北海公园南门右侧，有一座面积仅四千五百平方米的圆形小城，这就是遐尔闻名的团城。老北京人有句话，叫做“先有团城，后有北京城”。这话不假，因为团城始建于金代章宗年间，那时的北京是金代的“中都”。据说，当时的团城是皇家御苑中太液池（今北海、中海和南海）上的一座小岛，是用挖掘太液池的泥土堆聚而成的。而今天的北京城，则是明永乐年间开始兴建的，大约要晚二百余

中央人民政府文化部文物局最初的办公地点——美丽的北海团城

团城承光殿

年。这也就说明了团城的古老的历史。

人们从昭景门循磴道而上，凭着城垛口，可以向北俯瞰碧波荡漾的北海，向南眺望波光粼粼的中南海，西望远山如黛，东览紫禁城金碧辉煌的宫殿。凡是来过这里的人，无不认为它是画中的画，诗中的诗，是世界上最小最美的城。

郑振铎在担任文化部文物局长的最初几年，就在这里办公。城上苍松翠柏绿荫覆盖，尤其是一颗金代的白皮松，宛如巨大的天然华盖。清时，乾隆皇帝把它封为“遮荫侯”。郑振铎的局长办公室——古籁堂就在供奉着世界闻名的玉佛的承光殿的东北侧，隔窗

从团城俯瞰中海，风景如画

便可望见北海的湖光塔影，令人心旷神怡。

可是，在1954年的6月，这座世界闻名的最小、最美的古城，也面临着将被拆除的厄运。这是因为，紧靠着团城南门，有一座东西向名为“金鳌玉蝀”的石桥，桥窄坡陡，桥的两侧各有一座“金鳌”牌楼和“玉蝀”牌楼。从桥上驶过的车，经常发生与桥东的

“金鳌”或桥西的“玉蝀”两座牌楼相碰撞的事故，严重地影响了那里东西方向的交通。特别因为这里是从当时中央人民政府所在地的中南海北门出来的中央领导的汽车向东行驶的必经之地，一旦撞到牌楼或直接撞向团城，其后果将不堪设想。因此，当时便有一些领导提出要拆除“金鳌”和“玉蝀”牌楼，将桥的坡度减小，并将桥身向北加宽。但是，这个计划如果实行起来，那么团城就必须要被拆除。这消息传到了当时正在团城上办公的中央人民政府文化部文物局，顿时局里上上下下一片哗然，更是急坏了局长郑振铎。他得知此事后，焦急得寝食难安。他每日都要站在向南的城堞旁，向东、西、南三个方向张望好几次，也曾找了几位古建筑专家一起研究一个既加宽桥面，而又不拆除团城的两全良策。唯一的办法是将桥身向南加宽，可是，那里是中南海，是神圣的中华人民共和国的核心所在呀！想到此，大家都哑然了……这时，郑振铎的内心思潮起伏，一会儿想到这，一会儿想到那，他忽然又想到了延安时代毛泽东和黄炎培先生说的“文物的事情找郑振铎”的话。又想到了中央人民政府成立后，周恩来总理亲自委他以文物局长的重托，他想，党和政府既然把保护全国文物的重任让我来担当，我怎能让就在自己脚下的这座世界古城中的一颗明珠，在一夜之间消失殆尽了呢？！左思右想，万般无奈，最后，他决定把一线希望寄托在“恩来总理”身上了。郑振铎决定豁出这个局长不当，也要保住团城。他说干就干，立即写了一个给总理的报告，直言陈述了他对保护团城的意见。他的报告很快得到了他的好友、文化部长沈雁冰的赞同，并以最快的“特急件”直送政务院总理办公室。

报告送出后的几天，也是他最坐卧不安的几天，他急盼消息。他每天都要从团城上俯首向中南海那里观望数次，真恨不能一下子插翅飞到总理那里去，向总理当面陈述一切啊！

终于，几天后的一个深夜，他似睡非睡地在床上苦熬着等待天明，忽地床头电话铃响了，郑振铎急忙拿起了电话，话筒里传出自称是“总理办公室”的声音，通知他，总理一会儿要去视察团城，请他前去陪同。出乎意外的消息，竟使郑振铎如在梦中，定了定神后，急匆匆地起床整衣，唤醒了住在院内的司机，汽车穿过夜幕，以最快的时速驶向团城。当他登上最后一级台阶时，副局长王冶秋早已等候在那里。不一会儿，周恩来总理就来了，相互亲切握手问候后，他们陪同总理绕城观望了一周，最后，总理的脚步停在了中南海方向，用亲切的语气向郑振铎和王冶秋同志说：“你们放心吧，我已经跟有关方面研究过了，团城的一砖、一瓦、一树、一石都决不能动！决定把桥面向中南海湖面上扩展，只是需要拆掉‘金鳌玉蝀’两座牌楼就可以了。”周总理还表示，要以政务院的

金鳌牌楼（1954年被拆除）

玉蛛牌楼（1954年被拆除）

金鳌玉蛛桥

名义，向全国发一个文，今后凡在基本建设中，遇到文物古迹时，必须与有关文物主管部门商议后，才能进行。总理的一番话，使郑振铎心头顿时豁然开朗，几天以来，压在心头的愁云，霎时间被一阵和煦的春风吹得消散殆尽了。

总理离开团城时，东方已是一片瑰丽的朝霞。当局里的同志们陆续都来上班后，郑振铎立即召开了全局大会，向大家宣布这一特大喜讯，他满面红光，越说越激动，最后他向管食堂的同志说："今天中午加个肉菜，记在我的账上！"（那个年代的机关生活都十分清苦，只有逢年节才能吃到一次肉，名为"打牙祭"）整整一天，全局上下笑语欢声，如逢盛典。

# 四十一、长陵与定陵

北京的天寿山东麓，以苍翠的群山为屏障，错落地排开十三座气势恢弘的明代皇陵，这就是人们称作“十三陵”的北京著名风景区。明代的皇帝，除了第一代朱元璋死后安葬在南京明孝陵，第二代建文帝生死不明外，其余的十四个皇帝，就都葬在了北京。其中，除景帝朱祁钰因政治上的缘故另葬它处外，另外十三个皇帝，就都葬在天寿山下。

十三个皇陵中，规模最大者当属第三代皇帝——永乐帝朱棣的长陵。而享国最久的万历帝朱翊钧，整整做了四十八年皇帝，从登基之日起，便开始兴建地宫，因此，他的定陵的规模，仅次于永乐帝的长陵。

1956年5月，中央决定由郑振铎和当时的北京市副市长吴晗、中科院考古研究所副所长夏鼐，共同主持对定陵的发掘工作。当时有些朋友不解地问郑振铎，既然长陵规模最大，地下宝物肯定最多，那么为什么不先发掘长陵呢？而他笑道：“这是中央的决定。”并无再作其他解释。因为，这岂是三言两语能讲得清楚的呢！

早在1955年5月，以郭沫若为首，包括沈雁冰、范文澜、邓拓、张苏等六人，曾联名给政务院打了一个报告，要求发掘十三陵中的长陵。这份报告拟好后，郭沫若先生当然也少不了给郑振铎看了，并表示，如果同意的话，就在上面签名。但郑振铎与一些专家慎重考虑研究后，认为从当时人们的文物保护意识、文物保护手段以及研究方面的科技水平和当时国家的财力等诸多具体方面考虑，急于发掘长陵都是不妥的。因此，他没有签字。同时，他郑重地向周总理另打了一个报告，直述了自己的意见，并表示，如果一定要挖的话，建议先发掘定陵，以定陵为试点，总结出经验以后，再考虑发掘长陵。郑振铎的理由是，长陵地宫的规模肯定要比定陵大得多，地下的宝物也肯定要多得多，一旦发掘后又缺乏妥善的万无一失的保护办法，那么后果将是不堪设想的。其实他对当时发掘定陵的建议，也是在那么多人都建议发掘长陵的情况下，他当时无论在地位及人数上都处于劣势，而不得已求其次的一种手段。平心而论，以当时的条件，发掘定陵他都认为是一种冒险的行为。理解他的周总理，看了他的陈述，经慎重考虑，决定采纳他的意见。

但是，定陵的发掘也并不是一帆风顺的，因为当初修陵时，帝王们为了防止后人掘墓，地宫的入口是绝对秘密的。据说地宫竣工后，所有的民夫都被秘密处死了。因此，首先是面对着这样一座数十米高的，像小山般的充满了神秘色彩的陵墓，从何处下手，专家们就意见纷纷。有人提出爆破，那当然是郑振铎和吴晗、夏鼐他们所坚决反对的。因为，那样很容易使地宫的内部结构和文物都遭到破坏。又有人提出像发掘露天煤矿那样的采取“揭顶”式的方式，大家也认为不妥，因为那也是要破坏地宫的整体结构的。一连提了几个方案都被否决了。最后决定还是边挖掘边探索。工程的进展自然是十分缓慢的。

终于有一天，一个极偶然的机会，地宫的入口之谜被解开了。原来，9月2日上午刚开工，一个挖陵的民工，一镐刨下去，传出了钝器的撞击声。“咦，什么东西这么硬？”为了不损坏这东西，他用镐头轻轻刨开周围积土，于是，一块小石碑状的东西出现在他眼前。他大声喊道：“快来看呀，这是什么东西？！”一位姓白的副队长和附近的几个民工都围了过来。一个民工拿了一块竹片，小心翼翼地刮去它上面的浮土，这时一行字出现了：“此石至金刚墙前皮十六丈深三丈五尺。”这“金刚墙”就是地宫的墙，找到“金刚墙”就等于找到打开地宫的钥匙了。老白刚念完这一行字，在场的人们都欢呼雀跃起来！真是应了“踏破铁鞋无觅处，得来全不费功夫”这句老话

定陵发掘现场

了！原来这块小石碑是当时修陵的工匠为了以后帝后入葬时能够顺利打开地宫而暗暗埋下的标记。因此，石碑上刻的字应该是可信的。于是，按照那块碑上指明的位置，数百年不见天日的朱翊钧地宫，终于在

郑振铎（左一）夏鼐（中）在定陵发掘现场

1958年7月被打开了。

郑振铎毕竟是热爱文物考古事业的，尽管他对定陵的发掘也是不得已而为之，但，如今既已打开了，他和他的“同僚”——专门研究明史的吴晗和考古学家夏鼐，都为此而十分兴奋！他们亲自下到地宫，亲自察看了打开墓门及揭开已部分腐朽了的朱翊钧和他的两位皇后的棺木的整个过程。后来他专门写了《朱翊钧和他的“地下宫殿”》一文，其中有一段是这样写的：“把深深地埋藏在地下的‘宫殿’，使之重见天日，把几百年前很精美的许多工艺品、日常用品再行和我们见了面，这不仅是供给了研究历史的专家们的可靠的‘实物史料’，而且也是使广大人民了解古代工艺品的精美和从前劳动人民的成就，并能从之而对制作新工艺品有很大的参考价值和帮助。”

“化无用为有用，让‘地下宫殿’和其藏品来为今天的人民服务，那就是我们发掘朱翊钧的‘定陵’的意义和作用。”这表明在当时的形势下，面对着既成的事实，他也只能是这样写了。

可是，以后的事实是，地宫里的许多精美丝绸和成匹的织锦，由于当时尚无很好的保护办法，一经出土，便很快风化变脆，一触即破碎了。而金丝楠木制的棺木板，虽本已有些腐朽散架，但有些木质仍很坚硬，而由于未充分重视，管理人员素质不高，在复制的棺椁做好后，任其散落在陵墓四周，被附近农民搬走打成卧柜了……因此，周总理根据郑振铎的意见，把对长陵的发掘计划，无限期地搁置了下来。

直到今天，一些有识之士感慨地说：历史已证明，当年不发掘长陵的决定是非常正确的。

# 四十二、三代印度总理
## ——一张珍贵的照片

郑振铎每次出国访问，随团的记者都为他摄下许多珍贵的照片。他把这些照片，都珍藏在几大本十分讲究的相册里。其中一张是他访问印度时摄的。这是在观看一场演出。照片上并排就座者，从左往右，依次为郑振铎、印度总统普拉沙德、印度总理尼赫鲁、

1954年12月9日郑振铎陪同印度总统、总理观看中国演员的演出。前排左二起：郑振铎、普拉沙德总统、尼赫鲁总理、拉吉夫·甘地、英迪拉·甘地

郑振铎访印期间，与尼赫鲁夫人合影。
左起郑振铎、周而复、尼赫鲁夫人、楼适夷、周碧真（歌唱家）、李少春（京剧演员）

尼赫鲁之外孙拉吉夫·甘地、尼赫鲁之女英迪拉·甘地。照片上的拉吉夫还是个至多十岁左右的孩子，英迪拉也还是风华正茂的年纪。有意思的是，若干年以后，英迪拉和拉吉夫继尼赫鲁之后，先后都担任了印度的总理，并且最后都死于他们的政敌之手，这一“上帝安排”的巧合，恐怕照片上所有的人，在当时是绝对预料不到的。

1954年11月，郑振铎奉命率团访问印度和缅甸。这是他第二次访问这两个国家了。他的这个团的阵容，要比上一次大得多，副团长是以长篇小说《上海的早晨》而家喻户晓的著名作家周而复。代表团共有团员六十七位，大多是京剧、舞蹈及歌唱等方面的著名演员，如袁世海、戴爱莲、周碧珍等。这可说是新中国成立以后，最早派出的一个大型文化艺术团。当时正是中印、中缅友好关系的黄金时期，两国政府都以政府级代表团的高规格及礼仪来接待这个文化代表团。印度总理尼赫鲁为了接待他们的来访，专门成立了一个“中央接待委员会”，并任命他的女儿英迪拉·甘地夫人为这个委员会的主任，可见其重视的程度了。当12月6日下午，代表团飞抵新德里时，英迪拉亲往机场迎接。在机场的欢迎仪式上，郑振铎和英迪拉都讲了话。机场上，除政府官员外，聚集了成千

1954年11月21日，以郑振铎为团长的中国文化代表团一行六十七人出访印度和缅甸，于次年春回国。这是在印度新德里机场，受到担任“欢迎委员会”主席的尼赫鲁总理爱女英迪拉·甘地等人的热烈欢迎。郑振铎后面是副团长周而复，第三人即英迪拉·甘地

印度方面向中国文化代表团赠送泰姬陵模型

中国文化代表团在泰姬陵前合影

访印期间，与印度总统普拉沙德博士亲切交谈。右起：郑振铎、普拉沙德、周而复

上万的欢迎人群，挥舞着中印两国国旗，高呼着："印地、泰尼、巴依巴依！（中印友好万岁）"郑振铎和副团长周而复的脖子上，被群众和当地华侨的代表们，一下子挂上了二十多个色彩艳丽的花环。这时，郑振铎这个从旧社会过来的知识分子，感触很多很多。今天，中国、印度，这两个同样有着古老文明，饱受了殖民主义、帝国主义奴役压迫的古国，都已经成了独立自主的国家。印度是世界上最早承认新中国的友好国家之一，在两国的友好史正在揭开崭新的一页时，郑振铎作为数亿从此站起来了的中国人民的友好使者，领受了这些殊荣。他的感触太多太多，

什么也顾不上去想了！但是，一边在向欢迎的人群频频挥手示意的同时，这个“有泪不轻弹”的汉子的双眼已是一片模糊了。

郑振铎和副团长周而复被安排住到了总统府——这是国宾级的待遇（其他团员则安排在别的住处）。这以后，是一连几天的参观访问，总统的接见，总理尼赫鲁的欢迎宴会……日程安排得满满的。而总理之爱女英迪拉，始终以“接待委员会”主任的身份，陪同着他们所有的活动。

12月9日，是代表团在印的首场演出暨开幕式。印度总统普拉沙德、总理尼赫鲁以及政府部长、军政要人、华侨代表都出席了。英迪拉·甘地还带来了她的两个儿子。在开幕式上，英迪拉和郑振铎先后致辞。

就座观看演出时，郑振铎坐在印度总统的右边，而隔着一条通道，则依次坐着总理尼赫鲁和两位未来的印度总理——拉吉夫·甘地和英迪拉·甘地。在摄影师闪光灯一闪的瞬间，便留下了这十分有意思的珍贵照片。

## 四十三、杰出的文化使节

作为中华人民共和国文化部副部长和享誉中外的学者，郑振铎除了分管全国文物局、博物馆、图书馆外，还担任了一部分重要的外事工作。除了接待很多国家的文化艺术使团的来访，还多次参与接待印度总理尼赫鲁、印尼总统苏加诺等友好国家政府首脑和元

1953年9月27日，郑振铎在中南海怀仁堂举行的纪念屈原、哥白尼、拉伯雷、马蒂等四位世界文化名人大会上作报告

1956年7月27日，郑振铎出席爱尔兰伟大剧作家萧伯纳诞辰一百周年及挪威伟大剧作家易卜生逝世五十周年纪念会，并作了重要发言。主席台前排右二郑振铎、右四茅盾，正在发言者田汉

1956年，陪同印度总理尼赫鲁参观敦煌壁画展

首及高级官员的来华访问，他还多次参加并率领中国文化艺术代表团去一些友好国家进行访问，或以学者身份讲学。每次出访，他都以他的学识、素养和组织能力，出色圆满地完成党和政府交给他的任务，被誉为“杰出的文化大使”。

1956年，陪同印度总理尼赫鲁游览天坛

1956年1月15日陪同柬埔寨西哈努克亲王参观敦煌壁画展

陪同也门王国巴德尔王太子参观故宫博物院陶瓷馆

会见诺贝尔文学奖获得者、冰岛作家拉克斯内斯夫妇，并参观画展

1956年国庆节，郑振铎（前排左三）陪同缅甸文化代表团团长、缅甸文化部部长吴温（前排左二）在天安门观礼台上

1957年12月12日，主持欢迎缅甸副总理吴巴瑞、吴觉迎率领的缅甸文化代表团来华访问，并致辞

1951年9月，郑振铎率领中国文化代表团访问印度、缅甸。这是代表团途经武汉时，在东湖合影。第二排左二郑振铎、左三冯友兰、左四刘白羽

中国文化代表团访问印度期间与印度友人合影。前排左二郑振铎、左四周小燕，后排左一冯友兰、左二刘白羽、左三季羡林、左五张骏祥

中国文化代表团访印期间，与中国驻印度大使馆全体人员合影。前排右六为郑振铎，右七为李一氓，右八为中国驻印大使袁仲贤

中国文化代表团访缅期间，郑振铎及代表团全体成员与中国驻缅使馆全体人员合影

郑振铎访缅期间，于随团演员演出结束后，陪同缅甸总理吴努到后台接见演员

郑振铎访缅期间，与当地华侨领袖亲切交谈

1955年7月，郑振铎率领中国文化代表团访问印度尼西亚，受到苏加诺总统热情接待。

左起：我国驻印尼大使黄镇、郑振铎、苏加诺、戴爱莲（舞蹈家）、周而复

印尼总统苏加诺和
总理沙斯特罗阿米佐约
观看我国艺术家的演出

印尼总理沙斯特罗
阿米佐约接见中国文化
代表团

在印尼政府为郑振铎一行举行的宴会上，郑振铎与沙斯特罗阿米佐约总理亲切握手

雅加达市长苏迪罗与郑振铎在招待酒会上

郑振铎在我国驻印尼大使馆举行的招待会上，与印尼东爪哇省省长夫妇亲切交谈

在印尼参观举世闻名的“婆罗浮屠”

1957年9、10月，郑振铎率一小型代表团赴苏联及捷克讲学，并访问保加利亚。这是在捷克机场与接待人员合影

访捷期间，与捷方人员座谈

在布拉格街头（郑振铎身后为著名作家柯灵）

在捷克讲学期间的参观活动。中为柯灵，右一为著名学者武伯纶

参观索菲亚苏军解放纪念碑

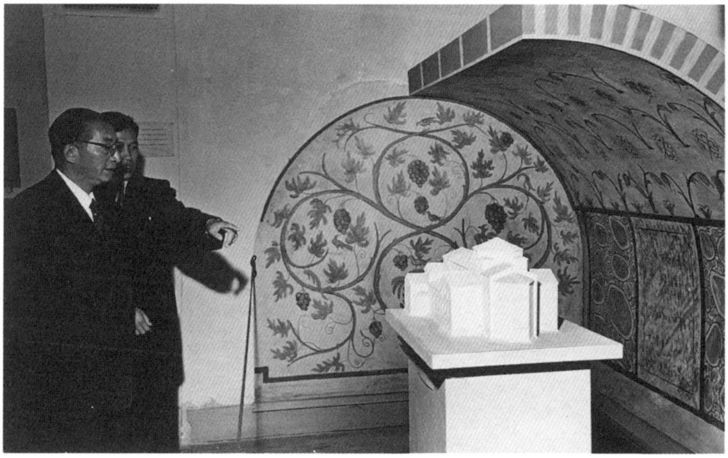

在保加利亚参观某博物馆

在保加利亚的某博物馆

在保加利亚访问某集体农庄

# 四十四、终圆敦煌梦

作为一位作家和学者，郑振铎一辈子都在和祖国有着悠久历史的文化艺术打着交道。他热爱古籍，热爱各种出土文物，热爱古老的书画艺术，当然也非常热爱分布在我国各地的石窟艺术。他认为，石窟艺术是我国古老艺术中之“精英”，是“瑰宝中之瑰宝”。譬如，他在一篇专门谈石窟艺术的文章中写道：“从新疆的高昌、库车，甘肃的敦煌、天水，大同的云冈，洛阳的龙门，太原的天龙山，峰峰矿区的南北响堂山，济南的千佛崖，南京的栖霞山到义县的万佛堂，是一连串的石窟寺，点缀在我国境内的各个名胜地区，把我们的锦绣河山装饰得更为富丽宏伟。这些石窟都具有丰富的石雕像或塑像或壁画，它们是中国艺术史上的精英……”

在另一篇也是关于石窟艺术的文章中，郑振铎写道：“随着佛教的输入中国，我们的石窟艺术寺也相继的开凿出来，正和民族形式的崖墓相结合，创造出辉煌的石窟艺术。这些石窟寺从西边的新疆各地，到……连绵不断，各各呈现出光彩不同的万丈光芒……它们是中国古代艺术的瑰宝中之瑰宝！”

早在20世纪30年代，郑振铎和冰心夫妇等初次游览山西云冈的石窟时，便被那一千五百年前北魏时代佛教艺术的“伟大宝库”所慑服。在他的这次游记中写道：“云冈石窟的庄严伟大是我们所不能够想象得出的。必须到了那个地方，流连徘徊了几天，几月，才能够给你以一个大略的美丽的轮廓。你不能草草地浮光掠影地跑着走着地看。你得仔细地去欣赏。猪八戒吃人参果似的一口吞下去，永远地不会得到云冈的真相。云冈决不会在你一次两次的过访之时，便会把整个的面目对你显示出来的。每一个石窟，每一尊石像，每一个头部，每一个姿态，甚至每一条衣襞，每一部的火轮或图饰，都值得你仔细的流连观赏，仔细远观近察，仔细地分析研究。七十尺、六十尺的大佛，固然给你以宏伟的感觉，即小至一尺二尺、二寸三寸的人物，也并不给你以藐小不足观的缺憾。全部分的结构，固然可称是最大的一个雕刻的博物院，即就一洞、一方、一隅的气氛而研究之，也足以得着温腻柔和、慈祥秀丽之感。它们各有一个完整的布局。合之固极繁赜富丽，分之亦能自成一个局面。”他们一行在这里一连徘徊了三天，尤其是郑振铎，已是“全身心地沉酣于和震慑于此了”，但仍只能是浮光掠影地走马观花，不能去仔细欣赏品味，而带着几分眷恋地依依离去……

敦煌莫高窟

莫高窟壁画

莫高窟泥塑

这以后的二十多年岁月里，特别是在郑振铎担任了主管全国文博工作的领导职务以后，他的足迹访遍全国各地的文物古迹、藏书楼、图书馆、博物馆，当然，凡有石窟的地方，他也是必定要去的。洛阳的龙门，甘肃的炳灵寺、麦积山，济南的千佛山……凡是能去的地方，他都去了，而且都留下了精彩的文字。在游过洛阳龙门后，他认为："这是值得在那里停留十月、八月，或一年、两年的时光，应该写出几本乃至几十本的专书来的一个伟大的古代艺术宝库。"他甚至连印度的阿旃陀，都在两次访问时去过那里两次。可是唯独自己国内的，堪称世界石窟艺术之最的敦煌，却由于地处边陲的那个连春风都难以到达的地方，虽然是属于他的管辖之下，他的好友、敦煌文物

莫高窟大佛

研究所所长常书鸿也多次邀请他去视察，可是，终因工作忙和交通不便等多种原因，始终未能如愿。啊，敦煌！这个他在梦魂中多次亲历其境的“千年之美，毕集于斯”的地方，他时常在向往着它，在心灵中呼唤着它。终于，一个机会来了。1957年的春天，郑振铎率领一个全国政协的视察团去西北视察。视察团副团长是翁文灏，团员有狄超白等及两位秘书，总共十一二个人。他们从4月17日出发，18日深夜到达西安，受到了陕西省省长和省统战部、文化部门官员的接待。从次日起，便开始视察大雁塔、半坡遗址等文物古迹和图书馆、博物馆，并和省里的官员进行座谈。八九天以后，他们又到达了兰州——这里离他向

1957年5月郑振铎视察他向往已久的敦煌石窟。图为郑振铎与敦煌文物研究所所长常书鸿在某石窟内，中为常书鸿

郑振铎与敦煌文物研究所全体同志合影。前排右四郑振铎、左一常书鸿

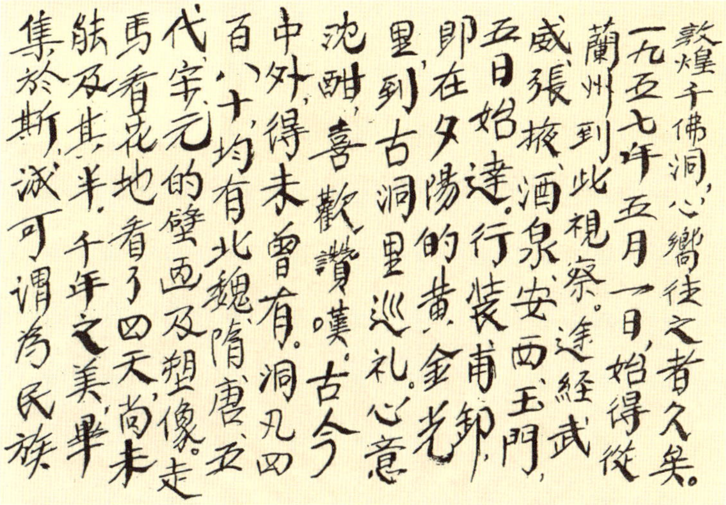

敦煌千佛洞，心嚮往之者久矣。一九五七年五月一日，始得從蘭州到此視察。途經武威、張掖、酒泉、安西、玉門，五日始達。行裝甫卸，即在夕陽的黄金光里到古洞里巡礼。心意沈酣，喜歡讚嘆。古今中外，得未曾有。洞凡四百八十，均有北魏、隋、唐、五代、宋、元的壁画及塑像。走馬看花地看了四天，尚未能及其半。千年之美，畢集於斯，誠可謂為民族

郑振铎为敦煌的题辞（一）

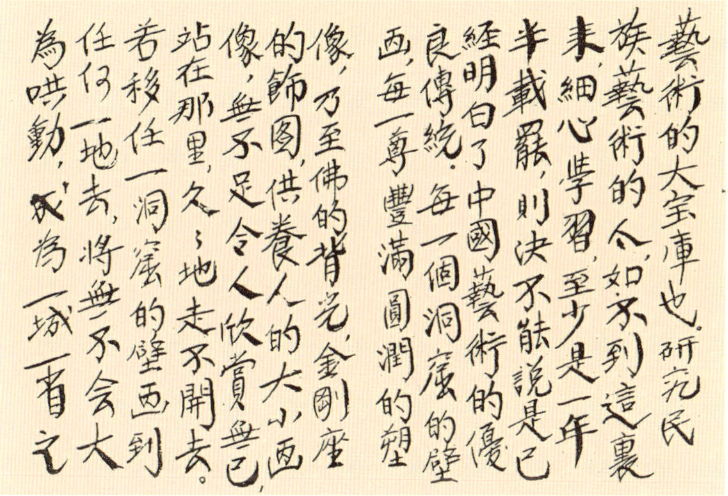

藝術的大寶庫也。研究民族藝術的人，如不到這裏來細心學習，至少是一年半載，則决不能說是已經明白了中國藝術的優良傳統。每一個洞窟的壁画，每一尊豐滿圓潤的塑像，乃至佛的背光、金剛座的飾圖，供養人的大小画像，無不足令人欣賞無已。站在那里，久久地走不開去。若移任一洞窟的壁画到任何一地去，將無不会大為哄動，成為一城一省之

郑振铎为敦煌的题辞（二）

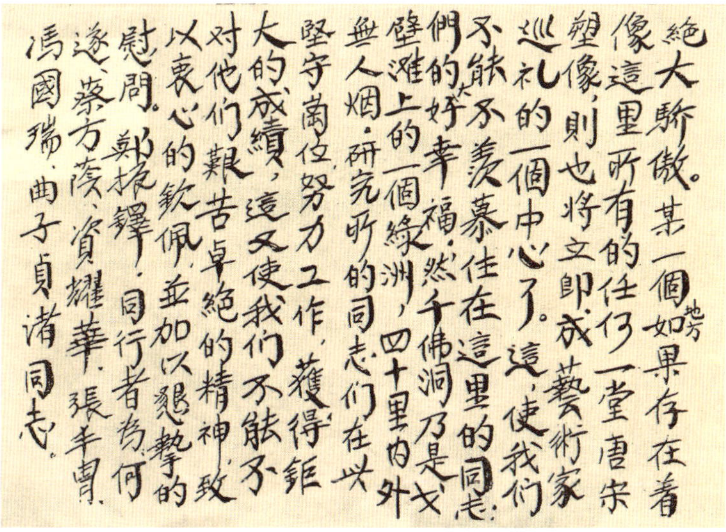

絶大驕傲。某一個地方如果存在着像這里所有的任何一堂唐宋塑像，則也将立即成為藝術家巡礼的一個中心了。這，使我們不能不羨慕住在這里的同志們的大幸福。然千佛洞乃是戈壁灘上的一個綠洲，四十里内外無人烟。研究所的同志们在此堅守崗位，努力工作，獲得鉅大的成績，這又使我们不能不对他们艱苦卓絶的精神致以衷心的欽佩，並加以懇摯的慰問。鄭振鐸。同行者為何遂、蔡方蔭、資耀華、張丰胄、馮國瑞、曲子貞諸同志。

郑振铎为敦煌的题辞（三）

往已久的敦煌已愈来愈近了——受到了甘肃省长邓宝珊将军的盛情接待。

五一那天一早，全兰州市张灯结彩，欢庆中华人民共和国成立后的第八个劳动节。郑振铎率领的视察团部分团员，在当地官员的陪同下，分乘几辆小轿车，从兰州出发，直奔敦煌。这一路，要跨过黄河，经武威、张掖、酒泉、安西及“春风不度”的玉门关，沿途晓行夜宿，顺路视察。

他们的车队整整走了五天，才到达古代通往中亚和欧洲的交通要道——敦煌县城。再继续向东南行，远远可见“西出阳关无故人”的阳关遗址，在夕阳余辉下，一片苍凉景象。再行约二十公里，才到达此次旅行的终点，处于一个大峡谷之中的莫高窟。此时已是5月5日的傍晚，莫高窟群窟在一片黄金的暮霭中，显得更加神秘莫测，使人更增添几分思古之悠情。他们尽管是坐在门窗都紧闭的小轿车内，但人人脸上都是灰蒙蒙的，只有两眼露出了兴奋的光彩。车刚停稳，郑振铎的老友、敦煌文物研究所所长常书鸿及全所工作人员已在敲锣打鼓地列队欢迎他们。郑振铎太概是新中国成立后去他们那里的第一位中央的“大干部”，又是他们的“顶头上司”，全所工作人员对中央的关怀，无不感到欢欣鼓舞！而郑振铎对长期在这片荒漠中，默默无闻地献身于敦煌的文物艺术事业的老友常书鸿及全所工作人员，也倍感亲切和激动，除了频频挥手向大家致意外，见到常书鸿所长时，竟用了一个西方式的礼节，紧紧把常书鸿拥抱在自己怀里。

在临时安排的“招待所”刚一放下行李，郑振铎便不顾已是夕阳沉沉，一手拉着常书鸿所长，就去看望那些时常在他梦境中忽隐忽现的千年古窟。在渐渐暗下来的落照中，郑振铎借着工作人员为他高举着的汽灯，看了壁画，又看了塑像，一连看了好几个石窟，不断地用“美极了！好得不得了！”等他所惯用的形容词来表达他的赞美和感叹。郑振铎已完全沉醉在了这“世界艺术之最”的“宝库”中了。当夜，郑振铎完全忘却了旅途的疲劳，在昏暗的灯光下给朋友们写了信。为了使他的朋友们及时与他分享当时的感受，他一封接着一封地写。在一封信中，他写道：“‘百闻不如一见’，见到了才知道其宏伟，美丽。”是啊，若非身临其境，是根本无法感受到莫高窟的真正壮美的！而其实千佛洞又何止“千佛”？！这所谓“千佛洞”共有洞窟四百九十二个。从北魏到元代，整整一千年间，历代的民间艺术家们“绵绵不绝地遗留着他们的宏伟无比的作品”。四百九十二窟，上下蜿蜒，有四公里之长。尽管那里历遭帝国主义分子和国内盗窟者的糟蹋破坏，但是至今若把所有洞窟内的那些精美绝伦的彩色壁画相联结起来，还足足能有二十五公里之长。而那些栩栩如生、呼之欲舞的高者十丈，小者仅三寸的彩塑像，仍存有两千四百多尊。世界上哪里还会有这么伟大的一所美术馆或是画廊存在着呢？！难怪，在他参观这些石洞的第四天夜晚，在给一位友人的信中说：“要细看，得住三年！”

然而，他们的时间却只允许在那里逗留四天。他们除了参观视察，还和研究所的同事们开了三次座谈会，郑振铎认真听取了大家对如何更好地保护石窟艺术提出的各种意见和要求。临别时，他还应常书鸿所长的要求，为研究所写了题词，他写道：“……走马观花地看了四天，尚未能及其半。千年之美，毕集于斯，诚可谓民族艺术的大宝库也。研究民族艺术的人如不到这里来细心学习，至少是一年半载罢，则决不能说是已经明白了中国艺术的优良传统。每一个洞窟的壁画，每一尊丰满圆润的塑像，乃至佛的背光，金刚座的饰图，供养人的大小画像，无不足令人欣赏无已，站在那里，久久地走不开去。若移任何一尊窟的壁画到任何一地去，将无不会大为轰动，成为一城一省之绝大骄傲。某一地方如果存在着像这里所有的任何一堂唐宋塑像，则也将立即成艺术家巡礼的一个中心了。这，使我们不能不羡慕住在这里的同志们的大好幸福。然千佛洞乃是戈壁滩上的一个绿洲，四十里内外无人烟。研究所的同志们在此坚守岗位，努力工作，获得巨大的成绩，这又使我们不能不对他们艰苦卓绝精神，致以衷心的钦佩，并加以恳挚的慰问。”

5月10日一早，他们又是在一片欢送锣鼓声中，与全所同志一一握手，与常书鸿所长又是一次紧紧拥抱，随后便踏上了漫长的归程。

在小车内，郑振铎不断地回头望着渐渐地被甩得远远的愈来愈小的莫高窟在一轮朝阳中，放出灿烂的光彩。他从车窗内，环顾着四周茫茫的戈壁沙海。小车在丘陵起伏的道路上，不停颠簸，心中暗自盘算着：到了省里，一定要和当地领导商量，尽快修筑一条由兰州直通敦煌莫高窟的公路，这样便可大大缩短去那里的路程，使更多的向往敦煌艺术的人，可以去那里参观。他还遐想着将来，还应该在那里修建一个飞机场……他又想，自己再过几年，就该退休了，到那时，他就可以有时间到那里去住个一年，两年，三年……

# 四十五、生命不息，笔耕不辍

对郑振铎来说，笔耕了大半生，一旦做了“官”，要他把手中的笔只是用来批批文件，简直是不可思议的事。对工作有关的信件、报告、工作计划，甚至起草与文物有关的法律、法令，他都亲自动手，从不依靠秘书。而凡是来向他约稿的报社、杂志社、出版社，只要他觉得是有意义的，对发展祖国社会主义文化事业有益处的，他都乐意接受。当然，繁重的行政工作占去了他的不少时间，但只要一有时间，他就坚持写作。正如他在给一位朋友的信中写道：“我有许多材料压在那里，想写出来，不知有没有时间？只要有半月或一月的‘整段’的时间，就可以写出不少来（我每天平均可写五千字，如果材料现成的话）……”

1951年初春，《文艺报》约郑振铎开辟一个旨在弘扬民族传统文化、对人民进行爱国主义教育的专栏，名为《伟大的艺术传统》，他觉得很有意义，便欣然接受了。按照他起初与该报商定的是，该专栏要以图片为主，文字说明为辅，系统介绍中国上自殷周，下迄清代的历代重要的雕刻、建筑、绘画以及其他优秀艺术品。文字由他一人撰写，以免流于散漫而无系统，文体亦可一律，而图片等资料的搜集整理，则可请一些专家共同承担。但是，后来工作进行起来，才感到专家们都各有各的研究任务，不可能大家一起坐下来搞这个专栏，于是便决定由郑振铎一个人把撰文和提供图片的工作都承担下来。他亦因自己编的《中国历史参考图谱》即将出齐，正在兴头上，而且《图谱》与这一专栏又有许多相同之处，一拍胸脯便单干了起来。从1951年4月起到当年10月，逐期在《文艺报》的这个专栏，一共发表了关于商代到两汉的十一篇文章和不少图片。郑振铎以翔实简明的文字（约三万字）和精选的图片，向广大读者介绍了商代工艺高超的青铜器和著名的“司母戊鼎”以及精美的玉器，西周的“毛公鼎”和“虢季子白盘”，春秋战国时代的铸铜、雕塑、金银镶嵌制品以及漆器、绢画，两汉的大量壁画、浮雕和石刻等，使读者对祖国几千年的优秀艺术传统，有了一个生动、概括而形象的认识。然而遗憾的是，由于《文艺报》篇幅的限制及图片制版技术较差，每次刊出的图片，只占他交去的一半或三分之一。这一专栏，自两汉以后的部分，并未能按原计划继续发表。郑振铎虽然为此事也一度烦恼，停笔数日。在足足抽完了一整条“恒大牌”香烟——这是他当时最常吸的烟——后，终于又一个新

《伟大的艺术传统图录》

的“大计划”在他脑海中构成了。原来，郑振铎在为《文艺报》编撰《伟大的艺术传统》专栏时，已搜集到大量珍贵难得的陶器、铜器、雕刻、绘画等文物图片。而这些图片有很多是冲着他的“面子”从一些从不示人和私人收藏家或公立博物馆借来原件摄制的。长期在家中陈放，

《宋人画册》1989年获德国莱比锡国际艺术展金牌奖

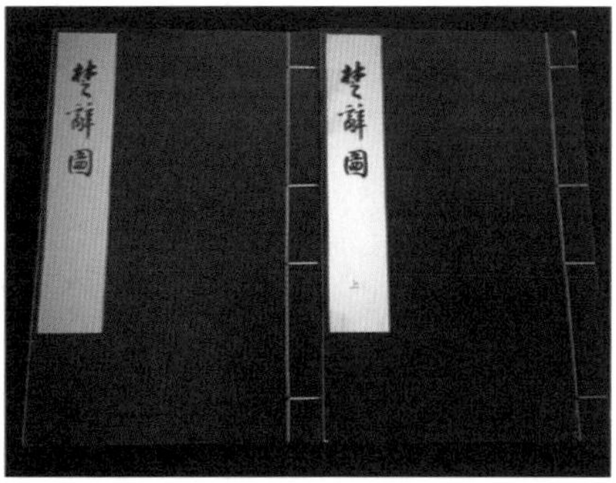

《楚辞图》

不仅这些照片容易变质，也容易散失。于是他便趁去上海出差之机，向刚为他出版了《中国历史参考图谱》的上海出版公司提出了他打算编一部《伟大的艺术传统图录》的设想。在设想中，他说：此图录不但可以向读者们展示中华民族数千年文明所达到的高度水平，而且也是一部形象化的爱国主义教材。上海出版公司负责人刘哲民很快表示接受这一工作。于是，郑振铎从1951年6月便开始编辑这套图录，中间虽因出国而一度暂停，但总共也不过花了一年时间“神速”地全部告成。他一边编，而此期间上海出版公司也以最快的速度一边印，这样几乎同步进行，从1951年9月至1952年7月，这部共十二辑，内收图片一百五十八页的大型精美《图录》便全部出齐。初版只印了一千套，很快就卖完。后来再版时又印了一些精装本、线装本及普及本，以适应不同读者的需求，受到许多中外读者的好评。一批精致的精装本，还作为代表国家级水平的图书送给了印度尼西亚总统苏加诺等外国元首。

在以后的几年里，郑振铎又编辑（或与他人合编）了《楚辞图》《宋人画册》《中国古代绘画选集》等大型图籍，形成了他这一时期（1951–1958）

编辑图书的一大特色。而其中有些是他生前编定的，却在他去世数年后，才得以出版，如《中国古代绘画选集》是1958年8月编定，并写了序言，而由于种种因素，到了1963年才由人民美术出版社出版。

这期间，郑振铎还主持了一项功德无量、荫及后世的大型丛书《古本戏曲丛刊》的编辑工作。

中华人民共和国成立之初，时任文化部副部长兼任中国科学院文学研究所所长的郑振铎有感于戏曲古本的不断流失，为了保存下这一中华民族文化遗产，首次提出要编纂整理出“古往今来的一部最大的我国传统戏曲作品的结集”。1952年郑振铎召集了多位顶尖级的专家学者组成《古本戏曲丛刊》编委会，着手编纂整理。从1954年至1958年郑振铎主持编纂出版了《古本戏曲丛刊》的前四集，每集都有十二大函一百二十册。前三集收录了元明清南戏传奇，每集各计剧目一百种，郑振铎为每集作序。初集1954年出版，收录元杂剧《西厢记》和元明时期戏文传奇一百种。第二集1955年出版，收录明代传奇一百种。第三集1957年出版，收录明末清初剧作一百种。1958年10月《古本戏曲丛刊》第四集编辑完毕。10月17日郑振铎将率领中国文化代表团出国访问，临行前的10月16日郑振铎按惯例为第四集提笔作序写道：“《古本戏曲丛刊》第四集收集了元、明二代的杂剧，共370多本，几等于明代臧晋叔编印的《元曲选》的三倍半以

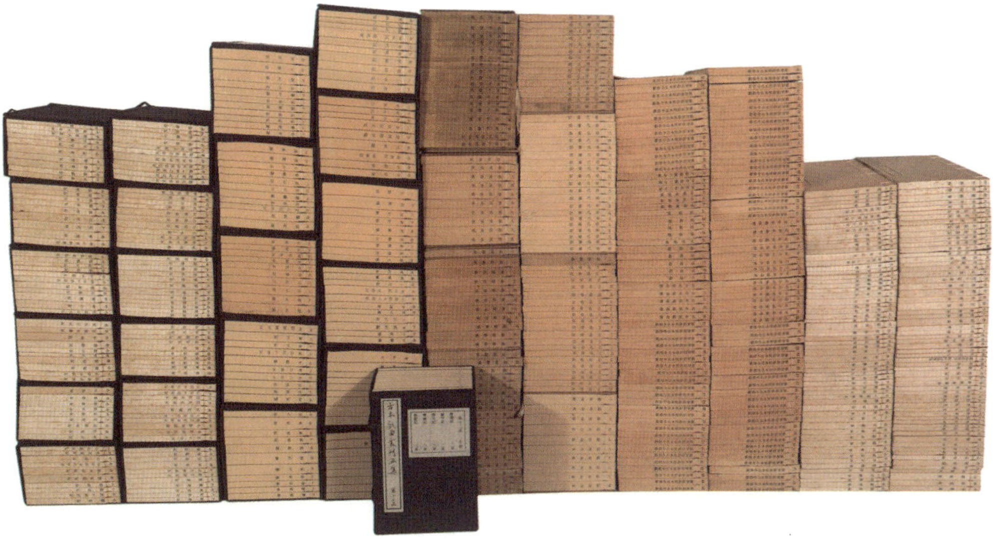

《古本戏曲丛刊》

上。其中以元人杂剧为最多，凡传世的元杂剧，几乎网罗殆尽……”字里行间洋溢着一位学者对于编纂成果的喜悦和自豪。然而，第二天，郑振铎便率领中国文化代表团在出国访问途中突遭空难而逝世，这篇序

《古本戏曲丛刊》第六集

言竟成了遗作。

郑振铎因公殉职以后，生前未竟的《古本戏曲丛刊》由文学研究所研究员、著名古典戏曲和小说研究专家吴晓铃先生继续主持编纂，并于1964年出版《古本戏曲丛刊》第九集，收录宫廷大戏十种。此后十年“文革”劫难，《古本戏曲丛刊》的编纂工作陷入停顿，直至1982年文学研究所重新组建编委会，继续由吴晓铃先生主持编辑工作，并于1986年出版了《古本戏曲丛刊》第五集，收录明代后期及清顺治、康熙时期戏曲作品八十五种，包括海外收藏而国内已未见的戏曲版本数种。80年代后期，由于种种原因，《古本戏曲丛刊》的编纂整理工作再次陷入停顿，不仅原定计划中的清代戏曲还有大量存本未及编集和影印，半个多世纪以来陆续发现的元明戏曲剧本也有待编目和

《古本戏曲丛刊》第六集发布会现场

收录。进入21世纪以后，重印《古本戏曲丛刊》和完成余下各集的编纂整理工作，一直是许多学人共同的心愿。2012年中央文史馆馆员、中华书局编审程毅中先生向全国古籍整理出版规划领导小组递交了关于完成《古本戏曲丛刊》的建议。很快《古本戏曲丛刊》的六、七、八集被列入《国家古籍出版规划》。

2016年3月《古本戏曲丛刊》第六集编纂完成，并由国家图书馆出版社出版，收录清代顺治到乾隆的传奇和戏曲别集七十七种，共计一百〇九种剧目。

2016年8月中国社会科学院宣布《古本戏曲丛刊》六集被评为2016年度重大成果，同时社科院文学研究所党委书记刘跃进宣布："《古本戏曲丛刊》第六集已由国家图书馆出版社出版，第七、八两集也已开始编纂。这样，历经六十余年，这部迄今为止规模最大的中国传统戏曲作品总集终将完成，郑振铎等老一辈学者未竟的心愿终得以偿。"

2016年8月22日《古本戏曲丛刊》第六集出版暨《丛刊》文献及文化意义座谈研讨会在北京召开，与会者的发言多有感怀。这样一部中国规模最大的古代戏曲总集，历经风雨六十四年，在几代学人矢志不渝的坚持，付出了大量心血和努力下，终于即将完璧，可谓中华民族文化遗产保护的一大盛事，功在当代，利在千秋。

由于工作的关系，20世纪50年代郑振铎经常去

1958年9月20日，郑振铎出席世界文化名人萨迪、弥尔顿和拉格洛孚的纪念大会，并作报告。

图中右一萧三、右二郑振铎，左一叶圣陶、左二田汉、左三楚图南，发言者茅盾

外地出差或出国访问，写游记或观感式的散文，形成这一时期作品的一大特色。如《石湖》《苏州游记》等，尤其是他的几篇考古游记，如《长安行》《春风满洛城》《郑州，殷的故城》等，以他渊博的考古历史学识，把所见所闻写成一般作家难以写出的游记或散文，谈古论今上下数千年，使读者犹如亲历其境，既得到美的感受，也丰富了历史知识。

《汨罗江》是郑振铎在新中国成立后写的唯一的，也是他一生的最后一篇小说。作品写了屈原在楚国危亡之际所表现出的“生是楚国人，死是楚国鬼”的崇高爱国主义情操，及以身报国投入滔滔大江的壮举，引起读者的无限缅怀和崇敬。作品生动地描绘了两千多年前生活在汨罗江两岸的楚国人民的劳动、生

1957年6月22日北方昆曲剧院建院大会后于原文化部后院合影。第一排左起言慧珠、白云生、周扬、韩世昌、陈毅、梅兰芳、沈雁冰、钱俊瑞、郑振铎、田汉

活等情景，是当时历史小说中不可多得的一篇佳作。

1956年，郑振铎还应《人民日报》之约，在该报开辟了一个以“书”为主题的专栏——《漫步书林》，共发表“读书笔记”十六篇。在《引言》中他说：“书林是一个最可逛，最应该逛的地方，景色无边，奇妙无穷。不问年轻年老，不问是不是一个专家，只要（他或她）走进了这座景色迷人的书林里去，只要他在那里漫步一会儿，准保他会不断地到那儿去的，而每一次的漫步也准保会或多或少地有收获的。”

总之，郑振铎的晚年如同一头在文艺的田野上耕作了一生的老黄牛，吃的是草，挤的是奶，直到流尽了最后一滴乳水。

# 四十六、中国木刻的丰碑

郑振铎是秋天走的。秋是收获的季节，俗话说“春华秋实”，意思是春天开花秋天结果。可是谁会想到，一个人在生前早已完成了的作品，在他生前却始终未能出版，似乎已和作者一起乘风而去了。但是，在郑振铎离开这个世界近三十年以后，却又神奇地破土而出，光彩夺目地展现在广大读者面前。它便是郑振铎的《中国古代木刻史略·中国古代木刻画选集》——一朵迟开的艺术奇葩。

对于古代美术，郑振铎似乎偏爱版画。早在20世纪20年代，他搜集了木刻本和石印本的《水浒》《红楼梦》《西厢记》《还魂记》等小说、戏曲，从而爱上了其中的插图，渐渐地他便有意识地搜集起古代木刻画来。他尤爱明代的木刻画，认为明刊本“笔致生动，刀法精工，一翻开来就令人感到神采奕奕，秀丽异常。这不是平常的庸俗的刀笔，这乃是上乘的精美的艺术创作”。（《中国古代木刻画选集·序》）因此，在他的藏书中，明刊小说、戏曲乃至其他有插图的明刻本占有很大分量。

20世纪30年代，郑振铎和鲁迅先生合作编印了《北平笺谱》和《十竹斋笺谱》，为保存我国古老的木刻艺术做了一件功德无量的好事。鲁迅先生称此事为“中国木刻史上之一大纪念耳”。（《鲁迅与中国古版画》）

在鲁迅先生的影响下，后来，郑振铎又“发奋扩大范围”，花了多年时间，编就了一部计二十册一千三百余幅古代版画的、堪称中国版画史研究的创世之举的《中国版画史图录》。但是，由于当时国内战争的恶劣环境，原计划三十万字的“史”却未能完成，这不能不说是一大憾事！

郑振铎的这一宏愿，终于在新中国成立后实现了。50年代，他在从政之余，以坚韧的“呆子精神”在原《中国版画史图录》的基础上，又编就了一部《中国古代木刻画选集》。这部选集，是从《中国版画史图录》中精选了三百多幅有代表性的作品，加上了后来发现的二百多幅版画编成的。其规模虽比《中国版画史图录》紧缩多了，但由于摈弃了大量“原始材料”，方便了更多的读者。更值得兴奋的是，他多年所耿耿于怀的“史”部分，也终于在1956年8月，在青岛避暑期间，仅花了二十天时间写成了。全稿共十二章：一，绪言。二，最早的木刻画。三，宋金的木刻画。四，元代的木刻画。五，明代的木刻画。六，光芒万丈的万历时代。七，徽派的木刻画家们。

八，明末木刻画的创作。九，彩色木刻画的创作。十，清代早期的木刻画。十一，清代后期的木刻画。十二，年画。全书近七万字。虽说比郑振铎原计划的三十万字要简略得多，但他实在是没有更多的时间了，也算是了却了一大心愿。然而，可叹的是，郑振铎的这部积数十年研究成果所总结的中国第一部有关木刻史的著作和他新编的《中国木刻画选集》完成不久，便由于1957年的那场政治风云，以及接踵而来的1958年在文艺界开展的所谓对“厚古薄今”错误倾向的批判等种种原因，以及他的突然去世，他在生前竟未能见到该书的出版。后来，中国大地又发生了“文化大革命”的十年浩劫，也就不再有人提起了，甚至连书稿的去向都再也无人知晓。直到近三十年后的1983年，才先后在作者女儿家的书橱底下和车库的一堆“垃圾”堆中，发现了它们。这事说起来，似乎有些像天方夜谭。原来，作者在1956年完成全部书稿后，便把它交给了人民美术出版社。出版社十分重视，当即指派了社内最具实力的资深编辑李平凡和另一位老编辑共同担任此书的责任编辑。书稿最后终审时送到了该社社长的家中，而这位社长就是作者的女婿萨空了（萨当时是国家出版总署副署长兼任人民美术出版社社长）。而不久由于种种政治运动，书稿在萨家一搁就是六七年。紧接着便是由评新编历史剧《海瑞罢官》为导火线，而引发了一场十年之久的

“文革”大浩劫。萨空了作为“走资派”当然“在劫难逃”。本人被关牛棚，发往湖北沙阳劳动改造，家也遭到了“造反派”的查抄。而幸运的是可能这部贴满花花绿绿“怪画”不知何物的东西，被“造反派”们看作是一堆“废纸”，一半被胡乱塞到了书橱底下，另一半被当作“垃圾”堆到了当时已没有汽车的车库里，房门也被贴上了封条，全家被赶到厨房边的一间小房间居住。就这样书稿在无人知晓的角落里静静地沉睡了二十多年，几乎被人遗忘了。直到1980年萨空了先生家在清理以前被“造反派”查封的书房时，在一个书柜底下发现了《中国古代木刻画史略》的后半部（七至十二章）；又过了两年，在1983年1月，又在萨空了家的汽车库的垃圾堆里，再次神奇地发现了该书的前半部（一至六章）和《中国古代木刻画选集》的画稿，这样书稿和画稿终于完璧，家人的兴奋可想而知。于是，家人重将此稿交给人民美术出版社，出版社的同志们也是悲喜交集，极为重视，并重新整理，于1985年2月正式出版。书一经出版问世，其数百幅精美的中国古代版画图片和与之相得益彰的“史”加上考究大方的装帧，立刻便在中外艺术界引起极大轰动，连续在中外学术和艺术界荣获大奖。如，1986年，《中国古代木刻画选集》在德国莱比锡举行的世界图书博览会上荣获金奖；1987年获德国莱比锡国际最佳图书博览会“世界最美图书奖”；

郑振铎编《中国古代木刻画选集》1985年由人民美术出版社出版

1989年获德国莱比锡国际图书艺术展金牌奖；1991年获中国优秀美术图书奖金奖。

1988年秋的一天下午，北京国际俱乐部的花园里，一盆盆多姿多彩的菊花开得正旺，几棵石榴树，挂满累累硕果，在二楼大厅里，正在举行一个隆重的仪式。中外宾客云集，主席台上方红色大横幅上写着“《中国古代木刻画选集》出版功劳奖授奖典礼”，主席台长条案的正中，陈放着一个闪闪发光的大金樽，这就是日本日中艺术交流中心为了此书的出版派了一个代表团专程送来的奖杯。颁奖典礼的同时举行了研讨会，在会上，中外许多专家学者都发了言，一致公认郑振铎遗著《中国古代木刻画选集》的出版“为研究中日版画史树立了一座光辉的丰碑”。一位须发斑白的老学者在发言最后说道：“郑振铎先生离开我们已经快三十年了，但是他把最宝贵、最美好的

1987年3月15日《中国古代木刻画选集》获德国莱比锡国际最佳图书博览会“世界最美图书奖”

日本日中艺术研究会颁发的金牌及证书

东西永远留在了人间。”

是啊，他是在一个秋天走的，他也是在另一个秋天，把最美好的礼物送回到了人间！

# 四十七、幸福的家居生活

1950年春，牡丹盛开季节，郑振铎携全家游中山公园，与老舍夫人胡潔青等合影。左起郑尔康、舒乙、郑振铎、高君箴、胡潔青；前排蹲地者为舒济

与上同日，在中山公园与丁西林夫妇合影。左起丁西林、丁夫人、郑振铎、郑尔康

20世纪50年代，郑振铎在家中宴请友人，这是他们在黄化门花园中的留影。左二郑振铎、左三叶圣陶，右一胡愈之

全家出游之前。后排左起郑尔康、郑振铎、高君箴，右侧抱小女孩者为女婿萨空了，摄影者为女儿郑小箴

郑振铎和两个宝贝小外孙萨新旗和萨社旗在庭院中

郑振铎、高君箴和小外孙女

郑振铎与女儿小箴各抱一个小宝贝在花园中

在繁重的领导工作中，能“偷闲”在自家花园的葡萄架下，读读自己爱读的书是多么惬意啊

读书是郑振铎的最高享受

游明十三陵。左二萨空了、左三郑振铎、右一鲁迅夫人许广平、右二朱早观将军

1955年秋，郑振铎携全家与友人同游明长陵。前排左起许广平（鲁迅夫人）、王伯祥、郑振铎、高君箴、郑母郭老夫人，后排右一戴军帽者为挚友中央军委办公厅主任朱早观将军

# 四十八、他成了一面白旗

中华人民共和国成立后的历次政治运动中，郑振铎由于始终地“站在党的一边”故而都平安度过了。在反右运动中，郑振铎虽然对冯雪峰等的所谓“反党活动”并不了解，但他始终单纯地保持着与党的一致。这是由于他当时所学到的革命理论，大多是通过某些领导人的讲话、报告、著作以及有关辅导材料等获得，出自郑振铎对中国共产党的绝对信赖，怀着一颗虔诚地追求思想进步的心，对那些虽被称作为“马列主义”实际上却并不那么正确，甚至是错误的“理论”与“思想”他都毫不怀疑地接受了。在反右运动批判冯雪峰的一次会上，他也发了言，他讲了新中国成立前党对自己的关怀帮助，并表示：“我虽然还不是一个党员，但一向是和党站在一起，走在一道的”“除了党的工作和事业之外，我不明白还会有什么可关心的！”这个发言，后在《光明日报》的一再索取下，刊载于8月28日的该报，题为《把一切献给党》。此后，郑振铎又参加了他任所长的文学研究所、考古研究所批判“右派分子”陈涌、陈梦家的会。不久，他便去保加利亚参加中保文化协定签订五周年纪念活动，后又赴捷克、苏联讲学，共历时三个月。回到国内，已是大雪纷飞的严冬岁尾了。而反右斗争也已接近了尾声。

但是，郑振铎怎么也不会想到，当1958年春去夏来，大规模的反右运动刚告段落，一场针对学术界、文艺界的所谓对“厚古薄今”错误倾向的批判接踵而来。郑振铎的《中国古代版画丛刊》已印成的四种图籍，因有“厚古”与宣传“封建迷信”等问题而在北京、上海的报纸上连遭批判。接着，便是在9月14日《光明日报·文学遗产》上，突然发表署名“北京大学中文系二年级一班瞿秋白文学会”的整整一版洋洋一万余字的长文《评郑振铎先生的〈中国俗文学史〉》，该文认为他的《中国俗文学史》不是一部学术著作，而是“一堆混乱的资料”“大量贩卖胡适那套货色……”尽管郑振铎也感到震惊，但他在日记中仍真诚地写道：“《光明日报》的《文学遗产》上，今天刊出了北大学生的瞿秋白小组的对我的《俗文学史》的批评，十分地尖锐。这是‘一声大喝’，足以使我深刻地检查自己，并更努力地改造自己。是痛苦的，但也是一帖良药。”在这帖“良药”中他们还认为这部书“是彻头彻尾的伪科学”，“成为统治阶级服务的工具”。对它“必须冲破资产阶级专家的迷障，攻破一切资产阶级伪科学的堡垒，拔掉白旗”。

不久，“瞿秋白文学会”又在当年人民文学出版社的《文学研究与批评专刊》第四辑上，发表了《郑振铎著〈插图本中国文学史〉批判》及《〈中国俗文学史〉批判》等长篇文章，内容依然是什么“反动的世界主义”“为帝国主义的文化侵略服务”等连篇累牍、上纲上线的论调，高嚷着要“拔掉郑振铎先生这面白色大旗”。

不久，郑振铎所在的文化部及文学研究所也对他进行了批判。在9月24日的日记上，郑振铎记道：“八时半，到沈部长住宅，漫谈我的思想、工作作风等。先由我自己检查，说明自己是一个半封建、半殖民地社会所产生的典型的知识分子，有许多缺点。欢迎同志们多提意见，多帮助。发言者有茅盾、吴仲超、徐光霄、刘芝明诸同志，最后由钱俊瑞同志作总结发言。光霄和俊瑞二同志的话，极为尖锐，但也最击中要害。我表示愿意大力地改造自己的思想，下决心不再买书，并清理积欠，作为改造思想的基础。书籍也是‘物质基础’之一也。”

10日上午、13日上午，郑振铎参加了文学研究所对他的批判。在13日的批判会后，他在日记中说：“关于学术思想的批判，是十分重要的。有批判，才能提高。”

而与此相矛盾的是，郑振铎在被称作“白旗”要

“拔掉”的同时，依然在正常地工作和参加一些外事活动。如他在参加文化部对他的批判会的次日（9月25日）中午，应陈毅副总理的邀请，以中缅友好协会会长的身份，携妻子到中南海紫光阁，参加饯别缅甸大使的宴会。不久，他又出席了周恩来总理举行的国庆招待会。10月8日上午，郑振铎在文学研究所对他的批判会上刚要发言，忽然接到对外文委的电话，陈毅同志要接见即将出国访问的他和代表团其他成员，因为郑振铎正受命组团执行他一生最后一次的出访任务。郑振铎相信，当时一切对他的“错误”的批判，无论是学术思想还是生活作风方面的，都是在“帮助”他，“挽救”他，而党和国家对他依然是一如既往地信任并委以重任的。因此，他确确实实是心悦诚服、真真实实地接受一切人对他的种种批判的，这有以上所引的日记可以证明，因为日记是写给自己看的，只有它才能表达自己的真实思想，而郑振铎正是怀着这样的想法度过了他一生的最后的几个月。

# 四十九、这次是真的“走”了

1958年9月初，郑振铎和国家体委副主任蔡树藩中将，领受了国务院命他们二人组团出访阿富汗和阿拉伯联合共和国的任务。当郑振铎从东交民巷陈毅副总理的住所受命后，在乘车回家的途中，就一直在心里念叨着“埃及”“阿富汗”……古老的金字塔……神秘的狮身人面像……号称世界第一大佛的巴米扬大佛……这是他向往了很久很久的地方呀！他——一个著名的考古学者，不仅热爱自己祖国的悠久历史文物，对世界各地的历史文物也都有浓厚的兴趣。早在20世纪20年代，郑振铎就访遍了英、法、意等国各大小博物馆及著名古迹，并且对尼罗河及美索不达米亚的文明进行了初步的探索，写了《近百年古城古墓发掘史》。近些年，他不仅走遍了山西的云冈、甘肃的敦煌及古城“长安”、洛阳，还实地考察了祖国各地古老的石窟艺术及历史名城；还有幸一睹了印度的阿旃陀石窟、阿罗拉高大的石刻佛像和被称为世界七大奇迹的阿格拉皇陵以及印度尼西亚的波罗浮屠、缅甸的金塔等世界闻名的历史文物的风采。何时能有机会去看看金字塔和神秘的“斯芬克斯”呢？这个想法在他心头已埋藏了多年。如今这个夙愿眼看就要实现，怎能不叫他喜出望外呢！回到家里，郑振铎就执笔给他远在开罗的好友——中国驻“阿联”大使陈家康写信，说他很快就要去了。很快，陈家康就回了信，对他表示欢迎，并且说还特意藏下了两瓶酒，等他来后共饮呢。

行期一天天逼近了。代表团已组成。团长是郑振铎，副团长是蔡树藩——一位久经沙场的独臂将军，团员中包括了著名的语文学家谭丕模、维吾尔族优秀的学者阿不都热合满、外交战线的老战士林立……郑振铎对这支由十几个人组成的十分精悍的队伍非常满意。

10月16日是出发前的一天，郑振铎除了整理随身行装外，还为由他主持编辑的《古本戏曲丛刊》第四集赶写了《序》，这篇序言也就成了他一生中最后的一篇文章。

10月17日是启程的日子。拂晓，天色乌黑，郑振铎就起床了。几十年如一日，习惯于清晨工作的他，这天似乎起得更早些。他写完当天的日记，便赶着给靳以等几位朋友写了辞行的信，尽管他当时正受着批判，而党和国家仍然把这样重要的任务交给了他，使他痛苦和委屈的心灵，有了很大的安慰，他一时觉得有很多话要和朋友们说说。在给靳以的信中，他写道：

靳以兄：

我就要动身到阿富汗去访问。是经过苏联。先到莫斯科，再转塔什干，然后换机直飞卡布尔。麻烦的是，四季的衣服都要带齐。虽只有三天的旅程，却似整整地过了一年。我很抱歉，这些时候都没有替《收获》写稿子。这次出去，一定会替她写些什么。听巴金说，你的血压颇高。我很不放心！千万珍摄为要！家宝也是整年地在病着。中年以后，便不能恃强苦干了。体力劳动，可能是例外。农村中为什么少见患高血压的患者呢？工厂里为什么少见患高血压的工人呢？可见用脑过度的人会容易患这个病的。你到了工厂，千万要放下“写作”什么的心肠，只是完全地成为一个普通的劳动者，按照厂规做工，可能会治疗好你的病呢。唐弢、柯灵是否都到了工厂或农村去？罗荪的近况如何？只有深入工农之间，才会有创作的源泉。否则，写出来的东西，乃是无根之木，无源之水，乃是虚伪不实的。全民在党的领导下，一日千里地向共产主义前进，我们将怎样赶得上呢？将怎样站在这个时代的前头呢？文艺在这个时代最能，且最应该发挥宣传、鼓动的作用。得写点什么出来才好呢！大约年底可回。回后盼能来信。致

敬礼！

郑振铎启

10月17日

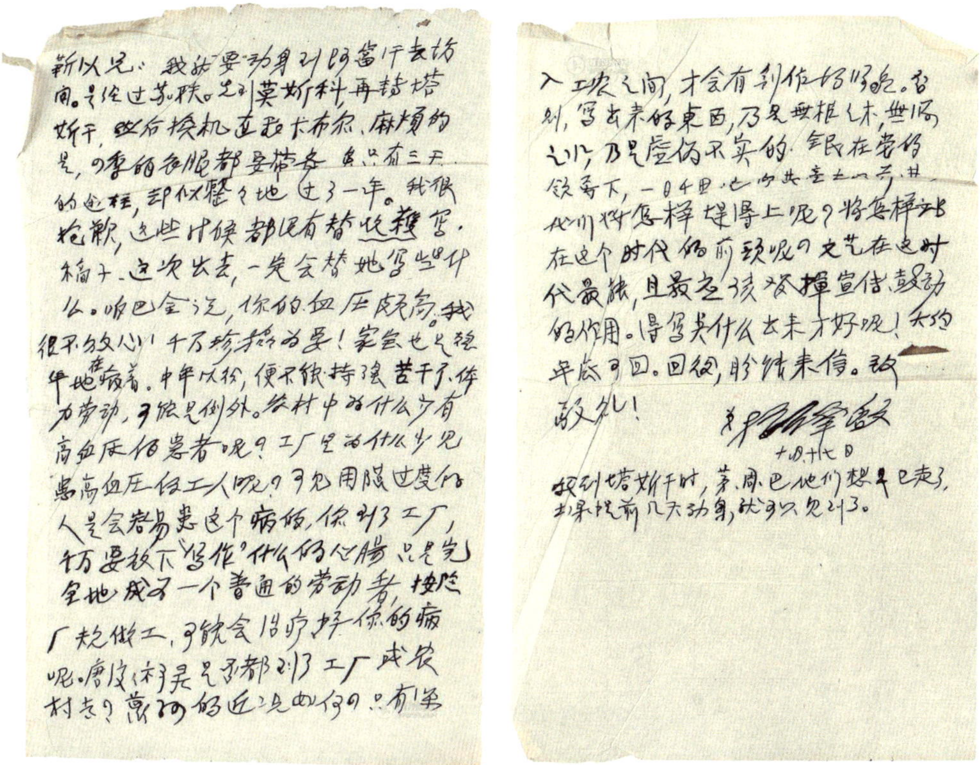

靳以兄：我就要动身到塔什干去访问。是经过苏联。先到莫斯科，再转塔什干，然后换机直飞卡布尔。麻烦的是，四季的衣服都要带备。虽只有三天的过程，却似整整地过了一年。我很抱歉，这些时候都没有替《收获》写稿子。这次出去，一定会替她写些什么。听巴金说，你的血压颇高。我很不放心！千万珍摄为要！家宝也是经常地在疗养着。中年以后，便不能持续若干体力劳动，可能是例外。农村中为什么少有高血压的患者呢？工厂里为什么少见患高血压的工人呢？可见用脑过度的人是会容易患这个病的。你到了工厂，行要放下“写作”什么的心肠，只是完全地成了一个普通的劳动者，按照厂规做工，可能会治疗好你的病呢。唐弢是否都到了工厂或农村去？萧珊的近况如何？只有深入工农之间，才会有创作的可能。否则，写出来的东西，乃是无根之木，无源之水，乃是虚伪不实的。全民在党的领导下，一日千里，[illegible]我们将怎样赶得上呢？将怎样站在这个时代的前头呢？文艺在这时代最能，且最应该发挥宣传鼓动的作用。得写些什么出来才好呢！大约年底可回。回后，盼续来信。致敬礼！

弟 振铎启
十月十七日

我到塔什干时，茅、周、巴他们想早已走了。如果提前几天动身，就可以见到了。

郑振铎临行前致靳以信

我到塔什干时，茅、周、巴他们想早已走了。如果提前几天动身，就可以见到了。

从郑振铎写给朋友的最后一封信中，可以见到他当时是多么虔诚地接受着党对知识分子的改造政策，他又是多么地关心着比他小十一岁的靳以的身体，他还惦念着茅盾、周扬、巴金等他的另外几位正在塔什干出席亚非作家会议的朋友。他想，如果早几天动身，那么他就会在那里见到他们了。然而，令人们不敢想的是，靳以竟会在收到他这封信的同时（10月20日）也从报纸上看到了噩耗。这样的巧合，恐怕在世间是少有的了。

在家里，一切都安排妥当后，郑振铎才去吃早餐。年近八旬的老母，每当儿子要远征的时候，都要亲手做一两样福州家乡风味的菜点，来为儿子饯行。这次也不例外：肉丝海米炒的米粉丝、蛋皮紫菜汤，虽是极普通的家常便饭，但都是郑振铎从小就最爱吃的。年迈的母亲坐在桌旁，慈爱地看着两鬓已有些灰白的儿子，不时劝他多吃些。妻子则在一边，检查旅行包，看看有什么遗漏……多年来，这已成为郑振铎远行时，例行的一种简单但又是极其亲切而充满了温馨的家庭送别“仪式”。七时许，郑振铎向母亲辞了行，说：“妈，我走了。”又和妻子说了声：“我走了。”便驱车前往机场。那天下着好大的雾，田野茫茫什么也看不见。车到机场后，代表团其他成员也都到了。大家闲聊着等候起飞。大约十时左右，代表团的秘书来告诉大家，由于大雾上午不能起飞了，什么时候起飞，请大家回去等通知。于是郑振铎又回到了家。见到母亲和妻子，他笑嘻嘻地说：“老天爷留我在家多待会儿。”午餐后，他又睡了一个十分香甜的午觉。下午三时许，代表团秘书来电话，说机场通知可以起飞了，他才又重新启程。临行时，他又笑嘻嘻地对母亲和妻子说：“这次，我是真的走了！”这是他给亲人留下的最后一句话。他确是“真的”走了，一去不复返地“走了”……他“走”的时候，大概连头都未及回一下……

六十岁的年华，古人称作“花甲”，离“古稀”之年已不远，已是步入了老年的行列。但对一位学者来讲，却还正是大有作为的黄金时代呀！君不见那无限美好的夕阳吗？它虽然不如初升的太阳那样朝气蓬勃、跃跃向上，却能够放射出瑰丽无比的异彩。对郑振铎来讲，有多少玫瑰式的晚霞一般美好的愿望，在等着他去实现啊！他的文集，计划要出十卷，还刚刚只编了一卷；他主持编辑的《古本戏曲丛刊》一共有十几集，也还只编到了第四集；他还说过，打算在这次出访回来后，要根据云南白族的一个民间传说，写一部比《阿诗玛》的传说还美丽动人的电影剧本——他生平还未写过电影剧本，但是他觉得只要人民需要，他都愿意尝试着做；他还……但是，一个突如其来的事故，使他匆匆地去了，竟连一句要交待的话都没有，抱着许多、许多的遗憾去了，而他最大的遗憾，大概就是最终也未能成为中国共产党的一员。自从他在1950年退出了中国民主促进会以后，就曾多次向周扬和周恩来总理口头表示过这个愿望，但是当时中央考虑到像他这样有国际影响的学者，还是暂时留在党外，更有利于进行工作，因此，多次用“要以大局为重”说服他。当郑振铎牺牲的消息传到国务院时，周恩来总理通宵未眠，并十分惋惜地和一位同志说：“振铎同志要是再晚去世一年，他就是中国共产党党员了！”可见中央在当时对一些民主人士、著名学者入党，是有通盘考虑的。

“出师未捷身先死，长使英雄泪满襟。”那么在他生命的最后一刻，都想些什么？是他未能完成的出访使命吗？是那些等待着他出访归来要去做的很多很多工作吗？是舍不下他的亲人们——年迈的老母、数十年患难与共的妻子和他所疼爱的孩子们吗？是他大半生节衣缩食积攒下来的近十万册藏书吗？是他最最热爱的、毕生为之奋斗的祖国吗？是……在他即将离开这个世界的时候，舍不下的东西真是太多太多了！但是，有人说，在那种事故发生的时候，只是一刹那的时间，是什么都来不及想的，什么痛苦也没有的。那么，但愿如此，这样，活着的人会好过些。

随着他的去世，对他的批判便不了了之。然而有意思的是，原先他任主编的刊物《文学研究》，特地赶编了一期悼念他的专号。而就在同期刊物上，却仍有两篇批判他的文章“未及撤下”。在同一期刊上，对同一个人，既悼念又批判，这大概也是史无前例的奇事了！据说，陈毅同志还特意跑到北京大学，找到校领导，也找了当时批判郑振铎“火力”最猛的“瞿秋白文学会”的几位同学，气呼呼地厉声质问：“谁让你们批郑先生的？！郑先生死不瞑目啊！”说得那几位同学耷拉着脑袋，无言以对。

在郑振铎逝世后不久，就有许多书商把目光瞄向了他的藏书，接连几天，就有许多旧书店纷纷登门来要高价收购他那些令人羡慕的藏书（大部分为善本书）。有一家书店愿以四十六万元巨款，全部收购他的藏书。“四十六万！”在当时多数人的工资是四五十元的水准，一斤猪肉不过七八角钱的年代，这无疑是个天文数字啊！但他的夫人和儿女们却丝毫不为所动，婉言谢绝了所有的书商。郑振铎走时虽然没有留下只言片语的遗嘱，但作为一位藏书家，他生平最爱说的话题，就是他的“书”。而在他晚年，说得最多的一句话也是“我死后，这些书全都是国家的”。家属们想起了郑振铎曾经说过的这句话，于是，在他逝世后，将其视为第二生命的近十万册珍贵藏书全部无偿捐献给了国家，入藏北京图书馆（现中国国家图书馆），实现了他“书生报国”的最后心愿。他最终把自己的一切，包括生命都献给了自己最热爱的祖国。

郑振铎去世后，他的全部手稿及书信、日记等全部交给了中央档案馆。

郑振铎生前，人们称他为“藏书家”，但他却说：“我不是藏书家。我从来没有想到为藏书而藏书，我收藏古书，是为了自己研究方便和手头应用需要。”正因为如此，郑振铎对历代文学作品，“总是按照中国文学发展过程，大力进行搜访工作。从诗经、楚辞到戏曲、小说、弹词、宝卷，面面俱到，齐

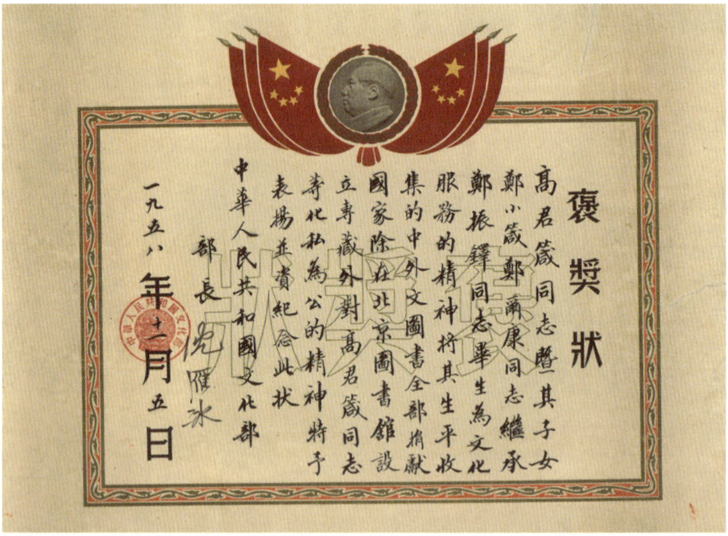
褒獎狀

高君箴同志暨其子女鄭小箴鄭爾康同志繼承鄭振鐸同志畢生為文化服務的精神將其生平收集的中外文圖書全部捐獻國家除在北京圖書館設立專藏外對高君箴同志等化私為公的精神特予表揚並貴紀念此狀

中華人民共和國文化部

部長 沈雁冰

一九五八年十二月五日

1958年10月郑振铎因公殉职后，其夫人高君箴及子女将郑振铎所藏近十万册古籍图书全部捐献给国家，收藏于北京图书馆（现国家图书馆）。这是文化部部长沈雁冰签发的《褒奖状》

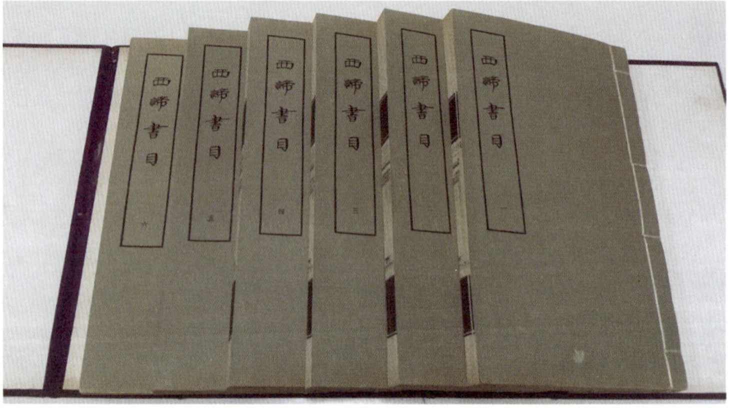


北京图书馆根据郑振铎家属捐献的全部藏书编辑出版了《西谛书目》一书（文物出版社出版）

头并进，四十年如一日”。其中，小说、戏曲、弹词、宝卷等所谓“不登大雅之堂”的古书，当年图书馆里是很少收藏的。他为了研究，“常常舍去大经大史和别处容易借到的书而搜访于冷摊古肆，以求得一本两本自己所需要的东西”。另外，他对于历代版画也有丰富的收藏和深邃的研究。对于政治经济史料，也很留意收集。他的藏书以明清版居多，其藏书“就数量和质量论，在当代藏书家中，可算是首屈一指”。

他，人是“走”了，然而留下的是一大笔宝贵的精神和物质财富——他的著作、他的藏书和珍贵文物。人们对他崇高的思想境界和品格，决不会因他“走”了而忘却，相反地会永远、永远地怀念他，学习他。

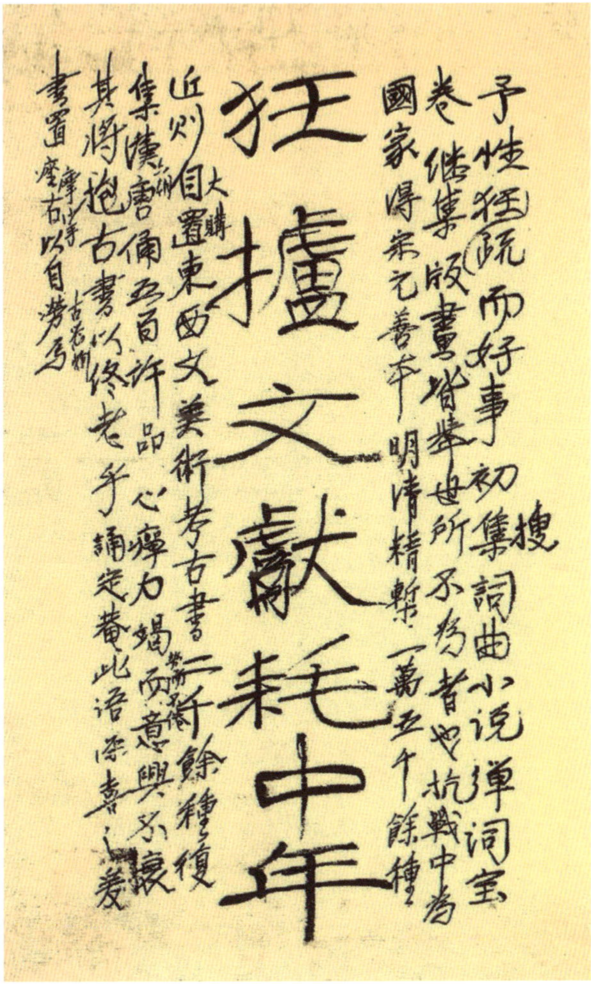


1949年郑振铎录龚自珍诗赠他的学生方行（原上海文化局副局长）

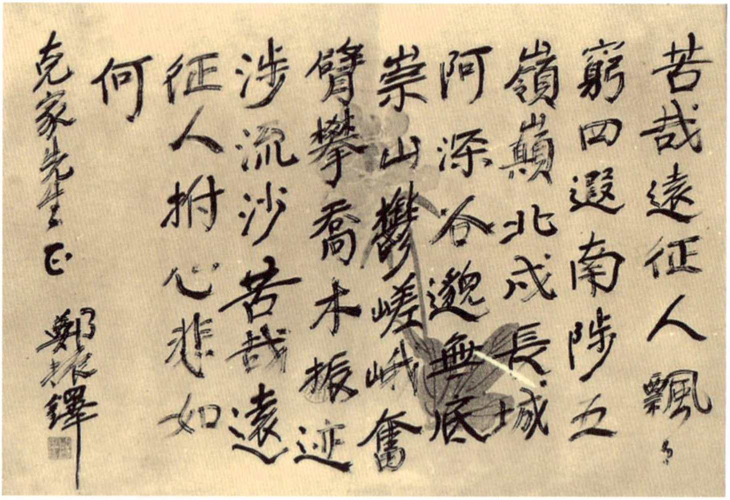
苦哉遠征人飄〃窮四遐南陟五嶺巔北戍長城阿深谷邈無底崇山鬱嵯峨奮臂攀喬木振迹涉流沙苦哉遠征人拊心悲如何

克家先生正 鄭振鐸

赠著名诗人臧克家

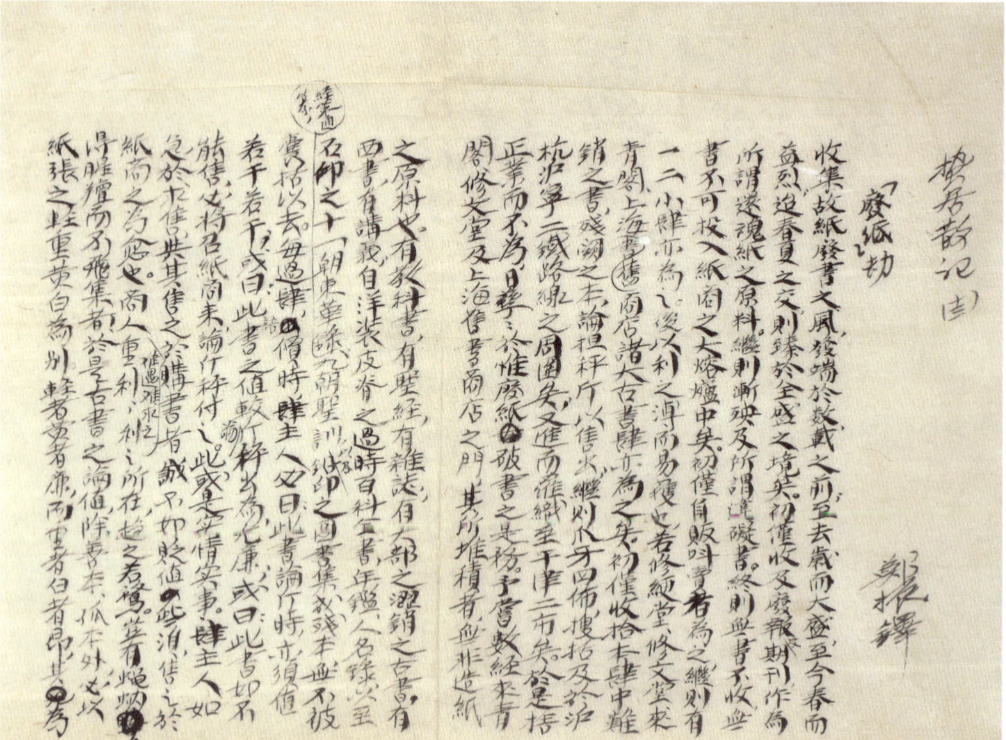
蟄居散記（十）

「廢紙劫」

鄭振鐸

收集故紙廢書之風，發端於數載之前，至去歲而大盛，至今春而益烈，迨春夏之交，則臻於全盛之境矣。初僅收及廢報，期刊，作為所謂還魂紙之原料，繼則漸波及所謂洋裝書，終則無書不收，無書不可投入紙廚之大熔爐中矣。初僅自販售舊書者為之，繼則有一二小肆亦為之。後以利之所在而易使之，若修綆堂，修文堂，來青閣，上海書店諸大舊書肆亦為之矣。初僅收拾本肆中難銷之書，殘闕之本，論擔秤斤以售出，繼則爪牙四佈，搜拾及於滬杭滬寧二鐵路線之周圍矣。又進而往蘇錫至千律二市矣。於是搢正業而不為，日孳孳於唯廢紙及破書之是務。予嘗數經來青閣，修文堂及上海舊書店之門，其所堆積者，無非造紙之原料也。有教科書，有聖經，有雜誌，有各部之滯銷之古書，有四書，有講義，自洋裝皮脊之過時百科全書，年鑑，人名錄，以至石印之十一朝東華錄，九朝聖訓，鉛印之圖書集成，或本無不被廢以去。每過肆，每值時，肆主人必曰，此書論斤時，亦須值若干若干。或曰，此書之值較論斤者為尤廉。或曰，此書如不能售，又將召紙商來，論斤秤付之。此或是實情實事。肆主人如急於求售，與其售之於購書者，誠不如賤值而售諸紙，售之於紙商之為愈也。商人重利，利之所在，趨之若鶩，豈有蠅蚋之嗅得腥膻而不飛集者。於是古書之論值，除善本，孤本外，亦以紙張之輕重，黄白為別，輕者賤，重者廉，而重者白者則其價為

《废纸劫》手稿

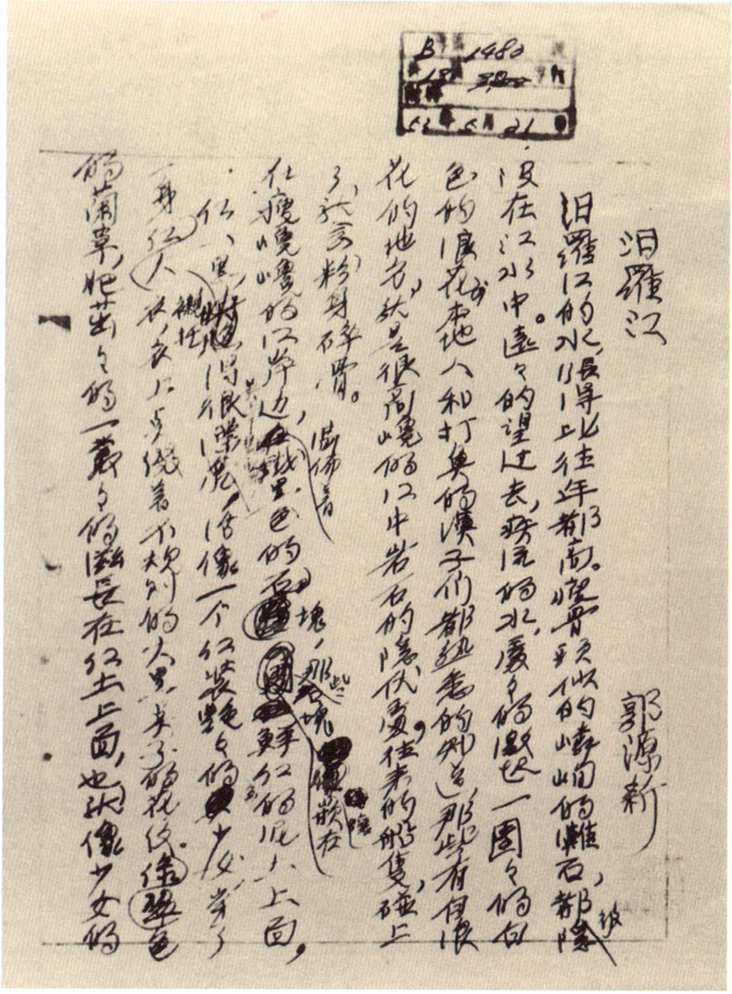
汨羅江

郭源新

郑振铎的最后一篇小说《汨罗江》

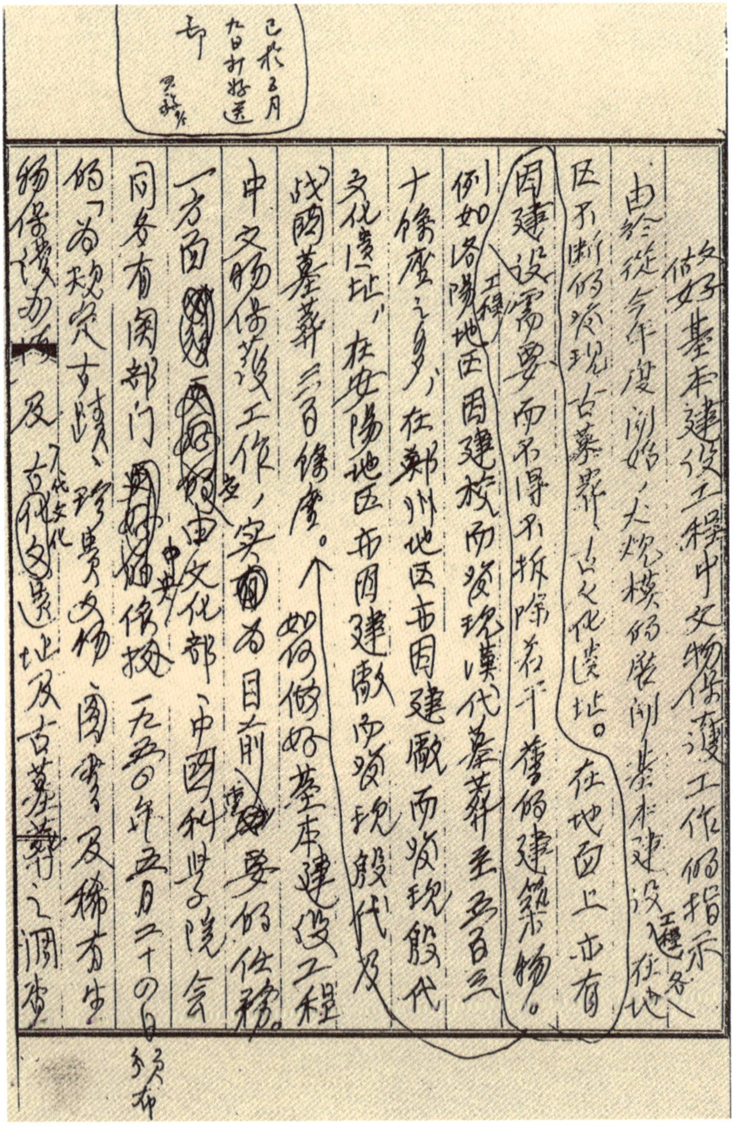
已於五月九日打好送部

做好基本建设工程中文物保护工作的指示

由於從今年度開始，大規模的展開基本建設工程，各地区不斷的發現古墓葬、古文化遺址。在地面上亦有因建設需要而不得不拆除若干舊的建築物。例如洛陽地区因建校而發現漢代墓葬五百三十餘座之多，在鄭州地区亦因建廠而發現殷代文化遺址，在安陽地区亦因建廠而發現殷代及戰國墓葬六百餘座。如何做好基本建設工程中文物保護工作，實為目前重要的任務。一方面由文化部、中國科學院會同各有關部門依據一九五〇年五月二十四日的「有關規定古蹟、珍貴文物、圖書及稀有生物保護辦法」及古文化遺址及古墓葬之調查

由郑振铎亲笔起草《做好基本建设工程中文物保护工作的指示》草稿

# 五十、魂兮归来

几乎就在新华社发布了郑振铎等人乘坐的飞机失事的消息的同时，苏联塔斯社也发布了苏联部长会议的公报：苏联部长会议就图–104客机失事发表公报如下：“今年10月17日，由北京往莫斯科正常航线飞行的图–104客机一架，在楚瓦什苏维埃社会主义自治共和国的卡纳什地区失事。飞机由于失事炸毁，乘客和飞行人员全部牺牲。

“为调查事故的原因组成了政府委员会，委员会的成员有赫鲁尼切夫（主席）、日加列夫、鲁金科、杰明捷夫、伊瓦舒京和列季泽。

“委员会的成员已飞往失事地点进行调查。”

另外，为了处理这次遇难者的后事，苏方还专门指派了空军主帅热沃隆科夫主持这个工作。

遗体在当地火化后，于10月26日下午，由苏军方的专机，护送到北京南苑机场。由于护送者中有苏空军主帅热沃隆科夫，中方委派了空军副司令员前往机场迎接。

机场上秋风萧瑟，天空暗淡，无数的花圈在低声呜咽。

郑振铎的好友沈雁冰、夏衍等人都去机场迎接他的骨灰回国。夏衍手捧这位相交数十载，被朋友们一贯戏称作“大孩子”或“老天真”的老友的骨灰盒，想起郑振铎生前常爱跟朋友们开玩笑说的一句话：“坐飞机从天上掉下来死掉，大概是一种最痛快的死法。”现在这句话竟不幸言中了，不由悲从中来，他眼含热泪，手捧“安眠”在小小木盒中的老友，在哀乐声中，缓缓步出机场。

由苏联热沃隆科夫空军主帅护送的烈士遗骨抵达北京时，夏衍手捧老友郑振铎骨灰盒，步出机场，心情无比沉痛

郑振铎，他回来了，他的肉体化成青烟回来了，他的心回来了，他的灵魂——一个永远忠于祖国和人民的灵魂回来了！

10月20日，政府有关部门成立了“郑振铎、蔡树藩等十六位同志治丧委员会”，由陈毅、贺龙、郭沫若、陈叔通、包尔汉、廖承志、张奚若、沈雁冰、丁西林、王冶秋、卢绪章、齐燕铭、刘芝明、陆平、何其芳、屈武、马寅初、蔡廷锴、楚图南、张劲夫、徐森玉、萨空了等三十八人组成。文化部、对外文委、考古研究所等单位相继举行了追悼会。

10月31日上午，“郑振铎、蔡树藩等十六位同志追悼大会”在首都剧场隆重举行。会场四周摆满了首都各界、各有关部门和遇难同志生前友好赠送的花圈。主席台上，悬挂着十六位烈士的遗像，郑振铎和蔡树藩的遗像并排挂在正中央。首都各界代表一千四百余人，怀着沉重的心情参加了追悼大会，其中也包括了一些曾经无情地“批判”过郑振铎的人……九点整，追悼大会开始。在沉重的哀乐声中，陈毅、郭沫若、沈雁冰、张奚若等人缓步走到遗像前，敬献了花圈。参加追悼大会的还有彭真、薄一波、包尔汉、叶季壮、周扬、廖承志、章汉夫等。张奚若致悼词，沈雁冰报告了郑振铎的生平事迹。追悼会结束后，十六位同志的骨灰被护送到北京西郊，安葬在八宝山革命公墓。

1958年10月31日，在北京首都剧场举行隆重的追悼大会

1958年严冬，寒风凛冽，在北京八宝山革命公墓，通向礼堂的甬路左侧，矗立起一座大理石的崭新墓碑，碑顶上镌刻着党徽及和平鸽和地球，正面碑文上书“郑振铎、蔡树藩等十六位遇难同志之墓”，碑的背面镌刻着的碑文上写着：

“由郑振铎、蔡树藩率领前往阿富汗王国、阿拉伯联合共和国访问的中国文化代表团十人和外交部、对外贸易部的出国工作人员六人，在1958年10月17日从北京乘飞机赴莫斯科途中，于18日，因所乘飞机遭遇到不可克服的气候原因，不幸失事，郑振铎、蔡树藩等十六位同志全部遇难。

“郑振铎、蔡树藩等十六位同志是为增进中国和亚非各国人民之间的友谊，中外文化交流，经济合作

在哀乐声中全体默哀。前排左三起：陈毅、郭沫若、蔡廷锴、沈雁冰、张奚若

郑振铎的老友文化部部长沈雁冰致悼词

八宝山革命公墓庄严肃穆的墓碑矗立在青松环抱中

墓碑上的铭文，记述了郑振铎等遇难烈士的光辉业绩

和保卫世界和平的崇高任务而牺牲的。他们当中有的长期参加革命对革命有过卓越的贡献，或者在文化、学术方面有着重要的成就，有的是杰出的社会活动家或者是矢志忠于革命事业的优秀干部，他们对祖国社会主义建设和保卫世界和平事业表现了无限的忠诚和忘我的劳动，直至贡献出自己宝贵的生命。

“遇难同志的精神永垂不朽！”

碑文下镌刻着十六位烈士的名字：郑振铎、蔡树藩、马适安、阿不都热合满、谭丕模、刘仲平、林立、姜燕、钟兆榕、陈重华、肖武、刘崇富、李福奎、宁开逸、孙英璞、陈朔。

墓的四周围绕着苍松翠柏，显得庄严肃穆，令人望而起敬。

几天后，郑振铎的家中领到了一张由中央人民政府主席毛泽东亲笔签署的《革命烈士证明书》，上面写着“郑振铎同志在革命斗争中壮烈牺牲，经批准为

革命烈士证明书

郑振铎同志 在革命斗争中 壮烈牺牲，经批准为革命烈士，特发此证，以资褒扬。

中华人民共和国民政部
一九八三年 六 月 二十 日

为了追念郑振铎为中国人民与世界各国人民的友谊，为保卫世界和平所作出的贡献，毛泽东主席亲笔签署《革命烈士证明书》，追授郑振铎为革命烈士。这是1983年6月中国民政部统一更换《革命烈士证》后所换发的新证，原证书由民政部收回

革命烈士。特发此证，以资褒扬。”落款“中央人民政府主席毛泽东”。他，郑振铎，成了新中国成立以来，被国家主席毛泽东追授为“革命烈士”的唯一的一位著名作家。

郑振铎走了，像一颗流星划过，消失在天际，一去不复返，留给亲人们无尽的思念，但是，人们会永远记住他的名字，敬仰他，怀念他。郑振铎去世后，人们纷纷写文章纪念他，这些人中有些是他熟悉的亲朋好友，也有些是研究他的同辈和后辈学人，每逢他的诞辰祭日，人们总会以不同的形式来纪念他。

1959年10月17日在北京图书馆举行郑振铎去世一周年纪念会，出席的有茅盾、叶圣陶、胡愈之、周扬、钱俊瑞、夏衍、阳翰笙、邵荃麟等四十余人，出席者参观了郑振铎家属捐献的郑振铎藏书。

1988年文化部举行纪念郑振铎诞辰九十周年学术研讨会，并在北京图书馆举办郑振铎藏书展。

1998年12月19日为纪念郑振铎诞辰一百周年，由文化部、中国社会科学院、国家文物局主办的“郑振铎诞辰一百周年纪念座谈会”在北京人民大会堂举行，全国人大常委会原副委员长雷洁琼，文化部部长孙家正、副部长徐文伯、潘震宙，中国社会科学院副院长陈佳贵，文化部原副部长周而复，国家文物局局长张文彬、副局长郑欣淼、张柏、董保华等文化、文物、学术界人士及郑振铎家属共二百余人出席座谈

文化部部长孙家正主持座谈会

会。孙家正发表讲话。全国政协副主席赵朴初通过书面形式表达了对郑振铎同志的纪念，对座谈会的召开表示祝贺。

2003年1月，郑振铎公园在福建长乐市风景绮丽的闽江入海口处落成。

郑振铎公园依山傍水，这是郑振铎的家乡人民为

全国人大常委会原副委员长雷洁琼出席座谈会，并亲切接见了郑振铎亲属和家乡长乐的代表

1998年12月10日福建省长乐市举行了有数千人参加的郑振铎诞辰一百周年纪念大会

纪念郑振铎的历史功绩，缅怀他的爱国、爱家乡的赤子之心而建立的。公园内，郑振铎的半身塑像依山矗立，面朝闽江，为了中华文化的弘扬和繁荣，呕心沥血，作出巨大贡献，直至付出生命的长乐郑振铎终于魂归故土，日夜守伴着他全心爱着的故乡。

位于福州市长乐区闽江入海口的郑振铎公园

1998年12月，河北花山文艺出版社出版了二十卷本《郑振铎全集》，其中收入了作者大部分诗歌、散文、小说及各类文史著作近千万字

2008年12月19日由文化部、国家文物局主办，国家图书馆、中国社会科学院承办的“郑振铎诞辰一百一十周年座谈会”在北京举行。文化部副部长周和平、部长助理丁伟，国家文物局原局长张文彬、副局长董保华，国家图书馆馆长詹福瑞，北京交通大学校长宁滨及专家学者、郑振铎家属参加了座谈会。国家图书馆举办郑振铎学术研讨会和“西谛藏书展”。

郑振铎出生于浙江省温州市，并在此生活居住了十九年。2015年10月18日上午，经过近两年的修缮、布展后，温州郑振铎纪念馆隆重开馆。北京故宫博物院院长单霁翔出席开幕式并受聘出任纪念馆名誉馆长。国家文物局原副局长董保华，浙江省文物局局长陈瑶，温州市委常委、宣传部长胡剑谨，温州市副市长郑朝阳，郑振铎家属等出席开馆仪式。

2001年9月15日郑振铎铜像在郑振铎母校北京交通大学（原北京铁路管理学校）落成

郑振铎纪念馆位于温州市区，郑振铎少年时期曾经居住过的沧河巷内。这是一座建于20世纪30年代，中西合璧的合院式建筑，馆内收藏了郑振铎的手写书信、私人物品，茅盾、赵朴初、夏承焘等名人追怀郑振铎所作的书法作品等。纪念馆展陈分四大部分：一层西间为“书生报国一甲子”专题，介绍郑振铎生平；东间为“心怀温州桑梓情”，展示郑振铎与故乡温州的情感；二层西间为“一代才华万古传”，向观众介绍郑振铎交友、影响与著作等情况；二层东间为“鞠躬尽瘁为文物”，突出郑振铎在文物考古方面的贡献。

2004年4月28日为纪念郑振铎诞辰一百〇五周年，在北京故宫博物院举行“郑振铎捐献陶俑特展”

文化部副部长兼故宫博物院院长郑欣淼在郑振铎捐献陶俑特展开幕式上致辞。中国文物学会会长罗哲文（前排左一）、国家文物局顾问谢辰生（前排左二）、中国民主促进会中央委员会副主席王立平（前排左三）等出席，并相继发言

2004年12月在郑振铎的祖籍地福建长乐，郑振铎纪念馆落成开馆（长乐博物馆内），纪念馆以大量的历史资料、照片、实物，详细地介绍了郑振铎灿烂的一生

2004年12月，郑振铎之子郑尔康和长乐市市长林彬为郑振铎纪念馆开馆仪式剪彩

郑振铎纪念馆内按原样布置书房，陈列家具均为家属捐献郑振铎生前所用实物

书房一角

纪念郑振铎诞辰一百一十周年座谈会在文化部举行

2016年10月18日为纪念郑振铎为国牺牲五十八周年，北京故宫博物院、温州市委宣传部、温州市文化广播新闻出版局联合举办的“德泽生辉——郑振铎先生捐献故宫文物特展”在温州市博物馆开幕。

为举办这次展览，北京故宫博物院从郑振铎捐献的六百五十七件文物中遴选出一百件，运到郑振铎的出生地温州展出，这也是六十四年来郑振铎捐献文物首次大批量赴外地展出。

文化部副部长周和平（右一）与郑振铎家属合影。左起：郑源、郑炜昊、郑婕

国家图书馆举办“西谛藏书展”

国家图书馆学术报告厅举行学术研讨会，中国文物学会会长罗哲文作报告

2008年在上海鲁迅博物馆举行纪念郑振铎诞辰一百一十周年大会和研讨会，时任国家文物局局长单霁翔、上海市副市长沈晓明、上海市委宣传部部长陈东、郑振铎亲属及专家学者五百多人参加

2008年福建长乐市举办纪念郑振铎诞辰一百一十周年大会

2012年10月27日中国俗文学学会2012年年会暨"俗文学与当代传播"学术研讨会在北京召开，并颁发首届"郑振铎俗文学奖"。郑振铎之孙郑源（左五）出席，并为一等奖获得者车锡伦教授颁奖

出席中国俗文学学会2012年年会的专家学者合影留念

2015年10月温州市郑振铎纪念馆开馆。左一金柏栋、左二郑振铎之孙郑源、左三国家文物局副局长董保华、左四郑振铎儿媳朱明磊、左五故宫博物院院长单霁翔、左六中国国家图书馆馆长韩永进、左七北京交通大学党委副书记高福廷

北京故宫博物院院长单霁翔、国家文物局副局长董保华为郑振铎纪念馆揭牌

郑振铎先生捐献故宫文物特展开幕式，郑振铎之孙郑源致辞

温州观众参观展览

温州观众参观展览

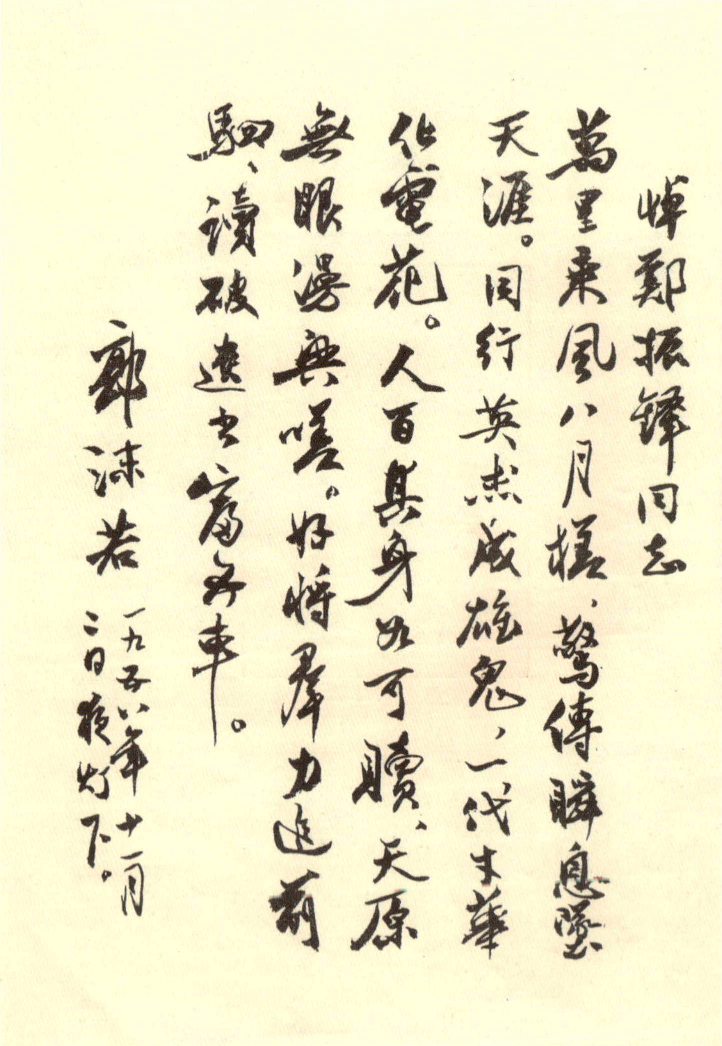

悼郑振鐸同志

萬里乘風八月槎，驚傳瞬息墜天涯。同行英烈成雄鬼，一代才華作電花。人百其身如可贖，天原無眼漫無嗟。好將努力追前駟，讀破遺書萬卷車。

郭沫若 一九五八年十一月二日夜燈下。

郭沫若悼郑振铎诗

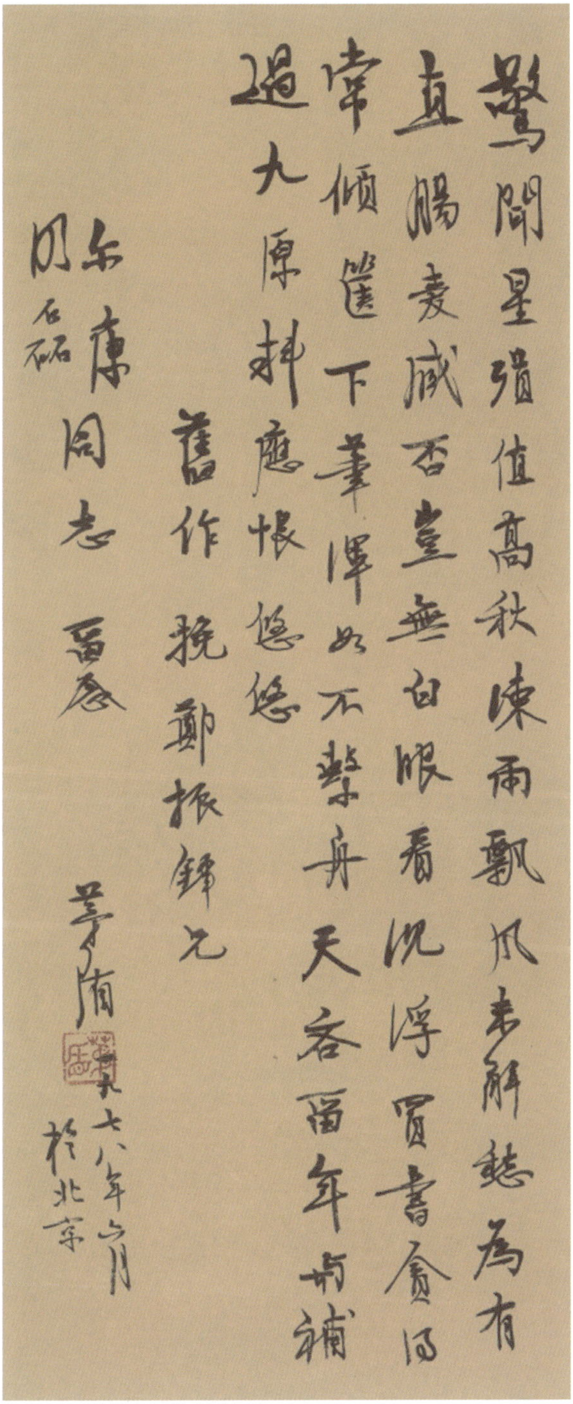

茅盾悼郑振铎诗

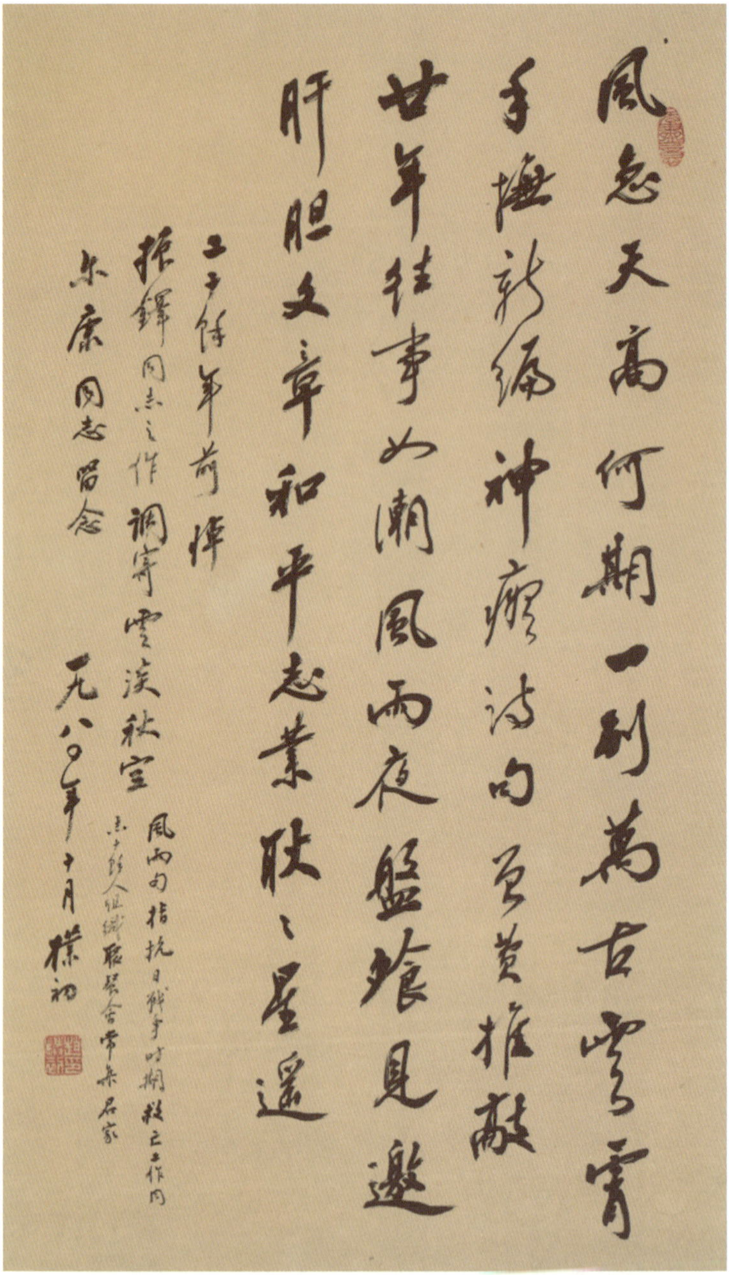

赵朴初悼郑振铎诗

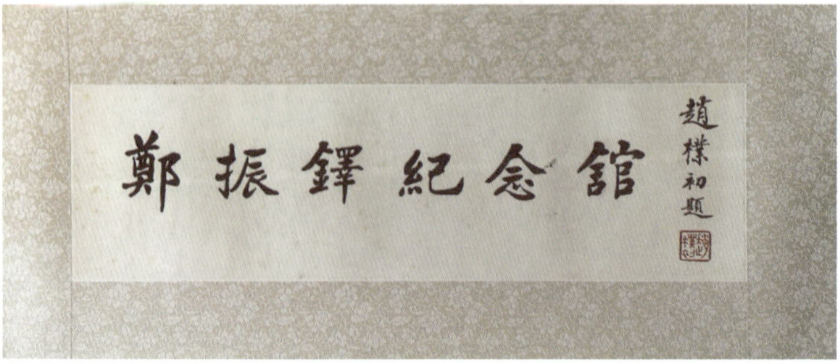


赵朴初为郑振铎纪念馆题写馆名

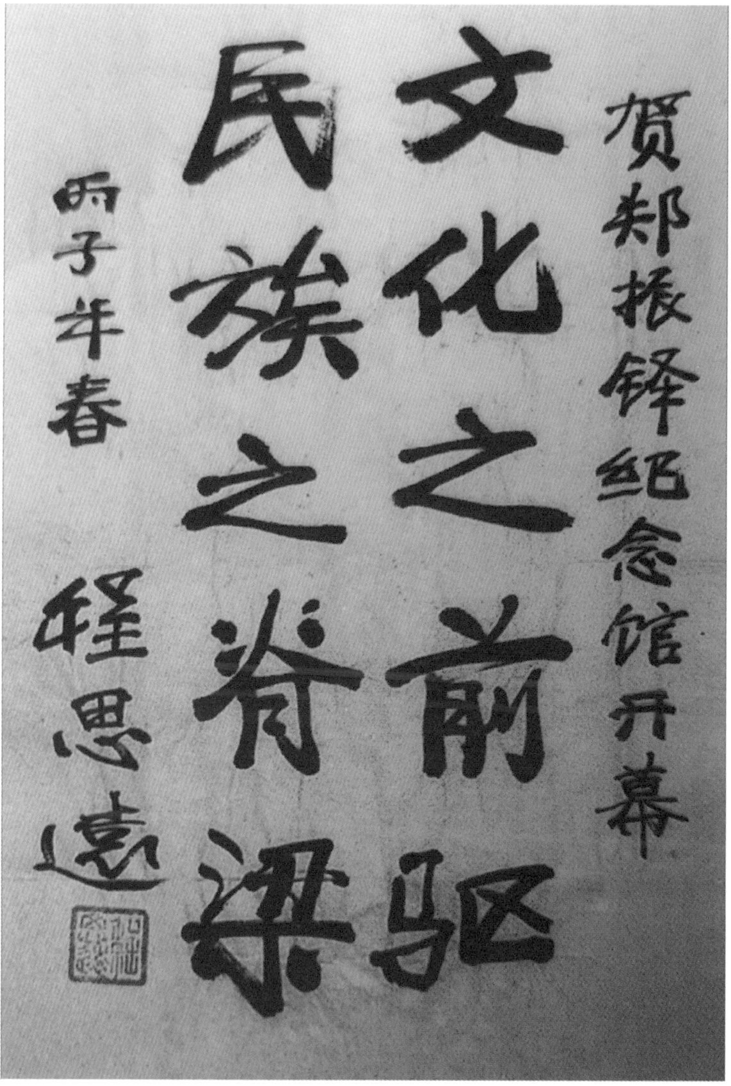


1996年，全国人大常委会副委员长程思远为郑振铎纪念馆题词

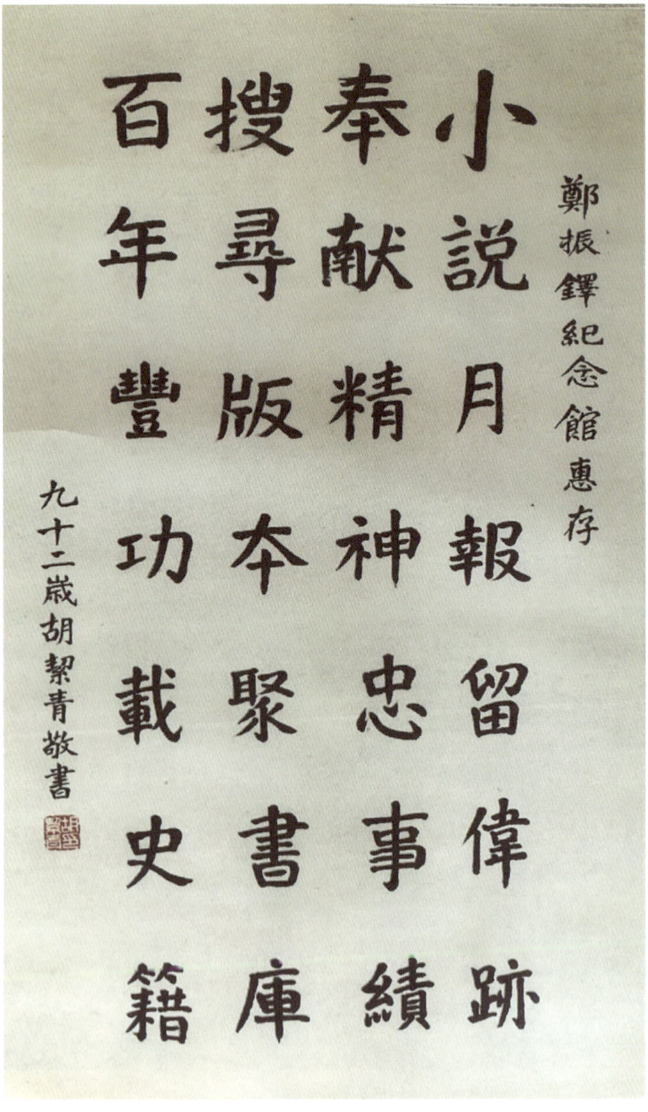


老舍夫人胡絜青题字

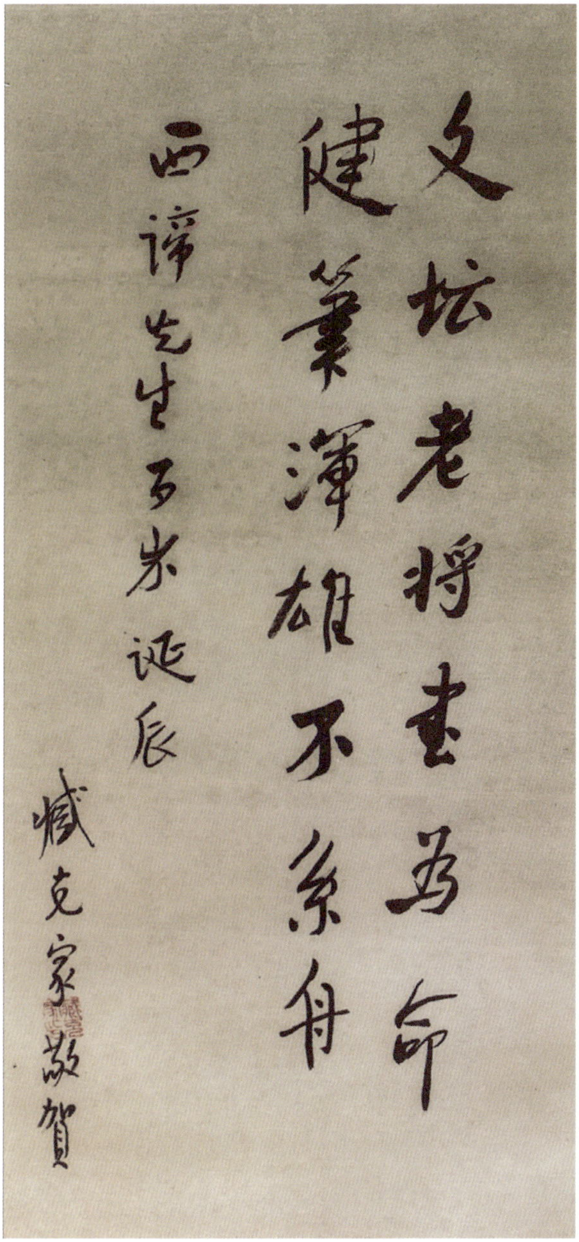


臧克家为纪念郑振铎诞辰百年题字

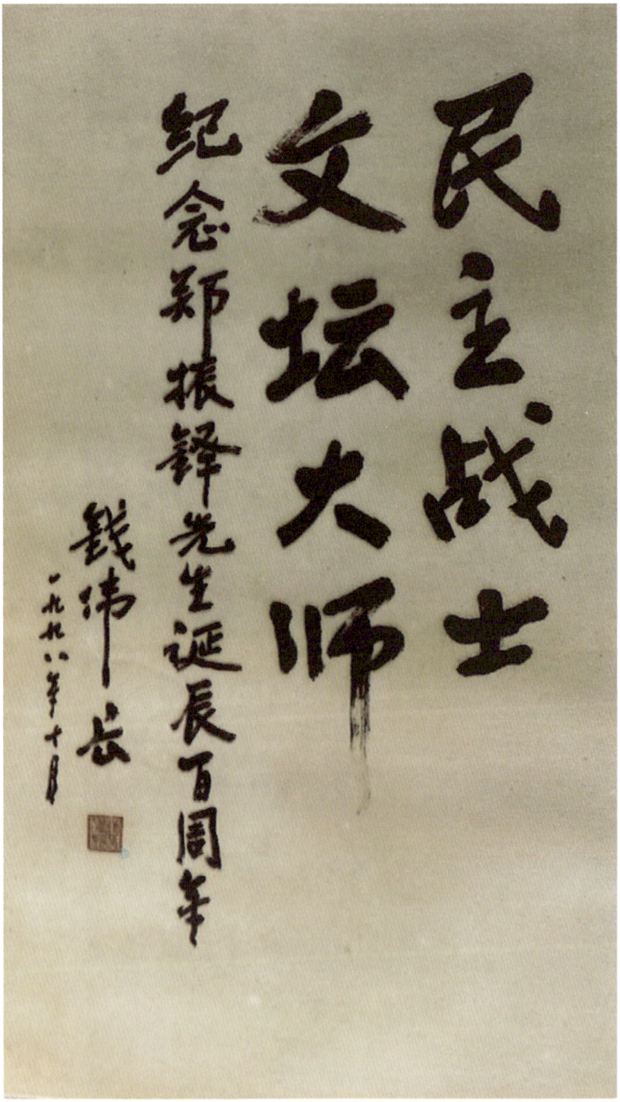


1998年10月，全国政协副主席钱伟长为纪念郑振铎诞辰百年题字

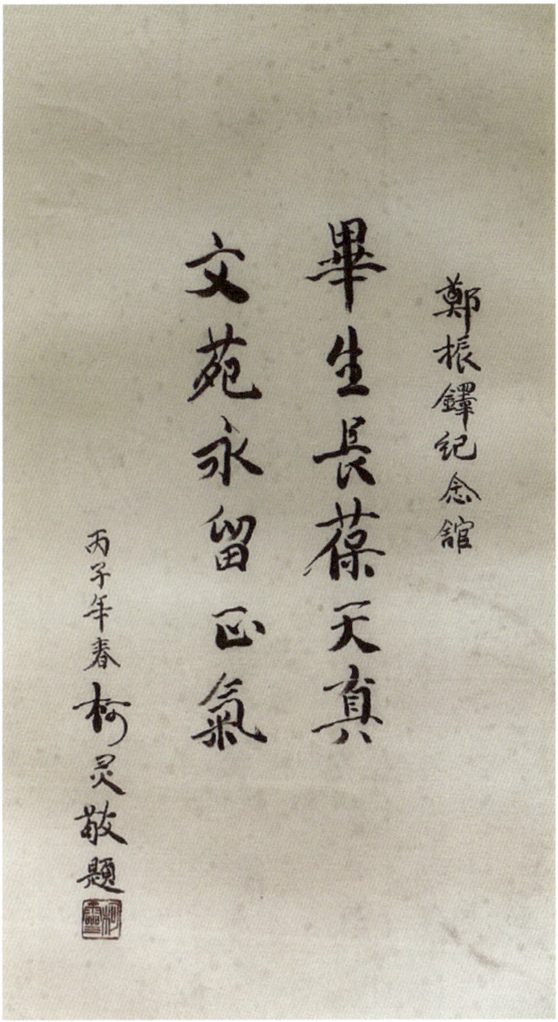


柯灵为郑振铎纪念馆题字

夏承焘为纪念郑振铎所作词

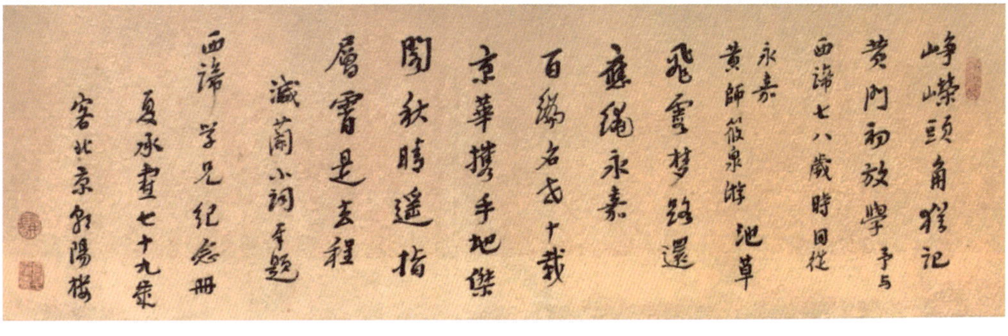

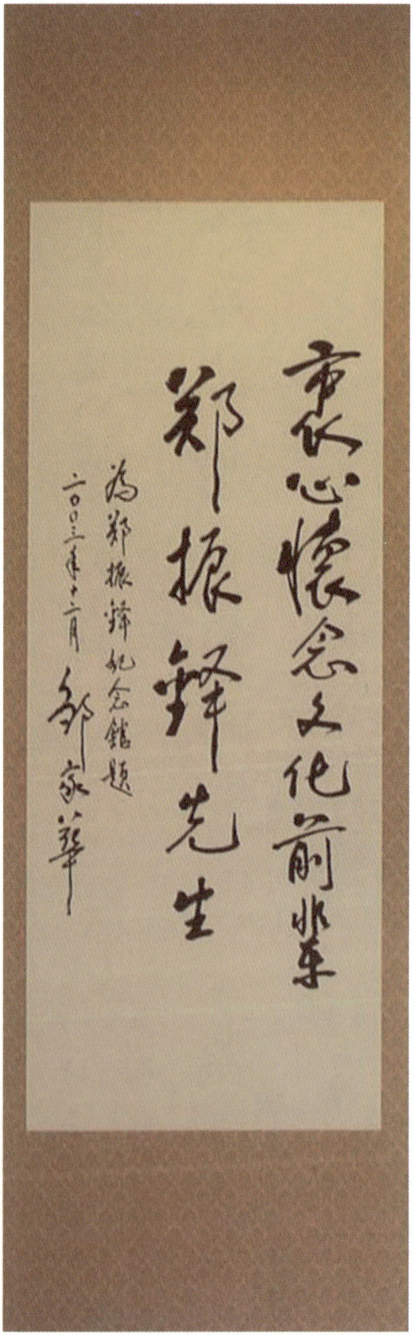


2003年12月，全国人大常委会原副委员长邹家华为长乐郑振铎纪念馆题字

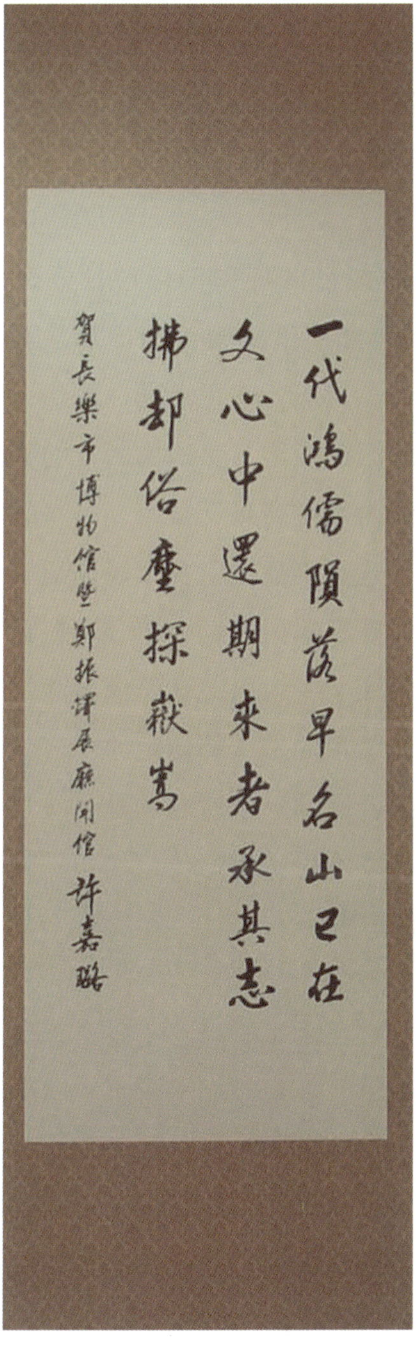


2004年，中国民主促进会中央委员会主席、全国人大常委会副委员长许嘉璐为长乐郑振铎纪念馆题字

# 后　记

2018年的12月19日和10月17日分别是祖父郑振铎诞辰120周年和逝世60周年的日子，国内多地陆续举行纪念活动。为配合纪念活动，福建人民出版社要出版一部《郑振铎画传》。当出版社的编辑将此事告诉我时，我的内心既高兴又紧张。高兴的是福建是我家的祖籍地，这些年福建家乡人民为纪念和缅怀我的祖父，先后建立了郑振铎纪念馆和郑振铎公园，现在福建人民出版社又要为祖父郑振铎出版一部传记，真是令人高兴。紧张的是这部传记原本应该由我的父亲来编写才是最合适的，但遗憾的是，父亲在六年前因癌症过世，所以为祖父编写传记的担子就落到我的肩上，自感责任重大。

我是在祖父逝世四年后才出生的，虽然我没有见过我的祖父，但是小时候我常常依在祖母和曾祖母身边，听他们讲一些祖父的趣事。小时候有时也陪着祖母或父亲去祖父的好友家作客，如茅盾、胡愈之、叶圣陶等。“文化大革命”结束以后，祖父的许多好友陆续获得平反，大家终于可以经常走动了，那时经常到家里来的有祖父的学生吴晓铃，还有季羡林、曹禺、夏衍、冰心等，巴金从上海来北京开会，也会顺便来家里探望。听着长辈们聊天时谈到有关祖父的轶事，读着祖父写的书，有时我也会去国家图书馆和故宫博物院，手抚祖父生前收藏的那些古籍和文物，思绪万千……从小的耳濡目染，使我对祖父有了一些了解。但是要在短短四个月的时间里完成一部传记，压力是可想而知的。幸好父亲在2007年曾经编写过一部祖父的画传，但随着时间的推移，不免发现其内容的一些疏漏，于是我就在此基础上对内容进行补充、修订和完善。既然是画传，图片是必不可少的，因此，在原画传156张图片的基础上，我又增补了160多张以前没有发表过的照片，尽可能将内容做到翔实和图文并茂。经过四个月的整理修订，新版的画传终于完成了。当我把稿件发给福建人民出版社时，我又想起叶圣陶爷爷曾经对我父亲说："我常常在想，应该有人发个愿心，为振铎兄写一部传记。这对帮助人们了解'五四'以来的新文学运动大有好处。我还认为写振铎兄的传记用不着什么夸张的手法，只要内容翔实，他那充满着激情和活力的品格就足以使读者受到感染了。"

经过数月的整理和修订，新版的《郑振铎画传》终于搁笔了，我心中的一块石头也终于落地了，抬头望向窗外，邻居家的两棵石榴树已是果实累累，挂满枝头。我不禁想起我在北京出生的故园里的那两棵石榴树。听父亲讲，那是祖父亲手所栽，在果实红透之前，祖父就会挑那些较大的，用小刀刻上自家的、亲友家的、邻居家的孩子的名字，待果实长大成熟，像个小灯笼的时候，上面的名字也深深地嵌在石榴上，像天生的一样。这时祖父就会挑个星期天，把所有的孩子都招呼过来，大家围坐在一起，唱啊、跳啊，分食糖果，最后按石榴上的名字，把石榴分发给大家。孩子们都特别高兴，把这一天称作“石榴节”。后来父亲写了一本怀念祖父的书，取名就叫《石榴又红了》。

而今我离开北京的故园也已经五十二年了，那两棵伴随我四年成长的石榴树今安在否？每当这个时候我就更加思念我的父亲、母亲、祖母、曾祖母，还有未曾见过面的祖父。

郑　源

2018年11月3日于上海